자연문화와 몸

몸문화연구총서 14

인류와 생태계가 처한 위기의 시대,
'자연'에 대한 근본적 관점을 전환하다

자연문화와 몸

몸문화연구소 지음

헤겔의휴일

서문

1.

자연이란 무엇일까? 문화는 무엇일까? 우리는 자연이 자연적인 것이라면 문화는 인위적인 것이라고 알고 있다. 무위자연이라는 말이 있다. 노자는 『도덕경』에서 그러한 무위자연의 이미지를 삶의 비전으로 제시하였다. 자연에는 인간사회와 같은 법이나 도덕이 없다는 것이다. 이러한 자연관을 빌려서 그는 법과 인의, 예의를 중시했던 공자의 문화철학을 비판하였다. 인간이 간섭하지 않고 그대로 내버려둘 때 세상은 가장 평화롭고 행복할 수 있다는 것이었다. 그렇지만 과연 자연과 문화가 서로 배타적이며 대립적인 것일까? 여기에서 논할 자리는 아니지만 공자는 그렇게 생각하지 않았다. 그는 자연에 반하거나 자연을 거스르는 도덕을 설파했던 것이 아니었다. 이것은 노자의 도에 대해서도 마찬가지이다. 자연이 지나치거나 모자람이 없는 중용(中庸)의 도와 반드시 일치하는 것은 아니다. 더구나 도나 중용이라는 것은 자연이 아니라 자연에 대한 관념에 지나지 않는다. 자연과 자연이라는 개념은 일치하지 않는 것이다.

자연에 대한 질문은 무엇이 자연적인 것일까 하는 질문을 만든다. 그러면서 우리는 자연에 대한 정의가 불가능하다는 사실을 새삼 깨닫게 된다. 생각해보자. 비가 내리는 것이 자연적이라면 비가 내리지 않는 것도 역시 자연적이다. 그렇다면 이와 같이 변덕스러운 강우에 대비하기 위해서 저수지와 댐을 만드는 것도 자연적이라고 할 수 있다. 토끼와 사슴, 장미를 생각하면 자연은 아름답고 평화로운 듯이 보인다. 그러나 호랑이와 늑대, 악어를 생각하면 자연은 비정하고 잔인하며, 피의 축제를 즐기는 듯이 보인다. 무엇이 자연적인 것, 무엇이 자연 상태일까? 이 질문에 대해 홉즈는 경쟁과 전쟁의 상황으로, 루소는 느긋하고 평화로운 공동체로 대답하였다. 그런가 하면 『변신』에서 오비디우스는 지구의 역사를 금에서 은, 동, 철로 퇴보하는 과정으로 묘사하였다. 그에게 금의 시대는 인위와 문명의 때가 묻지 않은 순수 자연의 모습이라면 인위와 문명이 증가하면 할수록 지구는 고통과 불행도 비례해서 증가한다. 이러한 퇴보적 역사와 대비되는 시나리오가 근대의 진보적 역사관이다. 인간은 자연을 정복하고 개간하며 길들임으로써 더욱 풍요롭고 행복한 삶으로 진입하기 시작한다. 그런가 하면 찰스 다윈은 자연을 적자생존의 장으로 제시하였다.

자연에 대한 정의가 어려운 또 하나의 이유는 종말론적 주장들과 궤를 같이한다. 인간의 발길이 닿지 않은, 즉 문명화되지 않은 자연은 존재하지 않는다는 것이다. 1980년대에는 포스트모더니스트들이 이러한 자연관을 대변하였다. 자연에 대한 논의는 자연의 부재증명서나 마찬가지이다. 없기 때문에 상실감에서, 혹은 향수에 어린 시선으로 과거에 있었다고 가정되는 자연을 찾아 나선다는 것이다. 그렇지만 기후변화가 인류의 미래를 위협하는 인류세적 상황이 도래하면서 자연의 종말에 대한 논의는 더욱 절박한 울림을 갖게 되었다. 인간이 자연을 에너지원으로 무자비하게 착취함으로써 자연이 소진되고, 지금까지 유지되던 자연의 기능과 균형이 망가져버렸다는 것이다. 물론 이러한 종말론적 자연관이 허구적이거나 지나치게 정치적이라는 비판도 만만치 않다.

브루노 라투르(Bruno Latour)와 도나 해러웨이(Donna J. Haraway)는 이와 같이 자연과 문화를 대립적으로 이해하였던 철학적 전통에 강력하게 이의를 제기하는 대표적 학자들이다. 자연과 문화라는 변별적 개념 자체가 양자의 진정한 관계를 무시하는 허구이며 휴머니즘적 이데올로기라는 것이다. 인간은 스스로를 자연을 초월한 존재, 자연의 바깥에서 자연을 관조하고 지배하는 신적인 존재로서 생각하는 고질적 경향이 있다. 우리가 실제로 살아가는 삶의 현장을 살펴보면 그러한 생각이 얼마나 자기 기만적인지 쉽게 알 수 있다. 인간은 자연의 동식물을 먹고 마시지 않으면 하루도 살 수가 없다. 산소가 없으면 2, 3분의 짧은 시간도 버티지 못한다. 그리고 땅이 없으면 아무리 건강해도 걸을 수가 없다. 인류의 자랑스러운 기술문명이라는 것도 그와 같은 자연에 의존함으로써 실현할 수가 있었다. 그리고 인간이 주인으로서 하인을 부리듯이 일방적으로 자신이 원하는 대로 자유롭게 자연을 이용하고 변화시키는 것은 아니다. 근대 자연과학의 아버지라 불리는 프랜시스 베이컨도 자연을 지배하기 위해서는 먼저 자연에 복종해야 한다고 주장하였다. 이 점에서 인간과 자연은 상호작용을 하면서 공생하도 공진화하는 관계에 있다고 봐야 옳다. 이때 인간만이 행위자인 것은 아니다. 자연도 행위자이다.

이와 같이 자연을 바라보는 관점의 변화가 생태학적 전환이다. 이러한 생태학적 전환은 무엇보다도 개체적 존재론으로부터의 탈피를 특징으로 한다. 인간이든 비인간이든, 유기체이든 무기체이든 개체로서 자율적·독립적으로 존재한다는 생각은 근대적 신화이다. 모든 것들은 다른 것들과 관계의 네트워크 속에서 크고 작게 상호작용하면서 존재할 수가 있다. 그러한 관계의 망에서 벗어난 존재라는 것은 상상할 수가 없다. 이 점에서 인간은 인간이고 강아지는 강아지라는 동일성의 논리는 환상이다. 인간은 강아지를 키우면서 강아지화되고 강아지는 인간과 더불어 인간화되는 역동적 과정이기 때문이다. 마찬가지로 자연은 문화화되고 문화는 자연화된다. 최근의 정동 이론가들은 이러한 변화를 정동으로 설명하였다.

자연과 문화라는 개념도 독립적이거나 실체적인 개념이 아니라 관계적이고 의존적인 개념이다. 바위나 은행나무, 장미꽃은 독립적 개념이다. 장미라는 용어가 없어도 그러한 용어와 무관하게 장미라는 물질은 존재한다. 그러나 위와 아래, 좌와 우, 멀고 가까움, 과거와 미래와 같은 개념은 관계 속에서만 의미를 가진다. 이때 내가 서 있는 지점이 위와 아래, 멀고 가까움을 구분하는 원점(기준, 관점)이 된다. 기준의 변화에 따라서 가까움이 멂이 되고 멂이 가까움으로 바뀔 수가 있다. 이것은 자연과 문화의 관계에 대해서도 마찬가지이다. 우리가 서 있는 지점에 따라서 자연과 문화의 얼굴이 달라진다. 생태주의자라면 세상이 본래의 자연의 모습을 잃고서 너무나 문명화되고 제도화, 기계화되었다고 불평할 수 있다. 포스트모더니스트라면 자연이라는 것을 환상으로 간주할 수가 있다. 반면에 과학기술만능주의는 자연을 회복해야 한다는 주장을 지나치게 낭만주의적이거나 순진한 발상으로 치부할 것이다.

이 점에서 우리는 자연과 문화의 관계에 대해 적절한 균형감을 가질 필요가 있다. 원근법이라도 말해도 좋다. 너무나 가까이 다가서면 모든 것이 자연, 혹은 문화의 어느 하나로 보일 수 있다. 알맞은 거리를 유지해야만 자연과 문화의 변별적 지형이 분명해지기 시작한다. 그리고 자연과 문화에 대한 모든 질문이 의미를 갖는 것은 아니다. 올바른 질문을 물어야만 한다. 가령 '정원의 잔디가 자연인가?'라는 질문은 무의미한 질문이다. 'A의 정원이 B의 정원보다 더욱 자연적인가?'라는 질문으로 바꾸어야 한다. 질문을 올바른 맥락에 위치시켜야 하는 것이다.

2.

이 책의 저자들은 하나의 공통된 위기의식과 문제의식을 가지고 이 책의 기획에 참여하였다. 기후변화로 대변되고 인류세로 요약되는 생태계의 위기, 자칫하면 인류가 멸망할 수도 있다는 위기의식이 이 책의 배경에 깔려있다. 저자들은 그러한 생태적 위기에서 벗어나기 위해서는 자연에 대한 근본적 관점의 전환이 필요하다는 문제의식을 공유하고 있다. 근대 이후로 지배적 패러다임이었던 휴머니즘적 자연관과 인간관으로부터 탈피해야 한다는 것이다. 이 점에서 도나 해러웨이라는 사상가의 이름이 자주 등장하는 것은 우연이 아니다. 그녀는 이러한 위기의식과 문제의식을 가지고 자연과 문화, 인간과 비인간의 관계에 대해서 광범위하게 윤리적으로 사유하는 유례없는 사상가이기 때문이다.

『자연문화와 몸』이라는 제목임에도 불구하고 이 책에서 정작 몸이 보이지 않는다며 반문하는 독자를 위해 한마디 덧붙이면 '몸이 곧 자연문화'이다. 관점에 따라서 몸은 생명이나 욕망, 물질, 유전자 등으로 다양하게 표상이 되는데 자연과 문화라는 것은 몸의 역사적·문화적·생물학적 변화를 포착하는 개념쌍이다. 이 책은 몸에 대한 자연문화적 접근이라고 말해도 좋다.

독자의 편의를 위해서 이 책에 실린 글의 내용을 간단히 소개하겠다. 책장을 열면 처음으로 선을 뵈는 것은 김종갑의 「자연이란 무엇인가?」이다. 이 글에서 김종갑은 자연이라는 개념의 철학적 지형을 떠서 보여준 다음에 자신의 역동적인 자연관을 제시하고 있다. 저자에 의하면 우리는 자연을 정적이고 수동적이며 고정된 사물들이나 대상, 물질들의 집합으로 생각하는 경향이 있다. 이러한 자연에 인간이 포함될 수도 그렇지 않을 수도 있는데 포함이 된다면 그것은 인간의 정신이 아니라 몸이다. 그런데 이러한 자연관은 변화생성하는 물질들의 운동을 무시함으로써 얻어진 물신화된 자연이다. 저자는 이러한 자연관이 현재의 생태적 위기를 초래하였다고 주장하면서 이에 대한 대안으로 물활론적 자연관, 스피노자적 자연관을 주장한다. 스피노자에 의하면 자연은 스스로의 존재를 유지하기 위한 노력, 욕망, 코나투스이다. 이때 인간만이 행위자로서 능동적인 것은 아니다. 모든 존재들은 다른 존재들과 능동적·수동적으로 상호작용을 하고 있다. 인간만이 행위자라는 환상, 자연을 고정된 물질로 바라보는 환상에서 벗어나야 한다는 것이 저자의 주장이다.

「도나 해러웨이의 자연문화」에서 최유미는 인류가 처한 생태 위계에 대처하기 위해서는 해러웨이의 "자연문화(natureculture)"라는 관점이 필요하다고 주장한다. "자연문화"는 인간은 행위하고 자연은 그것에 반응할 뿐이라는 단순한 도식을 전복하는 용어이다. 세계는 주어진 '자연'과 만들어진 '문화'로 양분되어 있는 것이 아니라 모두가 행위자인 비인간과 인간이 이러저러한 방식으로 얽힌 물질-기호론적인 그물망들이다. 인간은 독립적인 개체로서 자율적으로 사는 것이 아니라 물질-기호론적 그물망인 자연문화 속에서 비인간 파트너와 더불어 살아간다. 그러한 이러한 파트너 관계를 해러웨이는 "반려종(companion species)"이라고 부른다. 인류세 시대에 우리에게 필요한 것은 인간의 책임이라는 추상적이고 비정치적인 말이 아니라 적극적으로 반려종을 돌보고 응답-능력(response-ability)을 키우기 위한 사유 실천들이다. 이를 위해 필요한 것이 촉수적 사유이다. 촉수사유는 자연문화 속의 위기에 처한 반려종을 돌보고, 그것을 위해 무엇과 단절하고 무엇과 연결할 것인지를 생각하고 반려종의 중요한 타자성(significant otherness)에 응답할 수 있게 되는 사유이다. 자연과 문화로부터 인류세를 사유할 것인가 아니면 자연문화로부터 할 것인가는 우리의 생존이 달린 문제이다.

최유미가 자연문화라는 문제를 생태학적으로 접근한다면 고지현의 「주디스 버틀러 : 페미니즘과 해체주의」는 페미니즘적인 접근을 취한다. 주지하듯이 페미니즘은 남성을 정신과 문화로, 여성을 몸과 자연으로 정의하였던 서양철학의 오랜 전통을 해체하기 위해 끊임없이 노력하였다. 그러한 페미니스트 가운데 가장 뛰어난 제3세대 이론가가 주디스 버틀러임은 두말할 나위가 없다. 그녀는 자연과 문화라는 대립적 범주가 남녀의 차이뿐 아니라 섹스와 젠더의 차이에도 작용하고 있음을 고발하면서 그러한 차이의 허구성을 논증하였다. 그녀는 제2세대 페미니즘은 여성의 고유성과 차이를 당연시하는 오류를 범했다고 지적했다. 단일하고 동질적인 주체로서 여성이라는 것은 허구에 지나지 않는다. 다시 말해 버틀러는 섹스의 탈자연화를 주장하였다. 여성과 관련되었던 '자연적'이라는 일련의 전제들과 급진적 단절을 꾀하는 것이다. 이와 같은 버틀러의 이론적 업적을 높이 평가하면서도 고지현은 그녀가 성의 이원체계와 강제적 이성애주의가 역사적으로 발생했던 이유에 대해서는 해명하지 못하는 한계를 가지고 있다고 지적하였다. 자연적인 것이라는 신화로부터 완전히 결별하기 위해서는 그러한 역사적 고찰이 필요하다는 것이다.

자연과 문화라는 대립항의 또 다른 얼굴은 자연과 사회, 혹은 문명과 야만이다. 근대 초기에 프란시스 베이컨이나 토마스 홉즈와 같은 철학자들이 사회가 성립되기 이전의 자연상태가 무엇인지 논쟁을 벌였던 이유였다. 『우리는 결코 근대였던 적이 없었다』에서 브뤼노 라투르는 그러한 자연과 사회의 대립이 근대주의 이원론의 핵심이라며 비판의 날을 세웠다. 「우리는 결코 '사회'에서 산 적이 없었다!」에서 김운하는 그러한 라투르의 근대화 담론을 인류세의 문제로 확대 적용하고 "근대화냐? 생태화냐?"라는 새로운 질문으로 전환하였다. 김운하에 의하면 라투르는 생산 시스템으로부터 생성 시스템으로의 전환을 역설한 철학자, 좌파나 우파로 나뉘는 정치적 이념과 결별하고 전지구적인 인식을 공유하는 대지주의로서의 새로운 정치이론가이다. 라투르는 기후 위기에 직면해서 지구와 충돌하지 않고 착륙할 수 있는 '거주 가능성'을 고민하는 생태계급의 탄생을 강조하면서 생태계의 적이 무엇인지 투쟁의 대상을 분명하게 해야 한다고 주장한다. 이러한 인식들이 과거의 환경 담론들의 실패를 극복하고, 현재의 전지구적인 위기를 타계할 수 있는 방법이라는 것이다.

자연과 문화의 관계에서 동물의 위상은 어떠한가? 아리스토텔레스는 인간은 물론이고 동물과 식물도 영혼을 가진 존재로 보았다. 그렇지만 근대의 데카르트는 동물을 영혼이 없는 기계처럼 다루었다. 「자연문화와 동물정의」에서 서윤호는 자연과 문화의 이분법을 넘어서는 해러웨이의 자연문화를 통해서 동물정의의 문제에 접근하였다. '동물정의'는 인간과 비인간 동물의 관계에서 정당한 몫의 문제와 관련되어 있다. 정의는 전통적으로 '각자에게 그의 몫을 주라'라는 공식으로 표현된다. 여기에서 인간 존재만이 '각자'에 해당하는 것은 아니다. 이 글에서 서윤호는 지금까지 배제되었던 비인간 존재들에게 몫을 부여할 수 있는 방법을 동물정의의 이름으로 논의하고 있다. 그는 동물정의를, 인간중심적이었던 사회정의의 관행을 인간-비인간 공생의 포스트휴먼적 사회정의를 대체하는 것으로 규정하였다. 그리고 이러한 동물정의의 실현을 위해서 저자는 인간과 동물, 자연과 문화, 정신과 물질 등 이분법적 경계를 뛰어넘는 사유의 노력이 필요하다고 주장한다.

주지하듯이 자연과 문화의 관계에 대한 질문은 생태학적이다. 최근에 전 세계를 강타한 코로나바이러스는 자연에서 동물과 공생하던 바이러스가 인간에 의해 서식지가 파괴되는 바람에 인간 사회를 침투한 사건이었다. 천재가 아니라 인재였다. 그렇다면 기후변화가 인류의 미래를 위협하고 있는 현재 우리는 미래를 어떻게 전망할 수 있을 것인가? 이러한 질문에 대한 구체적인 대답을 SF 작품에서 찾을 수가 있다. 이 점에서 주기화가 「팬데믹, 미래주의, SF」에서 마가렛 애트우드의 『매드아담』을 논의의 대상으로 삼은 것은 매우 시의적절한 일이라고 할 수 있다. 이 글에서 주기화는 현재의 위기에 대한 대안으로 제시되는 다양한 형태의 미래주의자를 비판적으로 고찰했다. 애트우드의 소설에서 미래주의자들은 팬데믹을 공모하여 세계를 파괴하기 시작하는데, 그 이유는 무엇보다도 그들이 자연과 문화, 비인간과 인간의 분리를 고수하는 이원론적 근대주의자들이며 과학기술 만능주의자들이기 때문이다. 기술적 해법이 생태계의 위기를 해결할 수 있다는 믿음은 소망충족적 믿음, 혹은 자기기만에 지나지 않는다는 것이다.

자연과 문화에 대한 논의에서 빼놓을 수 없는 것이 테크놀로지이다. 인간은 호모쿨투랄리스(homo culturalis)이면서 동시에 도구를 만들고 조작하는 인간, 호모파베르(homo faber)이다. 그렇다면 테크놀로지와 인간, 혹은 기계와 인간을 떼어놓고 이해할 수 있을까? 이 질문에 대한 도나 해러웨이의 독창적인 응답이 1985년의 '사이보그 선언(Cyborg Manifesto)'이었다. 그녀는 이항대립적이었던 자연과 문화를 하나의 개념으로 단일화하기에 훨씬 앞서서 Cybernetics과 Organism을 합성한 사이보그라는 새로운 개념을 만들었다. 기술과 자연, 몸은 하나의 연합체인 셈이다. 「기술-자연-몸에 대한 새로운 상상력」에서 이지용은 해러웨이의 기술-자연-몸이라는 개념을 우리나라에서 2010년대 이후에 발표된 SF 소설에 적용함으로써 기술과 자연, 몸의 함께-되기의 가능성을 탐색하고 있다. 과거의 SF 텍스트가 인간중심적이고 이분법적이며 위계적이었다면 2010년대 이후의 SF는 인간과 자연의 관계를 재정립하기 위해서 기술과 몸의 결합이 전경화되고 있다는 것이다. 저자는 최의택의 『슈뢰딩거의 아이들』과 듀나의 『아르카디아에도 나는 있었다』와 같은 작품의 분석을 통해서 소프트웨어로서의 기술과 몸이 서로 횡단하고 침투하면서 만들어가는 새로운 되기의 가능성을 제시하였다.

아직도 진행 중인 코로나19를 소재로 작품을 쓴다면 어떤 소설이 가능할까? 팬데믹의 상황에서 자연과 문화, 인간, 비인간, 기술은 어떤 관계로 맺어질 수 있을까. 이러한 질문에 대답할 수 있는 소설 중 하나가 2010년 발표된 편혜영의 『재와 빨강』이다. 임지연은 「'어두운 함께-되기' 서사와 생명정치적 장소성 - 편혜영의 『재와 빨강』에 나타난 '자연문화' 재난 소설」에서 지금까지 인간중심적으로 해석되었던 편혜영의 작품을 탈인간적 되기의 관점으로 재해석함으로써 역설적 생명정치의 가능성을 모색하였다. 저자에게 소설은 탁월한 '되기'의 담론으로서 '자연문화'적 공동 서사의 구축을 가능케 한다. 이때 되기는 들뢰즈와 가타리의 '동물-되기'와 해러웨이의 반려종 개념과 연결된 '함께-되기'이다. 저자가 강조하는 어두운 관계는 어둠의 생태학과 일상이 자연과 맺는 비낙관적 관계로, 『재와 빨강』에서는 쓰레깃더미와 하수도로 형상화되어 있다. 쓰레깃더미와 하수도라는 장소는 한편으로 재난과 생명정치가 불평등하게 전개되는 장소이지만, 다른 한편으로는 그러한 생명정치에 의해 배제된 조에들이 피해자의 위치에서 벗어나 평등성을 확보하는 장소이기도 하다.

제목으로 짐작할 수 있겠지만 이 책의 말미에 실린 박수지의 「스스로 부끄럽나요 혹은 자랑스럽나요? 친환경 소셜 미디어 메시지와 감정」은 다른 글들과 결을 달리한다. 자연과 문화, 몸의 관계를 이론적으로 접근하는 것이 아니라 생태환경을 개선할 수 있는 실천적이고 실용적인 해결책을 모색하기 때문이다. 보다 구체적으로 이 글은 소셜 미디어를 통해 전파되는 환경 캠페인이 미디어 사용자의 친환경 행동에 미치는 영향에 대한 논의이다. 중요한 것은, 기후변화, 생태계 파괴 등에 대한 지식이나 정보가 아니라 우리 행동의 변화이다. 환경 캠페인의 목적도 환경 친화적인 행동의 실천에 있기 때문이다. 아이섹 아젠(Icek Ajzen)과 마틴 피시바인(Martin Fishbein)의 계획적 행동 이론(Theory of Planned Behavior; TPB)에 따르면 효율적 캠페인은 행동을 수행하는 개인의 행동의도(behavioral intention)에 유의미한 영향을 주어야 한다. 설득적 메시지를 통해 바람직한 행동을 이끌어내도록 지각된 행동통제감과 더불어서 행동에 대한 태도 변화도 유도해야 하는 것이다. 이때 무엇보다도 중요한 것은 감정, 특히 긍정적 감정이다. 긍정적 감정이란, 우리가 사회적으로 또는 환경적으로 가치 있는 일에 참여하고 있다는 생각에 의해 야기되는 감정이다. 이 글의 저자는 그러한 긍정적 감정을 자극함으로써 지금까지 환경 친화적 행동에 참여하지 않았던 개인들도 환경 친화적 주체로서 거듭날 수 있다는 사실을 강조한다.

3.

　2007년에 설립된 몸문화연구소는 한 해도 거르지 않고 매년 연구 총서를 출간하였다. 2008년의 『기억과 몸』을 시작으로 작년에 출간했던 『팬데믹, 사이버스페이스 + 호모 마스쿠스』가 13권째 총서였다. 본 연구총서의 흐름을 살펴본 독자라면 금방 짐작하겠지만 2020년 이후로 연구총서는 과거와 다른 주제와 방법론을 취하기 시작하였다. 인간의 몸 문화가 관심의 대상이었는데 이제는 인간과 비인간의 몸의 관계, 문화와 자연의 관계가 연구의 중심이 되었다. 그러면서 방법론에도 변화가 생겼다. 그것이 신유물론이다. 신유물론을 우리나라에 정착시키고 독창적으로 심화시키기 위해서 몸문화연구소는 스테이시 앨러이모의 『말, 살, 흙』을 비롯해서 샹탈 자케의 『몸』과 같은 관련 이론서를 번역하고, 『몸의 철학』, 『인류세와 에코바디』와 같은 연구서를 출간하고 있다. 이러한 작업을 통해서 몸문화연구소는 학계에 많은 학문적 공헌을 할 수 있을 것으로 믿어 의심치 않는다.

　이 책이 나오기까지 많은 분들의 노력이 있었다. 이 책의 필자로 참여했던 연구자들, 무엇보다 처음부터 끝까지 총서의 기획을 맡아서 수고를 아끼지 않았던 이지용 박사에게 감사의 마음을 전한다. 그리고 팔리지 않는 책의 출간을 꺼리는 풍토에서 연구소의 총서 출판을 기꺼이 맡아준 헤겔의휴일의 사장님, 그리고 편집진에게도 감사하다는 말을 전한다.

CONTENTS

CHAPTER
1

김종갑

자연이란 무엇인가?

CHAPTER
2

최유미

도나 해러웨이의 자연문화

주디스 버틀러:
페미니즘과 해체주의

고지현

우리는 결코
'사회'에서 산 적이 없었다!

김운하

자연문화로서 동물정의

CHAPTER 5
서윤호

팬데믹, 미래주의, SF

CHAPTER 6
주기화

기술-자연-몸에 대한
새로운 상상력

CHAPTER 7
이지용

'어두운 함께-되기'
서사와 생명정치적 장소성

CHAPTER
8

임지연

"스스로 부끄럽나요
혹은 자랑스럽나요?"
친환경 소셜 미디어 메시지와 감정

CHAPTER
9

박수지

자연이란
무엇인가?

김종갑

순도 100%의 자연은
존재하는가

　우리가 일상적으로 하는 말 가운데 '자연'만큼 자주 입에 오르는 말도 없을 것이다. 조지 오웰의 『1984』가 그러하였듯이 '자연스럽다'나 '인위적이다'와 같은 표현의 사용을 금한다면 우리 언어활동은 급격하게 위축될 것이다. 그만큼 자연은 우리 삶과 뗄 수 없이 긴밀하게 맞물려 있다. 객관적 사건을 주로 다루는 신문의 경우에도 마찬가지이다. 이 글을 준비하기 위해서 최근 1주일의 『조선일보』 신문에 자연이라는 검색어를 입력해보았다. 자연산 미역, 자연 친화적, 자연 분해, 자연스러운 목소리, 자연 환경, 자연 방목, 자연 치유, 자연 휴양림, 자연산, 자연 재해, 자연 보호, 대자연과 같은 표현들이 담긴 기사가 82건 등장했다. 자연은 우리 삶의 환경이면서 동시에 사건이며 현상이고 보호의 대상이기도 하다. 그뿐만 아니라 자연은 변한다. 옛 시인은 "산천은 유구한데, 인걸은 간 데 없네"라고 읊었지만 그것은 더 이상 21세기의 자연에 적용되지 않는다. 산천은 유구하지 않다. 산천이 있던 자리에 길이 뚫리고 아파트 단지가 들어설 수 있으며, 또 누구나 자유롭게 드나들던 산이 안식년으로 지정되어 울타리를 두르기도 한다. 자연 개발과 자연 보호가 동시에 진행되고 있는 것이다.

한편으로 자연 방목이나 자연산이 있다면 다른 한편으로는 인공 축사나 인위적 양식이 있다. 물론 자연산의 비중은 점점 줄어들고 있다. 이에 반비례해서 자연산 식자재의 가격은 천정부지로 치솟고 있다. 자연산은 희소성의 아우라를 지니는 것이다. 달리 말해서 우리는 자연스럽다는 말을 자연스럽게 할 수 없는 시대에 살고 있다. 자연이 일종의 알리바이, 부재증명서가 되었기 때문이다. 자연산이라는 말은 그만큼 자연산이 희귀하다는 표현에 다름이 아니다. 최근 일주일의 신문에 자연이라는 검색어가 82건이 등장했다는 사실도 알리바이로 이해를 해야 하지 않을까? 만약 지천이 자연으로 널려있다면 굳이 자연에 주목할 필요가 있을까? 없다. 이를 증명하기 위해서 멀리 갈 필요도 없다. 1950년에 발간된 신문을 대상으로 자연이라는 검색어를 입력해보라. 『조선일보』의 경우 1년의 기간 동안-1주일이 아니라 1년이다-자연을 지칭하는 검색어가 단 한 건도 등장하지 않았다. 당시에는 자연이 관심의 대상이 아니었다. 모든 미역이 자연산이고 모든 가축을 방목해서 키운다면 미역과 육류에 자연산이라고 정색을 하며 강조할 필요가 없는 것이다.

그런데 이렇게 자연이라는 말이 자주 인구에 회자되고 있는데 과연 우리가 자연이 무엇인지 제대로 이해하고 있을까? 혹시 자연도 이현령비현령이 아닐까? 자연이라고 쓰고 그렇게 읽으면서도 저마다 다르게 생각하고 있는 것은 아닐까? 필자가 이 글을 쓰고 있는 연구실의 상황을 생각해보자. 컴퓨터와 모니터, 책상, 프린터는 자연은 아니다. 연구실 건물도 자연은 아니다. 그 점은 분명한 듯이 보인다. 그렇다면 연구실에 있는 유칼립투스 화분은 자연이라고 할 수 있을까? 또 창밖으로 보이는 소나무와 목련, 자작나무, 벚꽃, 잔디는 어떠한가? 국어사전에 따르면 자연은 "사람의 힘이 더해지지 아니하고 세상에 스스로 존재하거나 우주에 저절로 이루어지는 모든 존재나 상태"를 뜻하는데, 화분의 유칼립투스 나무는 그러한 의미에서 자연이라고 할 수 있을까? 그렇지 않은 듯이 보인다. 사람의 힘이 가해지지 않았다면 어떻게 유칼립투스가 연구실에 있을 수 있겠는가? 원산지도 우리나라가 아니라 오스트레일리아이다. 필자는 인터넷 쇼핑몰을 통해서 이 나무를 구입을 했다. 며칠 후에 높이가 내 키만 한 박스에 포장된 상품으로 배달되었다. 전자 제품 공장이 컴퓨터를 생산한다면 화원은 나무를 생산한다. 그렇다고 나무가 컴퓨터와 같은 기계 제품이라는 이야기는 아니다. 다만 사람의 인위적 힘이 상품화한 나무라는 사실을 지적하고 싶을 따름이다. 정원의 꽃나무도 예외가 아니다. 정원사의 도움이 없이 소나무와 목련이 저절로 캠퍼스의 정원에서 자라지는 않았다. 묘목이었을 때부터 정원사가 정성스런 손길로 모양을 잡아주고 겨울에는 천이나 짚으로 줄기를 감싸주었다. 그렇다면 산에 있는 나무들은 어떠할까? 산의 나무들은 "사람의 힘이 더해지지 아니하고 세상에 스스로 존재하는" 것들일까? 그렇지 않다. 한때 우리나라의 많은 산들이 나무 없이 헐벗은 민둥산이었던 적이 있었다. 수종을 선별하고 대대적으로 나무를 심고 숲을 보호했던 산림청의 노력이 없었더라면 지금까지도 민둥산으로 남아있는 산들이 많았을 것이다. 더구나 숲길이나 등산로는 어떠한가? 인간이 등산하기에 편리하도록 자연이 알아서 등산로를 만들었던 것은 아니었다. 우리가 가장 자연의 참모습에 가깝다고 알고 있는 산도 따지고 보면 인간의 손길을 타고 있었다.

그럼에도 인간의 발길이 닿지 않은 순도 100%의 자연은 존재하지 않을까? 삼면이 바다인 우리나라에는 여객선도 다니지 않고 사람도 살지 않는 바다의 외로운 섬들이 적지 않다. 그뿐만 아니다. 현대의 최첨단 과학이 지구의 구석구석을 모두 정복하고 답사했던 것은 아니었다. 아직도 생물학자들이 발견하지 못한, 이름도 없이 존재하는 동식물들이 있으며, 수심이 8,000미터가 넘는 심해나 깊은 지층은 아직도 미답의 영역으로 남아있다. 하늘에 떠다니는 구름은 어떠한가? 인간의 존재나 노력, 간섭과 전혀 무관하게 스스로 존재하는 것들이 아닌가. 그런데 과연 그러할까? 지구 온난화와 기후 변화에 대해서 모르는 사람은 없을 것이다. 최근에는 '인류세'라는 용어도 인구에 널리 회자되고 있다. 인간이 1만 년 전에 농경생활을 시작한 이후, 특히 19세기 이후로 급격하게 세계가 산업화되고 인구가 급격하게 증가하면서 지구의 생태계가 엄청난 변화를 겪었다. 대기권에 오존층이 파괴되고 지구의 기온이 올라가면서 해수면이 상승하고 있으며, 바다에는 플라스틱 쓰레기 섬들이 떠다니고 있다. 이러한 변화의 주요 원인이 인간임은 두말할 나위가 없다. 1만 년 전에, 500만에서 600만 명에 불과했던 인류가 예수 탄생 시점에는 6억 명으로 약 100배 증가하더니, 19세기 초에 10억이던 인구는 현재 약 80억으로 급증했다.[1] 반면에 비인간 동식물들의 개체 수는 급격하게 감소하고 있다. 그래서 자연사학자 에드워드 윌슨(Edward Wilson)은 이러한 추세가 지속되면, 머지않은 미래에는 지구에서 인간만이 존재하는 고독한 시대가 될 것이라고 경고하였다. 이러한 지구의 변화가 자연에 대한 논의와 관련이 있는 것일까? 인간이 바다나 만년설, 구름과 같은 자연 현상에 직접적으로 관여하지 않았다는 사실은 부정할 수 없다. 그러나 그렇다고 그러한 자연 현상이 인간의 영향권으로부터 벗어나 있는 것은 아니다. 인간의 엄청난 에너지 소비, 즉 자연 소비가 그러한 생태계의 파괴를 초래하였기 때문이다. 이것을 의도하지 않았던 변화(unintended consequences)라고 할 수 있을 것이다. 21세기의 자연은 더 이상 과거의 자연이 아니다. 과거에 인간의 힘이나 영향이 미치지 않았던 순수 자연이 있었다면 이제 그러한 자연은 더 이상 찾아볼 수가 없다. 자연이 문화화·문명화되었다고 할 수 있다.

---

1. 대니얼 리버먼, 김명주 역, 『우리 몸의 연대기』, 웅진지식하우스, 2018, p. 283.

'인간은 특별하다'라는
전제의 문제점

그렇다면 이제 인간의 힘이 가해지지 않은 자연, 자연 그대로인 야생의 자연은 더 이상 존재하지 않는 것일까? 필자는 동의하지 않는다. 무엇보다도 우리는 자연에 대해서 잘못된 전제 위에서 논의를 시작했다고 생각하기 때문이다. 그 이유를 살펴보기 전에 우선 자연의 종말, 보다 계시론적으로는 자연의 죽음을 강조하는 학자들의 주장에 잠깐 귀를 빌려주자. 그러한 주장들도 나름의 충분한 이론적 정당성과 설득력을 확보하고 있으며, 이에 동조하는 독자들도 적지 않기 때문이다. 『자연이란 무엇인가』(What is Nature?)라는 책에서 케이트 소퍼(Kate Soper)는 그러한 자연 부재론자(nature-sceptical)들을 자연 긍정론자(nature-endorcing)들의 반대 진영에 위치시켜 포스트모더니스트라고 불렀다. 그에 따르면 모더니즘이 자연의 개발과 착취, 상품화의 역사였다면 포스트모더니즘은 그러한 인간의 등쌀에 자연이 사라진 이후의 시대이다. 이때 포스트모던적 자연은 자연이 아니라 자연의 부재와 상실에 가깝다. 자연처럼 보이는 것은 표면이나 허구에 지나지 않는다. 사과를 생각해보자. 원래 자연에 홍옥과 같은 사과가 있었을까? 홍옥은 동그라니 보기에도 좋고 크기도 큼직하며 먹으면 새콤달콤한 맛이 일품이다. 그런데 원래 자연의 품에서 그러한 사과가 나왔을까? 아니다. 그것은 수많은 연구와 종자개량의 결과이다. 그것은 야생에서 자란 사과라기보다는 과학자의 실험실에서 배양된 사과에 가깝다. 원래 크기도 작고 맛도 좋지 않았던 사과(?)[2]가 현재의 사과로 향상된 것이다. 이때 우리는 사과를 자연의 과일이 아니라 인간에 의해 문명화된 사과로 보고 있다. 인간의 영양과 미각을 만족시킬 수 있도록 종자를 개량하고 품질을 향상시켰기 때문이다. 이러한 인간중심적 관점에서 보면 원래 야생의 사과는 기대에 미치지 못한다. 과일만 그러한 것이 아니다. 야생의 늑대와 곰, 호랑이, 표범도 인간의 기대에 미치지 못한다. 조선시대만 하더라도 호랑이에게 물려죽는 사람들이 부지기수였으며, 야생 들짐승이 무서워서 깊은 산으로 오를 엄두를 내지 못하였다. 자연에는 무시무시한 이빨과 발톱도 있다. 이 점에서 현재의 자연은 개로 길들여진 늑대처럼 야생의 자연이 아니라 순화된 자연, 문명화된 자연이라고 해야 옳다. 자연이 인간의 편의와 안녕, 행복에 걸맞은 자연으로 변형된 것이다. 『자연

---

2. 사과는 장미과에 속하는 과실수 사과나무의 열매로, 원산지는 서남아시아이다. 필자는 사과의 최초 기원을 추적하는 것이 불가능하다고 생각한다. 선사시대에 야생에서 자랐던 사과를 x라고 하자. x를 지금의 사과라고 할 수 있을까? 당시의 과일의 종류와 생태계는 지금의 것과 같지 않았다. 사과의 기원이라는 것도 담론적으로 구성되는 것이다.

의 죽음』(The Death of Nature)에서 캐롤린 머천트(Carolyn Merchant)는 근대의 역사를 과학이 자연을 지배하고 정복하며 식민화하고 상품화한 역사로 서술하였다. 이제 엄밀한 의미에서 자연다운 자연은 죽었다는 것이다.

그러나 자연의 종말이나 자연의 죽음을 주장을 액면 그대로 받아들일 수는 없다. 한때 수목이 무성하던 산에 공장이나 아파트가 들어섰다고 해서 자연이 죽었다고 말할 수는 없다. 산에 살던 나무와 들짐승이 죽었을 수는 있다. 그러나 그것이 자연의 죽음을 의미하지는 않는다. 자연은 죽은 것이 아니라 변형되었다고 말해야 옳다. 변치 않고 원래의 모습을 영원히 그대로 간직하는 자연이라는 것은 존재하지 않는다. 그것은 추상이나 관념에 지나지 않는다. 인간이 도끼나 톱으로 나무를 벌채하지 않더라도 나무는 고사할 수도 있다. 인간과 마찬가지로 자연도 역사인 것이다. 땅속 깊이 파 내려가면 우리는 그러한 지구의 역사를 화석으로 읽을 수 있다. 삼엽충으로 뒤덮였던 시기가 있었으며 거대한 공룡들이 활보하던 시대도 있었다. 한때 거대한 자연이었던 그러한 공룡들은 지구의 표면에서 완전히 사라지고 말았다. 꽃이 피고 지는 것이 자연스럽듯이 공룡과 같은 자연의 죽음도 자연스러운 자연의 사건이었다. 물론 현재는 인간이 쥐라기의 공룡보다 훨씬 거대한 세력으로 자연에 군림하고 있다. 빌 매키번(Bill McKibben)은 『자연의 종말』(The End of Nature)에서 과거에 지구에서 보잘 것이 없었던 인간이 지금은 지구를 송두리째 바꿀 수 있을 정도로 거대한 세력으로 급부상하였다고 주장하였다. 인간이 전지전능한 신의 능력을 갖추게 되었다는 것이다. 따라서 인간의 힘과 지식을 벗어난 자연이란 존재하지 않는다는 것이다. 과연 그러할까? 늑대가 강아지로 가축화되었듯이 그의 주장처럼 자연이 완전히 문명화 혹은 인간화되었을까? 그렇지는 않다. 이 대목에서 우리는 자연과 인간의 관계에 대해서 다시 생각해볼 필요가 있다.

앞서 논의의 출발점으로 삼았던 자연의 정의를 돌아가기로 하자. "사람의 힘이 더해지지 아니하고 세상에 스스로 존재하거나 우주에 저절로 이루어지는 모든 존재나 상태"라는 정의에서 우리가 주목해야 하는 것은 '사람'이라는 전제이다. 이러한 전제가 가진 문제점이 무엇인지 파악하기는 어렵지 않다. 우리는 인간을 자연에 속하지 않는 존재, 자연 바깥의 예외적 존재, 자연을 초월한 신적 존재로 특권화하고 있기 때문이다. 세계를 한편으로 비인간 자연 물질, 또 다른 한편으로는 인간 문화/사회/정신으로 이분하고 있는 것이다. 여기에서 비인간은 동식물을 포함해서 광물 등 모든 물질을 망라하는, 그리고 인간과 달리 생각이나 의도, 계획이 없이 자연적으로 존재하는 것들이다. 데카르트(René Descartes)의 이원론에 따르면 자연은 뉴턴(Newton)의 만유인력이나 작용·반작용의 법칙과 같은 물리적 법칙의 지배를 받고 있다. 그러한 물리적 존재는 본질적으로 기계와 다름이 없다. 근대 초기 과학기술의 대표적인 예였던 시계를 생각해보면 좋다. 시계는 태엽, 톱니바퀴와 바늘, 수직굴대, 바퀴멈추개, 수평막대 등의 부품으로 구성된, 태엽을 감아주면 정확하게 설계에 따라서 기계적으로 움직인다. 데카르트는 동물도 그러한 기계와 마찬가지라고 생각하였다. 자유의지를 가지고 자신의 가치관에 따라서 행동하는 인간과 달리 동물은·시계와 마찬가지로 자동적으로 움직일 따름이다.[3] 시계의 톱니바퀴나 태엽에 해당하는 것이 동물의 뇌나 심장, 근육 등이다. "근육의 운동, 즉 모든 감각은 신경에 의존하는데 신경은 뇌에서 나오는 작은 실이나 튜브와 같으며, 뇌와 마찬가지로 공기나 바람(우리가 동물혼이라고 부르는)을 포함하고 있다."[4] 이때 동물혼은 물리적 법칙에 따라서 수축하고 팽창하는 물질에 다름이 아니다. 우리는 이러한 동물의 정의에 동의하지 않는다. 현대의 생물학자 가운데 데카르트의 기계론관에 찬성하는 학자는 없다고 말해도 과언이 아니다. 그럼에도 데카르트를 소개한 이유는, 인간과 비인간 자연의 차이, 혹은 인간 이성과 비인간 물질의 차이를 가장 명시적으로 표명한 근대의 철학자이기 때문이었다. 그에 따르면 인간의 본질은 비물질적 이성에 있다. 물질적 자연과 달리 이성은 공간을 차지하지 않으며 어떠한 물리적 법칙의 지배도 받지도 않는 자유로운 정신이다. 자연은 자동인형처럼 '저절로' 움직이지만 인간은 옳고 그름을 판단하며 도덕적으로 행위 하는 존재이다. 인간이 주체라면 자연은 대상에 지나지 않으며, 인간은 그러한 대상 자연을 지배하고 정복하며 조작하고 변형시킬 수가 있다. 인간이 능동적 행위자라면 자연은 수동적으로 조작을 당하는 물질이며, 인간이 욕망을 한다면 자연은 그러한 인간 욕망의 대상일 따름이다. 데카르트적 관점에서 본다면 자연은 "사

---

3. 어원적으로 동물 animal은 라틴어의 영혼 anima을 어원으로 가지고 있다. 그러나 동물을 기계로 파악하였던 데카르트는 동물의 영혼을 인정하지 않았기 때문에 animal을 야수(bête)라는 말로 대체하였다. 데카르트에게 야수와 무기체 사이에는 존재론적 차이가 없다. 양자는 공간을 차지하면서 물리적 법칙의 지배를 받는 물질에 지나지 않는다. John Cottingham, "Animals," The Descartes Dictionary, Oxford: Blackwell, 1993. p. 15.

4. Descartes, The Passions of the Soul, tr. Stephen Voss. New York: Hackett Publishing Company, 1989. pp. 21~22.

람의 힘이 더해지지 아니하고 세상에 스스로 존재하는" 것들의 총합이다. 과연 그러한 정의가 올바른 것일까? 인간은 자연을 초월한, 자연의 바깥에 있는 신적인 존재일까?

인간은 자연을 초월해서 자연의 바깥에 있는, 따라서 자연과 질적으로 다른 존재일까? 한때 그러한 관념이 지배적이던 때가 있었다. 기독교의 천지창조설이 단적인 예의 하나이다. 신은 자연의 모든 동식물은 흙으로 빚어서 만들었지만 인간은 자신의 형상을 본떠서 흙으로 만든 다음에 코에 자신의 숨결을 불어넣었다. 고대 희랍의 문화에서 숨(psyche)은 중요한 가치를 가지고 있다. 그것은 생명을 의미할 뿐 아니라 정신이나 로고스와 같은 추상적 의미도 가지고 있다. 한편으로 인간은 흙으로서 자연에 속해있지만 다른 한편 인간은 신의 형상으로서 자연을 초월한 신적인 위상을 지니고 있다. 그렇다면 모든 존재가 평등하지는 않다는 말이 된다. 존재에는 위계가 있다. 자연의 창조자로서 신은 자연을 초월한 절대적 존재이지만 인간은 신의 특권적 피조물로서 중간자적 존재, 달리 말하면 그는 역설적인 존재이다. 그는 자연이면서 동시에 자연이 아니며, 그는 신적이면서 동시에 동물적이다. 이렇게 표현될 수도 있다. 인간은 자연적 존재도 아니고 그렇다고 신적인 존재도 아니며, 혹은 자연적 존재이면서 동시에 신적인 존재이다. 이러한 역설적 존재론을 어떻게 이해할 것인가? 사실 서양의 철학사는 그러한 역설적 인간관에 입각해 있었다. 이에 따르면 인간을 몸과 마음으로 분열된 존재로, 흙이라는 재질로 만들어진 몸은 자연의 일부이지만 마음(영혼, 이성)은 자연의 질서에서 벗어나 있다. 인간의 몸은 자연의 모든 동식물과 마찬가지로 태어나서 성장하고 나중에는 노화하고 죽어서 흙으로 되돌아간다. 그러나 마음은 그러한 탄생과 죽음의 궤도에서 벗어난 영원불변의 세계에 있다. 몸은 역사적이지만 마음은 초역사적이라는 것이다. 지구는 인간의 영혼이 몸을 취해서 잠시 손님으로 머물다가 떠나는 장소에 지나지 않는다. 때문에 환경오염이나 생태계의 파괴, 플라스틱 쓰레기, 기후변화도 크게 염려할 필요가 없다. 지구가 사라져도 돌아갈 영혼의 고향이 있기 때문이다.

위와 같은 영혼불멸설은 하나의 신화나 종교적 관념에 지나지 않는다.[5] 그럼에도 불구하고 필자가 이 신화를 소개했던 이유는, 자연에서 인간의 예외적이며 특권적인 위상을 단정하는 담론들은 근본적으로 이러한 신화에 뿌리를 두고 있다는 사실을 지적하고 싶기 때문이었다. 인간은 독자적이고 자율적이거나 초월적인 존재가 아니라 자연의 흙과 나무, 햇살과 비, 채소와 곡물, 어류와 육류에 의존해서 살아가는 존재이다. 나무와 흙이 자연이듯이 인간도 자연이며, 굳이 말하자면 자연에 몸을 내주는 숙주라기보다는 자연의 기생동물에 가깝다. 인간의 사유하고 관조하는 능력도 초자연적 은총이 아니라 자연의 영양을 빨아들이면서 자연의 품에서 성장한다. 자연의 자양분이 없으면 이성도 활성화될 수 없는 것이다. 자연과 마찬가지로 인간

---

5. 인간의 본질을 생각에서 찾았던 데카르트도 기독교적 전통에 따라서 영혼불멸을 믿었다. 몸은 시간의 흐름에 매어서 변화하며 생멸하지만 생각은 그러한 시간과 공간을 초월해 있다. 몸이 죽어도 생각하는 '나', 즉 영혼은 불멸한다는 것이다. 마찬가지로 칸트도 영혼불멸을 믿었던 듯이 보인다. 그에게 영향을 미쳤던 볼프(Wolff)는 영혼이 단순하고 비물질적이며 불멸한다고 주장하였지만, 칸트는 영혼불멸의 문제를 철학적 논증의 대상이 아니라 신앙의 영역에 속하는 문제, 즉 해결이 불가능한 형이상학적 문제로 간주하였다. Helge Svare. Body and Practice in Kant. New York: Springer, 2006, pp. 15~40.

도 역사적인 존재이다. 이 점에서, 과거에 지구를 지배했던 공룡들이 멸종하였듯이 어느 순간 지구의 표면에서 인간이라는 종이 전멸하는 사건도 발생할 수 있다.

그러나 인간 예외주의를 주장하는 모든 담론들이 영혼불멸설의 형태를 취하고 있지는 않다. 대표적인 예의 하나가 사유를 상징의 조작으로 보는 두뇌중심주의나 탈신체적 인지주의이다. 이에 따르면 인간의 두뇌는 자연에 속해있기는 하지만 자연으로부터 독립된 자율적 위상을 가지고 있다. 모든 생명체는 자신의 생존을 위해서 외부 환경을 재현하는 시스템을 가지고 있다. 환경에 대한 인지적 지도, 모델, 혹은 시뮬라크라라고 해도 좋다. 여기에서 중요한 것은, 외부의 세계에 대한 상징적 모형으로서 외부 세계를 대체하는 자율적인 위상을 갖는다는 것이다. 외부를 조작하며 영향을 미칠 수가 있지만 외부에 영향을 받지 않는 내부모형으로서 재현의 체계가 있다는 것이다. 이러한 재현 체계가 인공지능을 가능하게 한다.[6] 이에 따르면 자연이 없어져도 두뇌에 내장된 프로그램으로부터 세계를 다시 복원할 수가 있다. 그러나 이에 대해서는 더 이상 거론하지 않기로 한다.[7]

앞서 논의의 출발점으로 삼았던 자연에 대한 정의는 인간예외주의

---

6. 프란시스코 바렐라와 동료 학자는 『몸의 인지과학』에서 재현을 두 종류로 분류했다. 하나가 약한 재현이라면 다른 하나는 강한 재현이다. 약한 재현을 넓은 의미의 해석 행위로 정의하였던 그는 강한 재현에 대해서는 비판적이었다. 강한 재현주의자들은 세계는 이미 주어져 있으며, 인간의 마음은 그러한 세계를 지도처럼 알고 있다고 생각하고 있다. Francisco Varela, Evan Thompson, and Eleanor Rosch. The Embodied Mind: Cognitive Science and Human Experience. Cambridge: MIT P, 2016, p. 135.

7. 이 주제에 대해서는 김종갑, 「포스트바디 시대의 딜레마와 사회」를 참조하기 바람. 몸문화연구소 편. 『포스트바디 : 레고인간이 온다』 (필로소픽, 2019)의 9장이다.

로 요약될 수 있는 것이었다. "사람의 힘이 더해지지 아니하고 세상에 스스로 존재하거나 우주에 저절로 이루어지는 모든 존재나 상태"라는 사전적 정의는 너무나 인간중심적이다. 처음부터 인간을 신처럼 자연 외부의 존재로서 전제하고, 이러한 전제에 입각해서 세계를 한편으로 인간, 다른 한편에는 비인간 자연으로 이분화하기 때문이다. 자연은 그 자체로서 의미가 있는 것이 아니라 인간의 필요와 욕구를 충족시키기 위한 수단으로 간주되는 것이다. 인간의 이성이 개입하지 않으면 자연은 스스로를 반복하고 주기적으로 순환할 따름이다. 고대 희랍 신화에서는 프로메테우스가 그러한 인간 이성의 탁월한 은유였다. 인간은 불을 가지고 날 것의 자연을 요리한 음식으로 문명화하였다. 근대 자연과학의 아버지라 불리는 프랜시스 베이컨(Francis Bacon)은 이러한 자연관을 대표하는 철학자였다.[8] 그에게 과학은 자연의 순리와 법칙을 발견하는 지식이나 지혜가 아니라 자연을 지배하고 정복하는 권력이었다. 그는 인간에게 이로운 자연이 있는가 하면 해로운 자연도 있다고 보았다. 그는 과학기술의 역할을 해로운 자연을 유익한 자연으로 변형하는 작업에서 찾았다.

그러나 스스로 존재하는 자연은 선과 악, 이로움과 해로움이라는 변별적 가치와 무관하다. 그러한 구별은 지나치게 인간 중심적이다. 가령 장미와 독사를 생각해보자. 장미는 아름답다. 그렇지만 아름답다는 생각에 손을 내밀어서 가지를 꺾으려다가는 자칫하면 손이 가

---

8. "베이컨은 과학 기술의 축적을 통해서 자연을 지배할 수 있다는 생각을 가장 먼저 분명하게 표명한 철학자였다."(William Leiss)

시에 찔릴 수가 있다. 장미는 아름답다는 점에서는 선이지만 가시에 찔려서 피가 날 수 있다는 점에서는 악이다. 관점에 따라서 장미는 인간에게 선일 수도, 악일 수도 있는 것이다. 그렇지만 장미가 아무 이유 없이 가시를 가지고 있는 것은 아니다. 가시는 장미가 자신의 존재를 유지하기 위한 수단이자 방어 장치이다. 독사도 마찬가지이다. 인간을 비롯한 동물들은 독사에 물리면 목숨을 잃을 수도 있다. 그러나 독사에게 독은 자신을 해하려는 동물로부터 자신의 생명을 유지하기 위한 기능을 가지고 있다. 장미와 독사는 인간을 위해 존재하는 것이 아니라 자신의 생명을 유지하기 위해서 존재하는 것이다.[9] 이때 베이컨과 같은 인간중심주의자들은 자연의 모든 동식물은 인간을 위해 존재한다는 목적론적 세계관을 가지고 있다. 닭과 소, 돼지와 같은 가축은 인간에게 단백질과 같은 영양분을 공급하기 위해서 있다고 믿는 것이다. 이러한 관점에서 보면 인간에게 유익하지 않고 해로운 동식물은 잘못된 자연, 타락한 자연으로 간주된다. 그것들은 인간의 지혜와 자연과학에 의해서 교정되거나, 교정이 불가능하다면 제거되어야 하는 대상이 된다. 인간이 자연의 일부가 아니라 자연의 바깥, 자연을 초월한 예외적 존재로 파악하는 순간에 우리는 이러한 인간중심주의의 덫에 빠질 수가 있다.

이 점에서 우리는 자연을 "세상에 스스로 존재하거나 우주에 저절로 이루어지는 모든 존재나 상태"로 재정의할 필요가 있다. 이러한 자연에는 비인간 존재와 더불어서 당연히 인간도 포함되어 있다. 자

---

9. There is no such thing as 'bad weather', only inappropriate clothing, (Garrard 205)

연이란 "인간을 포함해서 세상에 스스로 존재하거나 우주에 저절로 이루어지는 모든 존재나 상태"이다. 폴 테일러(Paul Taylor)는 『자연에 대한 존중』(Respect for Nature)에서 지구의 동식물은 서로 의존하면서 살아가는 생태 시스템을 형성하고 있음을 강조하면서 세계를 "지구의 전체 자연 생태시스템과 여기에 살아가는 생물공동체를 포함하는 모든 동물과 식물"[10]로 정의하였다. 일상어에서 빼놓을 수 없는 주요 개념을 역사적으로 개괄한 『주요 용어』(Keywords)에서 레이먼드 윌리엄스(Raymond Williams)도 자연을 "인간을 포함하거나 포함하지 않은 물질세계 전체"로서 정의하였다.[11]

---

10. Paul Taylor, Respect for Nature: A Theory of Environmental Ethics. Princeton: Princeton UP, 2011. p. 3.

11. Raymond Williams, Keywords: A Vocabulary of Culture and Society, Oxford: Oxford UP, 1985. p. 219.

자연에 대한
재정의

그렇지만 존재하는 것들의 총체로서 자연의 정의는 너무나 막연하고 형식적이라는 비판이 있을 수 있다. 존재하는 것이 무엇인지 그것의 의미가 규명되지 않았기 때문이다. 먼저 제기되는 한 가지 의문은 존재와 물질의 관계이다. 존재하는 것은 모두 공간을 차지하는 물질인 것일까? 한편으로 그런 듯이 보인다. 자연에는 돌이나 나무, 꽃을 비롯해서 사슴이나 사자와 같은 동물들이 존재하는데, 이것들은 모두 물질적이며 가시적인 자연이다. 그러나 자연에 가시적인 것만 있는 것은 아니다. 천둥이나 번개, 바람은 어떠한가? 나뭇잎이 바스락거리는 소리나 동물의 울음소리는 어떠한가? 돌이나 나무, 동물과 달리 이러한 자연 현상은 물질로 설명될 수가 없는 듯이 보인다. 전자가 일정한 공간을 차지하고 있다면 후자는 그러한 공간으로 귀속되거나 공간적으로 지속되지 않을 뿐만 아니라 시간적으로 생성하고 소멸한다. 물질이 아니라 현상이나 사건, 과정이라고 말해야 옳다. 자연에는 수많은 사건과 현상들이 발생하는데, 그 가운데는 동물의 울음소리와 인간의 말도 있다. 그렇다면 동물의 울음소리가 자연에서 발생하는 현상이듯이 인간의 말도 자연적인 사건일까? 이 질문에 대해서는 나중에 답하기로 하고 우선 가시적이고 물질적인 자연이 있는가 하면 비가시적이고 비물질적인 자연도 있다는 사실을 인정해야 한다는 점을 말해두기로 하자. 자연이 존재하는 것들의 총체로 제한될 수는 없는 것이다. 존재하는 것과 그렇지 않은 것들의 구별이 분명하지 않기 때문이다. 생각해 보면 이러한 구분의 어려움은 언제나 자연의 정의와 자리를 같이하였다. 자연의 고대 희랍어 physis는 "태어나는 모든 것들은 소멸하는 경향이 있다"(What is born tends to disappear)는 헤라클레이투스(Heraclitus)의 유명한 경구처럼 존재하는 물질들뿐 아니라 생성하고 소멸하는 현상들을 모두 포괄하는 것이었다. 자연은 성장의 결과이면서 동시에 생성하고 소멸하는 과정까지 포함하고 있다.[12] 자연은 존재이면서 동시에 변화생성이었던 것이다.

자연이 존재하는 것들의 총체로 환원될 수 없는 변화생성의 현상 혹은 사건이라는 점을 인정하는 순간에 우리는 자연에 대한 새로운 정의를 필요로 하게 된다. 하나의 방법으로 자연을 한편으로 존재하는 것들, 다른 한편으로는 생성 소멸하는 현상들, 혹은 물질적 자연과 비물질적 자연으로 구분하고 양자의 총합을 자연이라고 명명하는 것이다. 언덕에 서 있는 느티나무가 물질적 자연이라면 나뭇잎을

---

12. 기원전 8세기에 Odyssey에서 phusis, 성장의 결과를 의미.

흔드는 바람과 햇살은 비물질적 자연이다. 우리의 언어는 그러한 존재론적 구분 위에서 이루어지고 있다. 예를 들어 바람이 불면 나무가 춤을 춘다. 이때 나무는 바람이 그쳐도 여전히 나무로서 존재하지만 춤은 그렇지 않다. 지속적이고 고정된 존재와 순간적이고 유동적인 존재의 차이는 쉽게 메꿀 수 있는 차이가 아니다. 그럼에도 불구하고 이와 같은 존재와 변화생성의 차이는 본질적이거나 절대적이지 않다. 헤라클레이투스(Heraclitus)는 "같은 강물에 두 번 들어갈 수 없다."고 말했다. 강물은 멈추어 있는 것이 아니라 끊임없이 움직이며 흐르는 유동성을 특징으로 한다. 나무도 마찬가지이다. 땅 속에 있던 도토리는 햇빛과 물을 먹고 자라서 묘목이 되고, 나중에는 아름드리 참나무로 성장한다. 나무도 끊임없이 변화생성하는 과정에 있다. 어제의 나무는 오늘의 나무가 아닌 것이다. 나무에 비하면 변화가 없이 고정된 것처럼 보이는 바위도 예외가 아니다. 강물이나 나무와 마찬가지로 바위도 자기동일적이지 않다. 대니얼 데닛(Daniel Dennett)은 시간 쇼비니즘(timescale chaunivism)이라는 용어를 사용하였는데,[13] 한 세대를 기준으로 하는 인간 시간의 단위로 보면 변하지 않는 바위도 천년만년이라는 지질학적 단위로 보면 나무처럼 변화한다는 사실이 분명해질 것이다. 이 점에서 보면 존재보다 본질적인 것은 변화생성, 혹은 사건이나 현상이다. 존재는 변화생성의 부차적 효과일 따름이다.

　자연은 변화생성하는 사건이나 현상들의 총체이다. 돌이나 나무와

---

13. Daniel Dennett, Kinds of Minds, New York: Basic Books, 1996, p. 61.

같은 사물들의 존재를 부정하려는 것이 아니다. 바라보는 관점에 따라서 자연은 활성적 사건이 아니라 안정되고 비활성적인 물질의 총체로 보일 수가 있다는 점은 인정해야 한다. 『팡세』에서 파스칼은 무한소와 무한대라는 두 개의 양극단을 제시한 바가 있다. 달나라에서 지구를 바라보면 알록달록 파란 구슬처럼 작게 보인다. 나는 물론이고 서울이나 한반도도 눈에 들어오지 않는다. 무한대의 관점에서 보면 한라산이나 백두산은 두말할 나위가 없고 지구도 무(nothing)가 되어버린다. 그러나 (지금은 찾아보기 어렵지만) 빈대나 이와 같은 해충의 관점에서 보면 나의 몸은 백두산보다 더 크게 보인다. 이와 같이 특정한 관점에 의존하지 않거나 관계에서 벗어난 절대적 존재라는 것은 없다. 칸트적 의미의 지성계나 물자체라는 것은 지적 허구에 지나지 않는다. 존재와 생성, 운동과 정지, 변화와 불변, 삶과 죽음의 차이도 마찬가지이다. 아인슈타인이 상대성의 원리를 빌려서 설명하였듯이 빠른 속도로 움직이는 물체에게 느리게 움직이는 물체는 정지해 있는 듯이 보인다. 인간의 수명이 하루살이에게는 영원처럼 보이지만 지구의 역사에 비하면 눈 깜빡이는 순간보다 더욱 짧다. 봄과 여름 가을 겨울의 흐름처럼 자연은 끊임없이 순환한다. 순환의 관점에서 보면 토끼나 사슴, 나무, 인간 개인과 같은 개체라는 것은 존재하지도 않는다. 일정한 시간이 지나면 개체는 죽어서 개별적 형상이 사라진 흙으로 돌아가 자연 속으로 중화되어버린다. 나라는 자기동일성은 명멸하는 환상에 지나지 않는 것이다. 개체가 아니라 종으로서 토끼나 호모 사피엔스가 존재할 따름이다. 달리 말해 돌이나 나무, 인간은 명사가 아니라 동사로서 존재한다고 말해야 옳다.

이와 같이 자연이 변화생성하면서 순환하는 모습을 잘 보여주는 물질의 하나가 물이다. 물은 상의 변화에 따라서 기체나 액체, 고체로서 존재한다. 얼어서 얼음이 되면 그 전에 형체가 없이 유동적이었던 물은 안과 바깥의 경계가 분명한 개체가 된다. 그렇지만 해동이 시작되면 경계가 사라지면서 비개체적 물질로 바뀌기 시작한다. 이때 증발한 물은 기체가 되어서 대기 속으로 흩어져 존재하지 않는 듯이 보인다. 물질이 비물질로 전환되는 것이다. 물은 이와 같이 기화와 액화, 고화를 반복한다. 얼음이 집중된 물이라면 기체는 분산된 물이며, 수증기가 활발하게 운동하는 물의 분자라면 얼음은 그러한 자유로운 활동이 억제된 물의 분자이다. 이때 우리는 물을 에너지로 볼 수도 있다. 온도가 차가워지거나 따뜻해지는 변화가 생기면 물 분자의 운동에도 변화가 생긴다. 밀폐된 용기에 물을 넣고 열을 가하면 내부의 압력이 증가한다. 가시적으로 눈에 보이지는 않더라도 우리는 용기의 진동을 통해서 그러한 힘을 느낄 수가 있다. 물론 흐르는 물도 에너지이다. 물은 관점에 따라서 물질로, 혹은 에너지로 표상되는 것이다.

이러한 자연의 변화생성하는 다양성도 하나의 고정된 관점으로만 제한되면 단일성으로 축소될 수 있다. 자연이 물질이거나 에너지, 생성이거나 존재, 명사이거나 동사의 어느 하나로 일반화되고 보편화되는 것이다. 근대를 지배했던 것은 공간을 차지하는 '연장'이라는 데카르트적 물질관이었다. 이때 자연은 존재하는 사물들의 총합으로 표상이 된다. 정적이며 안정된 자연, 세계 전체의 존재자들이 한꺼번에 사진에 찍힌 정물처럼 생각되는 것이다. 그러면서 사물이 역동적으로 생성하고 변화하는 역사적 과정들이 누락되어버린다. 이러한 개념적 질서에서 물은 물이고 얼음은 얼음이며 수증기는 수증기이다. 그렇다고 이와 같이 안정된 존재론을 부정하려는 것은 아니다. 생성하고 변화하는 단계에서 참나무는 잠정적으로 도토리나 묘목이라는 개체로서 존재한다. 나중에 고사해서 흙으로 돌아가지만 현재에는 아름드리 참나무로 존재하는 사실을 부정할 수는 없다. 변화생성하는 과정에서 비교적 존재론적으로 안정적인 개체로서 존재하고 있는 사실을 무시할 수 없는 것이다.[14] 이러한 안정적 개체를 스피노자의 용어로 현행적 존재자(apparent)라고 할 수 있다.[15] 모든 존재하는 것들의 총체로서 정의되는 자연은 다름 아닌 이러한 현행적 존재자들이다. 앞서 말했듯이 이러한 현행적 존재들은 계속해서 자신의 존재를 유지하려는 성향을 지닌다.

현행적 존재라는 개념은 존재의 변화생성을 무시하지 않으면서 그것을 개체로서 접근할 수 있는 장점을 가진다. 개체는 존재가 변화생

---

14. 자아란 이 비균질적이고 비통일적인 사회에서 대행체들이 자가 조직하여 창발한다는 가설을 내놨다. 프란시스코 바렐라·에반 톰슨·엘리노어 로쉬, 석봉래 역, 『몸의 인지과학』, 김영사, 2013, pp. 178~181, p. 195, p. 203 등 참조.

15. '현행적'이라는 용어는 김은주의 「스피노자 신체론의 현대적 전개」에서 빌려온 것이다. 그는 스피노자의 『에티카』의 2부, 정리 13을 다음과 같이 우리말로 옮겼다. "인간 정신을 구성하는 관념의 대상은 신체 혹은 현행적으로 실존하는, 연장의 특정한 양태 외에 다른 것이 아니다"(밑줄은 본 연구자의 것임. p. 232). 여기에서 밑줄 친 부분은 영어로 "actually existing"이다. 강영계는 이것을 "현실적으로 존재하는"으로 옮겼다(p. 96). 스피노자의 철학에서 개별적 존재나 개체를 위한 자리는 없다고 비판하는 학자들도 있다. 그러나 그러한 비판은 영원의 관점에서만 옳다. 영원의 관점에서는 오로지 실체만이 존재하지만 시간성의 지평에서는 개체도 현행적으로 실존하기 때문이다. 생산성의 관점에서 자연과 물질을 이해하였던 쉘링도 『자연철학의 이념』(Ideas for a Philosophy of Nature)에서 영원한 존재와 현행적 존재의 차이를 구별하였다. 그는 후자를 seeming, apparent라는 말로 표현하였다(p. 18).

성하는 가운데 시간과 공간 속에서 자신을 개체화하는 과정에 있다. 개체와 개체화를 분리할 수가 없는 것이다. 그와 같은 분리가 불가능한 또 하나의 이유는, 그러한 개체화의 과정이 주변의 다른 존재들과 맺는 상호작용에 있다. 그것은 다른 존재들을 잡아당기거나 밀어내고, 자기의 것으로 취하거나 거부하는 일련의 움직임 속에서 스스로를 변화하고 변화를 당하면서 자신의 존재를 유지한다. 물리적으로 말하면 작용과 반작용의 법칙이 지배하고 있다. 행위자는 능동적으로 작용을 하면서 동시에 수동적으로 작용을 당한다. 이 점에서 우리는 자연을 도식적으로 능동적 자연과 수동적 자연으로 구분할 수 있다. 자연은 이러한 능동성과 수동성의 양 측면과 떼어놓을 수가 없다. 자연환경이라는 용어도 그러한 이중성을 반영하고 있다. 다시 참나무를 생각해보자. 참나무는 자연의 일부이지만 자신에게 알맞은 자연환경을 가지고 있다. 공기와 햇빛, 물, 비옥한 토양이 충분히 제공되지 않으면 묘목은 아름드리 참나무는 자랄 수가 없다. 이때 참나무가 행위자라면 자연환경은 피행위자가 된다. 전자가 초점(focuse)이라면 후자는 배경(ground)이 된다.

『에티카』에서 스피노자는 자연의 이러한 양면적 운동을 능산적 자연(natura naturans)과 소산적 자연(natura naturanta)으로 명명하였다. 목수가 산에 가서 나무를 잘라서 책상을 만든다고 생각을 해보자. 이때 목수든 나무든 똑같이 자연의 일원이라는 사실에는 변함이 없다. 그렇지만 양자가 서로 관계하고 영향을 주고받는 방식에서는 차이가 발생한다. 목수가 나무를 책상으로 변형시키는 능동적 행위자라면 나무는 그에 의해서 수동적으로 변형을 당한다. 하나가 능산적 자연이라면 다른 하나는 소산적 자연이다. 그러나 어느 하나가 절대적으로 능동적이거나 절대적으로 수동적일 수는 없다. 목수는 자기 마음대로 나무를 자르고 다듬는 것이 아니라 그것의 결의 방향을 존중하면서 목공 작업을 한다. 스피노자의 말을 빌리면 나무는 나무로서 자신의 존재를 계속해서 유지하려는 성향을 가지고 있다. 나무의 옆에 있는 무기체 바위도 마찬가지이다. 바위도 바위로서 자신의 존재를 계속 유지하고 싶어 한다. 그러한 이유로 목수는 자기가 원하는 대로 자유롭게 바위를 관통해서 갈 수가 없다. 그것을 우회해서 나무에 접근해야 한다. 나무의 결을 존중하듯이 바위도 바위로서 존재하려는 성향, 물리학적으로 말하자면 바위의 물질적 관성을 인정해줘야 하는 것이다. 그렇지 않으면 바위와 충돌해서 몸에 상처가 생길 수가 있다. 바위는 부서지지 않고 자신의 현행적 존재를 유지하기 위해 목수의 몸으로부터 자신을 방어하는 것이다.

인간중심주의는 자연을 인간이라는 주인공의 배경이나 활동 무대로서만 바라보는 입장이다. 자연은 다만 인간이 자신의 욕구를 채우기 위한 수단이나 자원 이상으로서만 의미를 가질 따름이다. 그렇지만 인간중심주의적 관점을 벗어나는 순간에 인간과 자연의 관계가 역전될 수 있다. 예를 들어 인간은 야생의 늑대를 길들여서 애완견으로 만들었다고 생각하고 싶어 한다. 그러나 해러웨이가 『반려종 선언문』(The Companion Species Manifesto: Dogs, People, and Significant Otherness)에서 주장하였듯이 애완견은 인간을 자연 환경으로 가지고 있다. 그리고 인간의 몸이라는 것도 박테리아와 인간 세포의 공생체이다. 박테리아에게 인간의 몸은 그것의 활동 무대에 지나지 않는다. 인간이 자연에서 주인공의 역할만 하는 것은 아니다. 자연의 모든 동식물은 서로 도움을 주고받는, 먹거나 먹히는 먹이사슬을 이루고 있다.

이와 같이 존재하는 것들은 자신의 존재를 유지하기 위해서 다른 것들에 의존하지 않으면 안 된다는 점에서 자연은 생태계와 동의어라고 할 수 있다. 나무는 물질로서 나무일 뿐 아니라 계속해서 존재하려는 성향(본질)을 가지고 있다. 이러한 자연의 모습을 스피노자는 코나투스, 쇼펜하우어는 맹목적인 생존 의지라고 명명하였다. 자연은 물질이면서 동시에 의지인 것이다. 영어의 자연 nature는 한편으로 존재하는 것들을 의미하지만 다른 한편으로는 그러한 존재의 성향과 본질, 원리라는 또 다른 의미도 가지고 있다. 자연은 물질들이면서 그러한 물질의 본질 및 원리, 법칙, 작용이기도 한 것이다. 예컨대 루크레티우스의 저서 『사물의 본성에 대하여』(De Rerum Natura)에서 사물(res)이라는 명사의 소유격이 rerum이라면 natura는 본성이다. 우리말 자연은 그러한 본질이나 원리라는 의미를 가지고 있지는 않은 듯이 보일 수도 있다. 그러나 그것은 자연을 생존환경이나 자연자원으로만 간주하는 경우에만 그러하다. 환경이라는 개념은 인간을 자연의 주인공으로 미리 설정하고 그가 살아가는 물질적 조건으로 자연을 이해하는 경향이 있다.[16] 그러나 생태계에서 인간은 수많은 생물종 가운데 하나에 지나지 않는다. 이러한 생태계에서 모든 존재는 생존의 본능, 혹은 본질을 가지고 있다. 즉 자연의 모든 존재들은 그냥 존재하는 것이 아니라 계속해서 존재하려는 성향을 가지고

---

16. 이러한 인간중심주의(anthrocentrism) 자연관의 반대가 생태중심주의(ecocentrism)이다.

있다. 자연은 물질적 현상이면서 동시에 그러한 현상의 본질이자 원리인 것이다. 혹자는 이러한 자연의 정의가 자연을 의인화하거나 신비화하는 것이라고 비판할 수도 있다. 자신의 존재를 유지하려는 의지나 의욕이 자연이라면 나무나 돌도 그러한 의욕의 주체로서 볼 수 있느냐는 것이다. 역사적으로 보면 이러한 자연관은 전근대적이며 주술적인 자연관이었다.[17] 고대 희랍 신화에서 오르페우스(Orpheus)가 리라를 연주하면 동물은 물론이고 나무나 돌도 감응하며 춤을 추기도 하지 않았던가. 코나투스로서 자연은 이러한 주술적 자연관으로 돌아가려는 시도가 아니냐는 것이다. 그러나 이러한 반론은 코나투스를 지나치게 인간의 의식이나 지적 활동으로 한정해서 생각하기 때문에 생기는 질문이다. 우리에게 필요한 것은 자연의 인간화가 아니라 인간의 자연화이다. 당연한 말이지만 다른 동식물과 마찬가지로 인간도 생존의 본능을 가지고 있다. 유아는 그러한 본능을 의식하지도 못한다. 이때 의식이라는 현상은 그러한 본능에 선재해서 존재하는 것이 아니라 그것으로부터 파생되는 것이다. 의식과 무관하게 우리는 배가 고프면 음식을 찾고 피곤하고 졸리면 잠을 자려는 성향을 가지고 있다. 이러한 성향은 물이 높은 곳에서 낮은 곳으로 흐르려는 것처럼 자연적이다. 물은 투명한 액체일 뿐만 아니라 높은 곳에서 낮은 곳으로 움직이려는 성향을 가지고 있다. 자연은 물질이면서 동시에 특정한 성향과 본질, 원리인 것이다. 이때 낮은 곳에서 높은

---

17. 브루노 라투르의 『우리는 결코 근대인이었던 적이 없다』와 찰스 테일러의 『세속화와 현대 문명』을 참고하기 바람.

곳으로 흐르는 것은 그러한 물의 성향에 반하는 것이 된다. 마찬가지로 물고기는 물의 환경에서 살고 싶어 하는 자연적 성향을 가지고 있다.[18] 우리는 이러한 성향을 넓은 의미에서 코나투스나 생존의 의지로 이해할 수 있다.

---

18. 몇 년 전에 이탈리아의 몬자(Monza)라는 도시의 시의회가 금붕어를 둥근 어항에 키우는 것을 금지하는 법안을 마련했다. 금붕어가 둥근 어항 환경을 통해서 경험하는 세계는 부자연스럽게 왜곡된 세계이기 때문에 금붕어에게 잔인한 일이라는 것이었다. 이 에피소드는 스티븐 호킹(Stephen Hawking)의 『위대한 기획』(The Grand Design)에 실려 있다. 필자는 둥근 어항이 과연 금붕어에게 잔인한 영향을 주는지 아닌지 판단할 능력을 가지고 있지 않다. 물고기의 시야는 지극히 제한되어 있는 것으로 알고 있다. 그렇지만 원칙적으로 필자는 야생의 동물을 우리에 가두어 사육하고 구경꾼들에게 전시하는 것을 반대하는 편이다.

자연은 대상이 아니라
'주체'다

이제 이 글의 서두에서 제기했던 질문으로 되돌아가기로 하자. 우리는 자연이 종말을 고한 것이 아닌가 하는 의구심을 가지고 있다. 인간의 발길이 닿지 않은 야생의 자연은 더 이상 찾아볼 수 없는 것이 아니냐는 것이다. 이때 우리는 자연을 황무지나 황야, 울창한 산림지대와 같은 1차적 자연과 인간에 의해 오염되고 문명화된 2차적 자연으로 구분하고 있다. 혹은 르네 마그리트의 그림 〈이것은 파이프가 아니다〉처럼 자연에 대한 우리의 모든 논의는 자연 자체가 아니라 담론에 지나지 않는다는 포스트모던적 자의식을 가지고 있다. 자연이라는 말이나 자연에 대한 생각은 자연이 아니라는 것이다. 이러한 자연관은 자연을 물질들의 총체로서 규정한 다음에 인간을 그러한 자연을 초월한 존재로 신격화하는 인간중심주의의 산물이다. 인간이 주체의 위치를 독점하는 것이다. 무엇보다도 인간은 자연의 일부일 뿐 아니라 자연을 떠나서 생존이 불가능하기 때문이다. 그리고 거미가 짓는 거미줄이 자연의 작품이듯이 인간의 문명이라는 것도 자연의 작품이다.

데이빗 흄(David Hume)은 인간이 머리로 생각한다면 거미는 배로 생각한다.[19] 나뭇잎을 흔드는 바람소리나 새들이 울부짖는 소리가 자연적 현상이듯이 인간의 언어와 생각도 자연적 현상이다. 물질적 자연만 있는 것이 아니다. 공간을 차지하지 않는 비물질적 자연도 있다. 돌이 자연이듯이 돌이 굴러가는 사건이나 현상도 자연이다. 정적으로 고정된 자연의 이미지는 자연의 한 단면에 지나지 않는다. 자연은 역동적으로 변화생성하는 과정이다. 돌이라는 명사가 자연이듯이 굴러간다는 동사도 자연이다. 이와 같이 굴러가는 움직임이 동식물에 적용되면 성향이나 욕망, 의지가 된다. 물은 높은 곳에서 낮은 곳으로 흐르려는 성향을 가지고 있으며, 동물은 자신의 존재를 계속해서 유지하려는 본능과 의욕을 가지고 있다. 인간은 그러한 본능은 의식하고 언표화한다는 점에서 메타본능적이라고 할 수 있다. 즉 인간은 자신의 자연을 의욕하고 의지하며 사유하는 코나투스인 것이다. 그와 같이 자신의 존재를 유지하려는 성향이나 본능, 의지, 생각이 자연의 원리이며 본질이다. 자연은 물질이면서 물질의 법칙이자 원리, 본질이기도 한 것이다. 이 점에서 자연을 정적인 체계가 아니라 역동적 생태계로 이해할 필요가 있다.

---

19. David Hume, Dialogues Concerning Natural Religion, London: Routledge, 1991, p. 248.

주지하듯이 생태계에는 생물만 존재하는 것이 아니라 돌이나 물과 같은 무생물도 존재한다. 이산화탄소, 칼슘, 아미노산과 같은 기초적 무기물질과 유기화합물도 있다. 이러한 무기물질의 존재는 자연이 코나투스라는 필자의 정의와 배치되는 듯이 보일 수가 있다. 그러나 엄격한 의미에서 유기체와 무기체, 생명과 비생명의 구분은 지탱될 수가 없다. 자연은 삶이 죽음이 되고 죽음이 삶이 되는 변화생성의 과정, 혹은 그러한 변화생성을 통해서 스스로의 존재를 유지하는 순환 체계이기 때문이다. 러브룩(James Lovelock)은 『가이야』(Gaia: a New Look at Life on Earth)에서 이러한 순환체계로서 지구를 가이야라고 불렀다. 지구는 생물권, 대기권, 대양, 토양까지 포함하는 하나의 복합적 존재로서 생물들의 존재에 적합하도록 스스로 환경을 조절하는 능력을 가지고 있다는 것이다. 혹자는 이러한 가이야의 이론이 지나치게 물활론적이라고 불평할 수 있다.[20] 그러나 자연이 그러한 성향이나 원리를 가지고 있음은 부인할 수가 없는 사실이다. 돌이 굴러가는 것도 그러한 성향의 발로이다. 앞서 우리는 자연을 바라보는 시간의 단위를 언급한 적이 있다. 인간의 수명이나 세대 도식에 입각해서 자연의 변화를 이해하는 것은 인간 쇼비니즘적이다. 지질학적 시간의 단위로 확대하면 유기체와 무기체의 구분이라는 것도 절대적이 아니다. 모든 생명체(행위자)는 자신의 존재를 유지하기 위해 유기체와 무기체로 구성된 자연 환경(배경)을 필요로 한다. 여기에서 행위자와

---

20. 그는 지구를 하나의 거대한 생물체나 초생명체(p. 18, p. 35)처럼 묘사하기도 하였다. 『가이아 - 살아있는 생명체로서의 지구』(홍욱희 역, 갈라파고스, 2004)라는 우리말 제목이 그 점을 강조하고 있다.

배경의 관계는 고정되어 있지 않다. 땅은 동식물 생존 환경일 수 있지만 동식물도 땅이 스스로를 유지하는 배경일 수도 있다. 이러한 논의가 정당성을 가지는 또 하나의 이유는 존재론적인 근거에서 비롯한다. 우리는 코나투스의 단위를 개체로 한정해서 생각하는 경향을 경계해야 한다. 존재는 독립적 개체로서 존재할 수가 없기 때문이다. 넓은 의미에서 모든 존재는 숙주적이면서 기생적인 먹이사슬에 속해 있다. 다른 존재에게 영양을 제공하면서 또 영양을 취하는 관계에 있기 때문에 엄밀한 의미에서 개체가 아니라 관계로서, 독자적이거나 자율적이 아니라 상호의존적으로 존재하고 있다고 할 수 있다. 코나투스의 관점에서 보면 안정된 존재론적 단위와 경계를 확정하기가 어려워진다. 그렇다고 나무나 강아지, 고양이와 같은 개별적 존재를 부정하려는 것은 아니다. 그것들은 특정한 공간을 차지하는 연장으로서, 그것의 안과 밖을 구별해주면서 존재론적 일관성도 보장해주는 피부나 세포막, 껍질이라는 외부를 가지고 있다. 강아지는 강아지이고 고양이는 고양이이다. 이러한 개별적 존재를 무시할 수 없는 것이다. 그러나 앞서 말했듯이 이러한 개별성은 고정된 것이 아니라 시간의 평면 위에서 변화생성하는 현행성이다. 피부는 내부를 향해 닫혀 있지만 동시에 외부를 향해서 열려서 끊임없이 외부와 정보나 에너지를 주고받고 있다. 자연은 한편으로는 개별적 존재들의 집합체로서 존재하지만 다른 한편으로는 그러한 개별성의 경계가 완화되거나 무너지고 재구축되기도 하는 관계인 것이다.

이러한 자연 개념은 너무나 포괄적이기 때문에 정의로서의 구실을 못한다는 비판이 있을 수 있다. 동식물과 같은 물질을 비롯해서 바람이나 소리, 번개와 같은 현상, 인간의 의식이나 생각까지 모두 자연이라면 그것은 개념으로서의 변별력을 갖지 못하기 때문이다. 이러한 정의는 자연을 인간이나 문화와 대립적으로 파악하는 일상적 용법이나 관계와도 어긋나는 듯이 보인다. 필자도 이러한 비판이 충분한 정당성을 가진다고 생각하고 있다. 자연과 문화를 엄격하게 이론적으로 구분하기는 어렵다고 하더라도 그러한 구분이 없이 이에 대한 논의를 진척할 수가 없기 때문이다. 더구나 우리는 아직까지 인간이 발길이 닿지 않은 울창한 산림이나 습지, 사막, 고산지대, 심해 등이 있다는 사실을 무시할 수가 없다. 생물 다양성이 생태계의 중요한 화두로 떠오르고 있으며 인류는 약 150만 종의 생물들과 지구를 공유하고 있지만 학계에 알려진 것은 그러한 생물의 20%를 넘지 않는다. 알려진 자연이 있는가 하면 알려지지 않은 자연도 있으며, 인간에 의해 변형된 자연이 있는가 하면 그렇지 않은 자연도 있다. 그리고 인구와 도시는 여전히 증가하는 반면에 생물다양성과 동식물의 서식지가 급감하고 있다는 점을 생각하면 인간과 자연을 구분할 필요성이 과거의 어느 때보다도 증가하고 있다고 할 수도 있다. 더구나 본래의 모습이 완전히 사라진 유전자변형 농산물이 범람하고 있는 현실에 비추어서 자연과 인위의 구별이 더욱 절실하다는 주장이 세를 얻을 수도 있다. 그러나 필자가 보다 문명화된 자연과 그렇지 않은 자연의 차이를 무시하자고 주장하는 것이 아니다. 다만 자연을 문명화하는 인간 역시 자연의 일부이며 자연의 바깥에 설 수 없다는 사실을 강조하고 싶을 따름이다.

필자는 문화에 대해 오염되거나 담론화된 자연은 자연이 아니라는 포스트모더니즘적 주장에 동의하지 않는다. 바람소리나 동식물의 우짖는 소리와 마찬가지로 담론도 자연의 일부다. 달리 말해서 자연도 문화와 마찬가지로 기호이다. 서풍이 봄을 증언하듯이 담론도 자연을 증언한다. 소로우(H. D. Thoreau)는 "작가는 자연의 필경사이다. 작가는 옥수수이며 풀이고 글을 쓰는 환경이다."[21]라고 말했다. 왈라스 스티븐스는 "시는 사건이 울부짖는 소리이다. 사건에 대한 것이 아니라 사건의 일부이다."[22] 그렇다고 맥레이(Archibald MacLeish)처럼 "시는 의미하는 것이 아니라 존재해야 한다."(A poem should not mean But be)고 주장하는 것은 아니다. 오히려 정반대이다. 자연은 존재한다기보다는 의미한다고 말해야 옳다. 자연은 물질적 대상이 아니라 존재하려는 성향과 욕망, 즉 주체이기 때문이다.

21. H. D. Thoreau. A Writer's Journal, ed. Laurence Stapleton (NewYork: Dover, 1960), p. 66. "A writer, a man writing, is the scribe of all nature; he is the corn and the grass and the atmosphere writing."

22 Wallace Stevens의 "An Ordinary Evening in New Haven," 이 시는 Holly Stevens. ed. The palm at the end of the mind: Selected Poems and Play by Wallace Stevens (Vintage Books, 1972), p. 338. 원문은 "The poem is the cry of its occasion, Part of the res itself and not about it."이다.

도나 해러웨이의
자연문화

최유미

인류세
(Anthropocene)

2000년 2월 멕시코에서 열린 생물권과 지질권 학술회의에서 발표를 듣고 있던, 대기과학자이자 노벨상 수상자인 파울 크뤼천(Paul J. Crutzen)이 자리에서 벌떡 일어나 이렇게 말했다. "우리는 더 이상 홀로세(Holocene)에 살고 있지 않습니다. 우리는… 우리는… 인류세(Anthropocene)에 살고 있습니다." 인류세라는 새로운 지질학적 시대명은 1980년대 해양생물학자인 유진 스토머(Eugene Storme)에 의해서 이미 제안되어 있었지만 별 주목을 받지 못하다가 2000년 크뤼천의 입을 통해 드라마틱하게 소환되었다. 이후 인류세는 학문의 영역에서, 예술의 영역에서 가장 주목받는 주제 중의 하나가 되고 있다.

지질학적인 시대 구분 중 하나인 세(epoch)를 구분하는 주요 방법은 현생 화석과 멸종 화석의 비율을 비교하는 생물층서 방식이다. 하지만 현세를 지칭하는 명칭인 홀로세는 생물층서가 아니라 그린란드의 빙하시추 자료로부터 고기후를 분석해서 빙하기가 끝난 시점으로 결정되었다. 인류의 출현은 홀로세 이전 플라이스토세에 이미 있었지만 빙하기 이후 홀로세의 온난한 기후는 경작을 가능하게 했고 인간 및 인간과 연관된 생물들을 번성하게 했다. 홀로세는 이미 인류의 출현과 그로 인한 지구의 변형효과를 담고 있는 셈이다. 인류세라는 용어를 지질학적인 시대명으로 인정할지 말지는 국제지질학회에서 검토 중이다. 하지만 이 용어는 기후위기와 맞물려서 인간종이 지구를 인위적으로 개조하고 변화시킨 결과라는 의미로 이미 대중화되어 있다.

그러나 인위개변(anthropogenic)의 결과로서 인류세라는 명칭에 도나 해러웨이(Donna Haraway)를 비롯한 많은 학자들이 반대를 표명한다.[1] 무엇보다 이 용어는 지나치게 비정치적이기 때문이다. 인위개변의 대부분은 인간 일반의 활동이 아니라 이익이 되는 것이라면 남김없이 추출하는 자본주의적인 행태에서 비롯되었음에도 인류세라는 명칭은 그것을 제대로 지적하지 않는다. 이들은 이 파괴의 시대 이름은 당연히 자본세(Capitalocene)가 되어야 한다고 주장한다.[2] 애나 칭(Anna Tsing)은 이런 사태를 몰고 온 원인을 인간종의 행위라거나 획일적 자본주의와 같이 추상적인 시스템으로 환원하기를 거부하면서 이 파괴적 사태는 지구 곳곳에 있었던 지질학적 피난처인 레퓨지아(refugia)의 파괴 때문일 것이라고 진단한다.[3] 레퓨지아란 다른 곳에서는 급격한 기후변화로 많은 생물종들이 죽어나가지만 그런 변화가

---

1. 도나 해러웨이, 최유미 역, 『트러블과 함께하기』, 마농지, 2021.
2. 인류세라는 명칭의 비정치성을 비판하면서 자본세라는 명칭을 제안한 사람들은 안드레아스 말름(Andreas Malm), 제이슨 무어(Jason Moor), 도나 해러웨이(Donna Haraway) 등이고 자본세를 바라보는 입장도 조금씩 다르다.
3. 도나 해러웨이, 최유미 역, 앞의 책, p. 68, p. 172.

비켜가는 지대들이 있어서 변화 이후에 그 피난처를 중심으로 다시 생물종들이 번성하게 되는 지역을 말한다. 지구의 역사에서 기후변화가 없었던 적은 없고 멸종도 없었던 적이 없지만 그래도 생물종들이 다시 번성할 수 있었던 것은 이들 피난처가 있었기 때문이다. 그러나 제이슨 무어가 지적한 것처럼 이 피난처들은 "저렴한 자연"이 되어 모두 사라지고 없다.[4]

기후문제와 생태문제를 관련지어 생각하는 것에 대해 강한 거부를 나타내는 학자들도 있다. 『인류세』[5]를 쓴 클라이브 해밀턴(Clive Hamilton)은 지금 문제가 되는 것은 지구행성시스템이지 생태문제가 아니라고 일갈한다. 이상 징후를 보이는 행성시스템에 긴급히 대처해도 모자랄 판에 과학을 모르는 인문학자들이 인간중심주의니 상호의존성이니 하면서 인류세라는 명칭에 괜한 트집을 잡는다고 여기는 것이다. 해밀턴은 역사상 가장 뛰어난 능력을 보유하게 된 호모사피엔스가 책임감을 가지고 이 문제를 해결하기 위해 나서자고 촉구한다. 그러나 지구의 리더가 된 인간이 그에 걸맞게 책임감을 가지자는 그의 비정치적인 호소가 기후 문제에 돌파구를 만들 수 있다고 믿는다면 지나치게 순진한 일일 것이다.

지구 물리학자이자 복잡계 시스템 전문가인 브래드 웨너(Brad Werner)는 미국 지구물리학 연맹(American Geophysical Union)회의에서 〈지구는 ** 되었나? 글로벌 환경 관리의 역동적 무용성과 직접 행동

---

4. 제이슨 무어, 김효진 역, 『생명의 그물 속 자본주의』, 갈무리, 2020.

5. 클라이브 해밀턴, 정서진 역, 『인류세』, 이상북스, 2018.

액티비즘을 통한 지속가능성의 가능성〉[6]이라는 도발적인 제하의 연설을 했다. 그 또한 인류세는 지구물리학의 문제이지 의견의 문제가 아니라고 인문학자들을 겨냥한 연설을 했다. 그러나 웨너는 유일하게 과학적인 행동은 글로벌 환경관리가 아니라 저항임을 주장하고 토착민들을 중심으로 하는 직접행동에 연대를 요청한다. 이는 해밀턴의 모호한 주장과는 아주 다른 것이고 지구물리학의 문제가 무엇 때문에 비롯되었는지를 분명하게 한 것이다.

윌 스테픈(Will Steffen) 등은 1750년부터 지금까지의 사회경제적인 변화와 지구시스템의 변화 양쪽의 추이를 각각 12가지의 지표로 살펴보았는데, 1945년을 기점으로 양쪽의 모든 지표들이 급격한 변화를 보였다.[7] 사회경제적인 지표인 인구와 GDP, 도시인구, 댐, 에너지와 물 사용 등이 급격히 상승했고 동일한 기간에 지구시스템의 지표인 공기 중 이산화탄소와 산화질소, 메탄가스의 양이 폭발적으로 증가했고 해양의 산성화가 가속되었으며 지구 생물권이 급격하게 하락했다. 이 지표들이 보여주는 것은 지구 시스템은 복수종의 관계와 별개로 있는 것이 아니라는 사실이다.

지금 우리는 대단히 긴급한 상황에 처해 있고, 지구는 폐허가 되어가고 있다. 1750년 산업혁명이 시작되었을 때 이산화탄소 농도는 280ppm이었지만 지금은 410ppm이다. 2021년의 〈IPCC 6차 보

6. Brad Werner, "Is Earth F**ked? Dynamical Futility of Global Environmental Management and Possibilities for Sustainability via Direct Action Activism?" American Geophysical Union, Fall Meeting, 2012.

7. Will Steffen, et al, "The trajectory of the Anthropocene: The Great Acceleration", The ANthropocene Review, January 16, 2015.

고서〉에 따르면 이는 지난 200만 년 이래 가장 유례없는 비율이다.[8] 이 보고서는 우리가 지금의 생활방식을 그대로 고수한다면 지구의 평균 온도는 2021~2040년이면 1.5도(섭씨) 상승할 것으로 내다보았다. 기후위기는 미래세대의 문제가 아니라 바로 지금 우리 앞에 닥친 문제이다. 그러나 기후변화에 대한 국제적인 대처를 의논하는 국제회의들은 이미 여러 번의 회합을 가졌지만 뚜렷한 변화를 만들어내지 못하고 있다. 정치가들은 왜 변화를 만들어내지 못하는 것일까? 그들은 책임을 방기하는 것일까? 테크노사이언스가 이 문제를 모두 해결할 수 있을까? 이 긴급한 상황을 제대로 생각하기 위해 우리는 어디에서부터 시작해야 할까?

---

8. 'IPCC(Intergovernmental Panel on Climate Change)의 6차 보고서(AR6)' 2021.

테크노사이언스

테크노사이언스(technoscience)의 비약적인 발달은 자연에서 태어난 모든 생물 중 오직 인간만이 스스로의 운명을 개척하고 변경시킬 수 있다는 예증으로 사용된다. 미국 실리콘밸리를 근거지로 하는 일군의 미래학자들은 질병과 노화를 극복한 새로운 인류를 전망하고 이를 포스트휴먼(Posthuman)이라 명명한다. 이들에게 인류세는 너무나 강력해진 인간 능력의 움직일 수 없는 징표이고, 기후변화는 테크노사이언스를 통해 충분히 해결가능하리라고 믿는다. 무어의 법칙, 황의 법칙 등 실리콘밸리에서 나오는 기술의 지수적인 성장 법칙들이 기술주의자들의 이러한 믿음을 부채질 한다: 여태까지 기술은 비약적으로 발전했고 앞으로도 그럴 것이다. 무엇보다 우리에게는 개척할 우주가 있지 않은가?

진보에 대한 강력한 믿음을 제공한 것은 17세기 실험과학이다. 『우리는 결코 근대인이었던 적이 없다』에서 브뤼노 라투르(Bruno Latour)는 17세기의 실험과학으로부터 근대의 놀라운 생산성의 비밀을 분석했다.[9] 17세기 실험과학이 탄생하기 전까지 과학은 자연철학자의 두뇌 속 추론으로서 세계에 대한 거대한 그림의 일부였다. 자연에 대한 경험은 유의미한 지식으로 취급받지는 못했다. 그런데 실험실이라는 특별한 장소가 만들어지고 모든 것이 변했다. 당시까지 세계에 대한 형이상학적인 설명에서 아무것도 없음을 뜻하는 진공은 존재할 수 없는 것이자 존재하면 안 되는 것이었다. 그러나 영국의 자연철학자인 로버트 보일은 당시로는 첨단의 실험 장비인 공기펌프를 이용하여 진공을 만들어 보였다. 보일은 공기펌프의 유리구 속에 새를 집어넣고 여성과 남성 하인들에게 공기를 뽑아내게 했다. 유리구 속에 갇힌 새는 점차 질식해갔다. 실험 도중 공기펌프는 고장이 잦아서 기술자이자 하인들이 수시로 보수를 했고 실험 시연에 초대된 귀족 여성들은 질식해가는 새를 동정하여 실험중단을 요청하기도 했지만, 어쨌든 다양한 실천들이 동원되어 유리관 속에서 진공은 성공적으로 만들어졌다.

실험과학은 테크노사이언스의 시대를 열었다. 추론이 아니라 실험기구를 이용한 조작(operation)이 개입된 것이다. 형이상학적으로는 그 존재가 불가능했던 진공은 부엌에서 요리를 만들 듯이 그렇게 만들어졌다. 그러나 그것은 요리와는 달랐다. 그것은 재현된 자연이기 때문이다. 라투르는 이를 하이브리드라 부른다. 진공은 공기펌프를 중심으로 하는 여러 실천들에 의해 '만들어진 자연'이라는 기묘한 존재다. 근대의 놀라운 생산성은 수도 없이 만들어진 하이브리드들 덕

9. 브뤼노 라투르, 홍철기 역, 『우리는 결코 근대인이었던 적이 없다』, 갈무리, 2009.

분이다. 근대 이전 같았으면 이러한 하이브리드들은 신비한 힘을 가지고 있을지도 모를 위태로운 것으로 간주되었을 것이다. 그러나 근대는 이것을 조금도 위험스럽게 생각하지 않았다. 왜일까?

해러웨이는 스티븐 샤핀(Steven Shapin)과 사이먼 셰퍼(Simon Schffer)의 『리바이어던과 공기펌프』에서 보일의 문학적 기술에 주목한다. 보일은 실험 이야기를 썼다. 독자들이 굳이 시연에 참여하지 않더라도 진공의 존재를 알 수 있도록 무슨 일이 일어났는지를 기술했는데 실험 이야기에서 그 실험을 주도한 보일 자신은 철저히 비가시화되었다. 대신 기호 작용을 하는 것은 사물들, 즉 공기펌프, 기압계, 그리고 새였다. 이들 사물들은 편견에 빠질 일도 거짓말을 할 일도 없다. 하이브리드인 진공은 사물이 말하게 하는 특별한 문학적 기술을 통해 화이트헤드(Whitehead)가 17세기 과학의 특징으로 말했던 "원리에로 환원시킬 수 없고 굽힐 수도 없는 엄연한 사실"[10]이 되었던 것이다. 사물들을 말하게 하는 보일의 문학적 기술은 지금 과학논문의 저술관행으로 자리 잡혀 있다. 라투르는 이를 '정화'라고 부르면서 근대의 생산성을 가능하게 한 또 하나의 비밀로 꼽는다. 만들어진 자연이라는 기묘한 하이브리드는 이러한 정화작업을 통해서 '자연의 비밀'로 탈바꿈한 것이다.

자연으로부터 무언가를 만드는 활동을 문화라고 한다면 실험과학, 즉 테크노사이언스는 문화적 활동임에 분명하다. 그러나 과학논문을 통해서 그것은 자연의 발견으로 변신하고 그것이 야기할 효과는 논

---

10. 알프레드 노스 화이트헤드, 오영환 역, 『과학과 근대세계』, 서광사, 2008, p. 8.

쟁에서 제외된다. 가령, 핵폭탄으로 먼저 그 위력을 드러낸 핵에너지가 그 모습을 드러낸 것은 실험실에서였다. 도시전체를 날려버릴 수도 있는 가공할 폭발력을 지닌 하이브리드를 만드는 것임에도 그것이 야기할 문제에 대한 논쟁은 거의 없었다. 핵에너지는 자연의 영역이지만 그것을 폭탄으로 사용할지 발전소로 사용할지는 문화(사회)의 영역이라 여겼기 때문이다. 자연과 문화의 '거대한 분기'[11]가 핵에너지를 만드는 실험을 논쟁에서 면제한 것이다. 자연은 주어진 사실이므로 논쟁할 수 없고, 우리는 다만 핵에너지를 어떻게 사용할 것인가에 관해서만 논쟁할 수 있다. 해러웨이는 대분기에 의해 논쟁이 면제된 테크노사이언스를 "문화 없는 문화"의 공간이라 부른다.

하이브리드들의 거침없는 증식은 우리의 삶을 엄청나게 변화시켰고 우리는 그것을 진보의 약속이라 생각한다. 우리는 자연의 베일을 벗겨가고 있는 중이고 마침내 모든 것을 할 수 있는 날이 오리라고 여기는 것이다. 하지만 지금 지구 곳곳에서 나타나는 징후들은 그 믿음이 실패로 끝날 것임을 예고하고 있는 듯하다. 칭이 지적하듯이 '불안정성(precarity)'이 이 시대 모든 땅의 크리터들[12]의 삶과 죽음을 결정짓는 것으로 보인다.[13]

---

11. 거대한 분기(Great Division)는 브뤼노 라투르의 용어이다. 『우리는 결코 근대인이었던 적이 없다』에서 라투르는 근대를 작동시킨 헌법은 자연과 문화의 이분법과 번역과 정화의 이분법이었다고 설명하고 이를 거대한 분기라고 명명한다.
12. 해러웨이의 용어로 미국 구어에서 이 말은 해충 같은 온갖 불결한 생명들을 의미하고 신의 창조물과 대립되는 의미이다.
13. 도나 해러웨이, 최유미 역, 앞의 책, p. 69.

비인간,
물질-기호론적 행위자

"원리에로 환원시킬 수 없고 굽힐 수도 없는 엄연한 사실"은 하나의 이론으로 환원된다. 과학은 형이상학을 거부하는 것 같지만 세계를 설명할 하나의 이론은 "엄연한 사실"에 의해 지지되기에 훨씬 강력한 힘을 가진다. 이론이 파악하는 세계는 하나의 그림 혹은 패턴이고 그 속에서 모든 행동들은 정합적이다. 가령 사회생물학의 중요한 문제의식 중 하나는 자기 파괴적으로 보이는 이타적 행위를 어떻게 자연선택으로 설명할 것인가이다. 이를 위해 사회생물학은 포괄적 적응도(inclusive fitness)라는 개념을 만드는데, 이는 개체의 행동이 자신의 적합성뿐 아니라 직계가 아닌 다른 혈족들의 적응 적합성에 끼친 영향력의 총합을 의미한다. 리처드 도킨스의 "이기적 유전자"는 이를 유전학적 관점에서 설명하는 것이다. 사회생물학은 자신의 유전자를 가장 많이 그리고 가장 비용 효율적으로 복제하라는 지상명령만이 작동하는 단 하나의 세계만을 허용하는 셈이다.

그런데 세계가 정말 단 하나의 그림일까? 비인간들의 다양한 기호작용을 단 하나의 그림에 끼워 맞추지 않는다면 세계는 어떤 모양으로 이해될 수 있을까? 이 질문에 답하려는 시도가 물질-기호론(material-semiotics)이다. 물질-기호론은 해러웨이를 중심으로 하는 페미니즘 이론에서, 그리고 라투르를 중심으로 하는 행위자네트워크 이론(ANT)에서 각기 독립적으로 전개되어온 사회를 분석하는 일련의 접근법이다. 이 접근법의 기본 전제는 세계는 하나의 패턴이나 그림이 아니라 다양한 형태와 스타일로 만들어지는 사회적이고 물질적인 그물망 혹은 직물이고 여기에서 행위자는 인간만이 아니다. 세계라는 직물은 관계적으로 구성되고 의미를 실어 나른다는 점에서 기호론적이고 동시에 세계는 물리적인 것이자 그것의 관계성에 의해 모양이 지워진다는 면에서 물질적이다. 물질-기호론은 세계라는 직물을 짜기 위해 어떻게 실들이 짜여 들어가는지를 탐사하기 위한 도구로 인류학, 문화연구, 탈-식민연구, 지리학 등에서 광범위하게 사용되고 있다.

존 로(Jhon Law)에 따르면 물질-기호론이 탐사하는 문제는 다음과 같은 것들이다[14]: 행위자들의 관계가 직조되는 와중에 어떻게 성취를 이루고 어떻게 실패하는가? 그런 직물을 만들어내는 실들은 어디에서 오는가? 그 실들의 특징은 무엇이고 그것이 짜일 때 무엇이 배제되는가? 이런 직물을 만들어내는 요소들을 포함해서 그것의 모양과 패턴의 수행성과 생산성은 무엇인가? 이들이 실어 나르는 의제는 무엇인가? 한 그물망은 다른 그물망들과 어떻게 서로 상호작용하고 마

---

14. www.heterogeneities.net/publications/Law2019MaterialSemiotics.pdf

찰을 빚고 서로를 무시하는가? 그러한 직조의 수행성과 생산성은 무엇인가? 한 그물망이 다른 그물망을 어떻게 식민화하고 혹은 식민화되는가 그리고 또 어떻게 저항되는가?

물질-기호론은 모든 행동이 정합적이기를 기대하지 않는다. 보일의 실험실에서 실험시연에 참가한 귀족여성이 실험을 중단 시킬 수도 있었고, 공기펌프를 손보던 하인이 아주 다른 조작을 할 수도 있었다. 보일의 실험실에서는 정말 여러 가지 일들이 일어났다. 심지어 독신남인 보일은 실험실에서 그때까지 여성의 미덕이었던 겸손함을 자신의 몸에 장착함으로서 여성 같은 남성이라는 새로운 젠더를 구성하기도 했다.[15] 이론은 이런 다양한 행위들을 하나의 목적을 위해 결속시킨다. 반면 물질-기호론이 그리는 세상은 매끈한 하나의 그림이라기보다 여러 가지 조각보들이 누덕누덕 기워진 패치워크에 가깝다.

비인간을 물질-기호론적인 행위자로 본다면 어떤 이점이 있을까? 무엇보다 물질-기호론은 방법론적인 이점이 있다. 어떤 행위자가 다른 행위자에게 무엇을 하고 어떤 결과가 나오는가에 대한 경험적인 질문에 대단히 유용하기 때문이다. 가령 인간이라는 생물종이 이 모든 파괴를 야기했다는 담론은 농경의 시작을 행성 시스템의 변형으로 지목하지만 그래서는 지금의 파괴적 사태를 어떻게 멈출 것인가를 찾는 노력에 무능하게 된다. 우리가 문제시해야 할 것은 농경이

---

15. 이에 대한 자세한 논의는 최유미, 『해러웨이 공-산의 사유』, 도서출판b, 2020, pp. 228~232 참조.

아니라 어떤 농경인가, 작물을 재배하는 그물망이 어떻게 변했고, 그것이 무엇을 야기했는가 하는 구체적인 문제들이기 때문이다.

해러웨이는 칭과 함께 인류세를 생물학적인 종으로서의 호모사피엔스가 아니라 근대가 발명한 인간과 자연의 분리가 만들어낸 파괴적 사태라고 보는 입장이다. 『세상 끝의 버섯』에서 칭은 인간(Man)과 자연이 없으면 모든 피조물이 다시 살아날 수 있다고 쓴다.[16] 폐허가 된 곳에서 다시 사는 방법을 비인간들로부터 배우기 위해 칭은 인간을 유일한 주인공으로 하는 단 하나의 이야기가 아니라 비인간들과 함께 만들어온 수많은 이야기들로서의 세계를 생각해야 한다고 주장한다. 히로시마와 체르노빌에서 가장 먼저 싹을 틔우고 올라온 것이 송이버섯이다. 송이버섯은 인간의 삼림벌채나 화산 폭발 등으로 깊은 교란을 경험한 숲에서만 자라는데 이는 소나무와 송이버섯의 오랜 상호포획적인 관계 때문이다. 척박한 환경에서 소나무들은 땅 속 멀리까지 균사를 뻗는 송이버섯이 제공하는 영양분을 필요로 하고, 소나무는 송이버섯이 가장 선호하는 숙주생물이다. 여기서 송이버섯이 먼저인지 소나무가 먼저인지는 중요치 않다. 우리가 송이버섯으로부터 배워야 할 것은 무엇이 먼저냐가 아니라 그들의 협력적인 생존이다.

비인간을 행위자로 포착하지 않으면 그들로부터 배울 수도 없다. 비서구권의 토착민들은 물질-기호론적인 비인간 행위자들로부터 배우는데 능했기에 오랜 동안 그들과 공동의 세계를 구성할 수 있었다.

---

16. Anna Tsing, *The Mushroom at the End of the World*, Princeton University Press, 2015, p. vii.

상호적 배움과 상호적 돌봄이 없다면 협력적 생존은 불가능할 것이다. 하지만 인류세라는 파괴적 사태는 이런 공동의 세계를 파괴함으로서 계속성을 파괴하는 이중의 죽음을 야기하고 있다. 인간만이 행위자인 문화와 보호를 기다리는 자연이라는 구도에서 비인간으로부터 삶의 가능성을 배울 기회는 결코 오지 않는다.

자연문화

해러웨이의 중요한 물질-기호론적 실천은 기존의 수사들을 바꾸 어버리는 것이다. 그는 말이 바뀔 때 관계가 어떻게 바뀌는 지를 주 목한다. 말은 우리가 무엇을 알고, 보고, 느끼고. 행동하는지를 선택 하고 조직하는 것이다. 중립적인 말이란 애초에 존재하지 않는다. 가 령, '자연(Nature)'과 '문화(Culture)'는 결코 중립적인 말이 아니다: '자 연'은 자원 아니면 어머니이고 '문화'는 인간만의 것이고 서양의 것 이 가장 정점에 있는 것임을 함축한다.

메타플라즘(어형변이)은 해러웨이가 즐겨 사용하는 대표적인 수사법 으로 글자, 음절, 음소 따위를 추가, 생략, 도치, 전도시켜서 그 말의 의미를 바꾸는 방법이다.[17] 가령, '자연 없는 자연', '문화 없는 문화' 라는 말들이 그것이다. '자연 없는 자연'이라는 수사는 자연과 문화 의 이분법 속의 자연이 토착민들과 그곳의 동식물들이 맺어온 관계

---

17. 도나 해러웨이, 황희선 역, 『해러웨이 선언문』, 책세상, 2019, p. 141.

가 삭제된, 서양인을 위해 준비된 것임을 드러내는 말이다. '문화 없는 문화'는 과학적 사실들은 과학자가 신봉하는 이데올로기나 편견, 당면한 사회적 과제들도 포함해서 실험 도구와 실험 대상의 조건 등에 의해 '만들어지는 것'이지만 저술 작업을 통해 그것이 "엄연한 사실"로 탈바꿈되었음을 드러낸다.

이처럼, 해러웨이는 "자연 없는 자연", "문화 없는 문화"라는 말을 통해 우리가 사용하는 자연과 문화라는 말 속의 아이러니를 드러내고자 했다. 2003년의 『반려종선언』에서 해러웨이는 자연과 문화라는 분리를 전제하는 말 대신 '자연문화(natureculture)'를 제안한다. '자연과 문화'라는 말에서 주된 행위자는 인간이거나 아니면 여신으로 표상되는 자연이라면, 자연문화에서 행위자는 영향을 주고받는 모든 것들이다. "자연문화"의 수사는 "자연 없는 자연", "문화 없는 문화"의 아이러니와 달리 하강의 길을 따르는 유머이다. 해러웨이는 자신의 암캐, 카이엔 페퍼와의 진한 키스를 통해 개와 인간의 유전자 수준의 결합까지 쭉 내려간다. 거기에는 개와 인간의 유전자에 종간(種間) 긴 교통의 흔적이 틀림없이 새겨져 있을 것이다. 그러니까 잘난 척하는 위대한 인류 진화의 역사에는 처음부터 개가 파트너였다. 자연문화는 "위대한" 인간을 보잘것없는 개의 파트너로 만드는 유머이다.

자연과 문화라는 수사에서 개는 인간에 의해 길들여진 자 혹은 야생에서 끌려 나온 종신형의 죄수일 뿐이지만 그러나 자연문화에서 그 서사는 이렇게 바뀐다. "개는 개다, 즉 인간과 의무적이고 구성적이고 역사적이고 변화무쌍한 관계를 맺어온 어떤 생물종이다."[18] 이들은 서로를 이용하고 사랑하고 일하고 놀고, 때로 무지 때문에, 때로는 고의로 상대를 죽이기도 한다. 그래서 이들에게는 기쁨과 함께 잔혹함도 있고 지성과 함께 무지도 있고, 지저분한 배설물, 상실과 무관심도 있다. 자연과 문화에는 오직 인간주인의 이야기만 있지만, 자연문화에서는 비인간과 인간 행위자들의 변화무쌍한 이야기들이 있다.

해러웨이는 자연문화를 함께 일구어온 자들을 반려종(companion species)이라는 카테고리에 묶는다. 반려종의 반려(companion)는 쿰-파니스(cum-panis), 빵을 함께 나누는 관계를 의미한다. 그러나 쿰-파니스(cum-panis)는 사이좋게 빵 한 쪽도 나누어 먹는다는 뜻이라기보다 식사메뉴에 서로의 몸이 함께 올라와 있음을 의미하는 말이다. 그러니까 반려종은 불평등한 관계이고 틀림없이 문제 있는 관계이고 서로에게 생계를 기대는 관계를 지칭한다. 자연과 문화라는 말은 인간은 언제나 이용하는 자이고 비인간은 인간을 위한 수단인 일방적인 관계를 의미하지만 자연문화라는 말은 그 관계를 상호의존적인 것으로 구부린다.

자연과 문화라는 구도에서 비인간이 인간의 타자가 될 수 있을까? 타자성의 철학을 전개한 에마뉘엘 레비나스(Emmanuel Levinas)는 고통받는 얼굴로 오는 타자에게 절대적으로 응답할 책임을 강조한다. 타자는 나의 절대적인 외부이고, 관계 맺기란 어떤 식으로든 타자를 마

---

18. 위의 책 p. 129.

음대로 규정하는 것 일터, 타자는 언제나 고통 받는 얼굴일 수밖에 없다는 것이다. 그런데 레비나스에게 고통 받는 얼굴로 다가오는 타자는 인간에 국한된다. 레비나스 윤리학의 제1계율은 "그대, 죽이지 말지어다"인데, 여기서 죽이지 말라는 인간은 살해될 수 있어도 짐승처럼 죽임을 당해서는 안 된다는 의미를 함축하고 있다. 살해는 우발적일 수도 복수를 위해서도 일어날 수 있기에 인간에게만 허용되는 말이지만, 죽임이라는 것은 희생물처럼 상대를 수단으로 삼을 때에나 할 수 있는 행위라는 것이다. 그러니까 레비나스의 윤리학은 자연 바깥에 있는 문화, 인간만을 위한 것이다.

그렇다면 자연과 문화라는 구도에서는 비인간과의 윤리적인 관계는 어떻게 생각될 수 있을까? 차라리 관계 맺지 않기가 최대치의 윤리적 행위가 될 것이다. 그러나 그것이 가능할까? 누군가의 몸을 취하지 않으면 살아낼 수 없는 필멸의 생명체들인 우리가 "그대, 죽이지 말지어다"라는 계율을 지킬 수 있을까? 이를 위해서는 필시 죽여도 죄가 되지 않는 생명체가 정해져야 한다. 자연 속에서 다시 세분화된 경계가 나뉘어져야 할 것이고, 그 경계 바깥의 존재들에 대한 죽임은 문화의 일로 정당화 된다. 그 경계 밖의 생명에게 그것은 끔찍한 일이다. 자연과 문화라는 구도에서 특정한 비인간들은 계속 죽어도 되는 존재도 남겨질 수밖에 없기에 비인간과의 윤리적 관계를 맺을 수 있는 방법은 없다.

자연과 문화 대신 자연문화를 주장하는 해러웨이는 절대적 타자성이 아니라 중요한 타자성(significant otherness)을 제시한다. 자연문화에서는 크리터들은 서로에게 중요한 자들이다. 서로의 음식이 되어주고 서로의 수단이 되어주는 자들이고 생계를 전적으로 의지하는 자들이기 때문이다. 여기에는 누구도 무엇도 예외가 있을 수 없다. 그래서 자연문화에서 크리터들은 관계 이전에 파트너가 먼저 있는 것이 아니라 역동적인 관계에 의해 상대와 내가 비로소 만들어진다. 예컨대 영국의 사회인류학자 에반스-프리처드는 수단 남부 나일강 유역의 목축민인 누에르족과 그들의 소에 대해 이렇게 쓴다; "누에르족은 소에 붙어사는 기생생물이라는 이야기가 있다. 그러나 이와 마찬가지로 소가 누에르족의 기생생물이라고 말할 수도 있다. 소의 안녕을 보장하느라 누에르족의 삶이 소진되기 때문이다. … 이런 누에르족의 헌신 덕분에 소는 온화하고 게으르고 느릿느릿한 삶을 산다."[19] 누에르족은 소를 먹고 또 팔고, 가죽을 무두질하지만 그들을 위해 야영지를 옮기고 야생동물에 맞서고 소의 장신구를 만든다. 이를 해러웨이 식으로 말하면 자연문화에서는 내가 "누구"가 될 때 상대는 반드시 "무엇"이 되는 중요한 타자이고, 상대가 "누구"가 될 때 나는 반드시 "무엇"이 되는 상대의 중요한 타자이다. 반려종은 이러한 중요한 타자성 속에 있는 자들이다.

해러웨이는 자연과 문화의 분리를 염두에 둔 레비나스의 계율을 "그대, 죽여도 되는 존재로 만들지 말라"로 바꾼다.[20] 이 말은 레비나스의 계율과는 아주 다른 의미이다. "그대, 죽이지 말라"는 죽이기에 대한 단조로운 금지만 있어서 오히려 죽이기에 대한 사유를 막는

19. 제임스 스콧, 전경훈 역, 『농경의 배신』, 책과 함께, 2019, p. 125 (재인용).
20. 레비나스와 해러웨이의 타자성의 윤리학에 대한 비교는, 최유미, 앞의 책, pp. 97~104 참조.

다. 누구도 죽이기를 피할 수 없음에도 죽이기가 금지로만 있다면 내 삶을 위해서 무엇이 죽는지에 대한 생각은 회피될 뿐이기 때문이다. 반면 "그대, 죽여도 되는 존재로 만들지 말라"는 죽이기와 고통스럽게 마주할 것을 요구한다. 세상에 죽여도 되는 자는 없다. 하지만 죽이기를 피할 수 없을 때, 우리는 그것은 어떤 죽이기인가 그리고 그것은 어떤 살리기인가, 우리는 어떻게 죽을 것인가 그리고 어떻게 살 것인가를 사유하게 만든다. 해러웨이가 인류세는 자연과 문화의 분리가 가져온 파괴적 사태라고 말하고 사유할 것을 촉구하는 것은 이 때문이다.

자연문화의
촉수 사유

해러웨이의 '촉수 사유(Tentacular Thinking)'는 통상적인 사유하기, 다시 말해 언어를 통해 정신 속에서 진행되는 관념의 연쇄와 대립하는 물질-기호론적인 말이다. 촉수 사유는 『트러블과 함께하기』에서 인류세를 다루는 장의 제목이기도 하다. 촉수는 무엇보다 느끼는 기관이고 느낌은 페미니스트들이 선호하는 감각이다. 가령, 오드리 로드(Audre Lorde)는 자신의 산문, 「시는 사치가 아니다」에서 "백인 아버지들은 우리에게 이렇게 말한다. 나는 생각한다. 그러므로 나는 존재한다. 우리 안의 흑인 어머니─시인─는 우리의 꿈속에서 이렇게 속삭인다. 나는 느낀다. 그러므로 나는 자유롭다."[21] 로드는 전통적인 사유의 개념이 여성들 특히 유색여성들을 2등 인간으로 취급하는 명령이었음을 드러내면서, 느낌에 대한 절대적 긍정을 주장한다. 여성들은 백인 아버지의 명령 대신 흑인 어머니의 느끼라는 속삭임을 따른

---

21. 오드리 로드, 주해연·박미선 역, 『시스터 아웃사이더』, 후마니타스, 2018, p. 39.

다. 그것은 자유이기 때문이다.

　그러나 해러웨이는 촉수적인 사유라는 말로 기존의 사유와 느낌의 의미를 바꾼다. 해러웨이는 한나 아렌트(Hannah Arendt)가 나치 전범인 아돌프 아이히만(Adolf Eichmann)에게서 포착한 '사유불능'에 빗대어 기후위기와 생태위기에 무감한 우리가 아이히만처럼 사유불능에 빠진 것이 아닌지를 묻는다. 예루살렘에서 열린 아이히만의 재판을 방청한 아렌트는 아이히만을 가리켜 연민이나 정서가 결여된 사람도 아니고, 멍청한 것도 아니지만 타인의 관점에서는 전혀 생각할 수 없는 특별히 천박한 자였다고 했다. 일찍이 아렌트는 인간의 활동을 노동, 작업, 행위로 구분한 바 있는데, 이때 행위는 물질적인 매개를 거치지 않고 타인과 관계하는 활동, 즉 말을 의미했다. 아렌트가 보기에 말을 한다는 것은 언제나 타인의 현존이 전제되어 있지만 아이히만은 상투적인 관용구들 없이는 한 마디도 말할 수 없는 자, 타인을 향해 말하는 것이 아니라 말놀이를 하듯이 상투어들을 내뱉을 뿐인 자, 다시 말해 말을 하는 데 철저히 무능력한 자였다. 아렌트는 말에 대한 아이히만의 이러한 무능력이 타인의 입장에서 생각할 수 없는 무능력과 깊은 연관을 가지고 있음을 지적한다. 이런 면에서 아렌트의 "사유 불능"은 사유는 말에 기인한다는 전통적인 통념에 충실하다.

　해러웨이는 사유의 전통적인 통념을 촉수를 통해 일어나는 철저히 물질적이고 감각적인 것으로 바꾼다. 해러웨이가 보기에 아이히만은 말을 결여한 자라기보다 철저히 무감각한 자였다. 그래서 그는 사유할 수 없었다. 해러웨이는 아이히만에 대해 이렇게 쓴다: "여기 어떤 사람이 있었다. 나그네일 수 없었고, 얽힐 수 없었고, 살기와 죽기의 선들을 쫓을 수 없었고, 응답-능력을 배양할 수 없었고, 자신이 하고 있는 일을 자신에게 설명할 수 없었고, 결과들 속에서 그리고 결과와 함께 살 수 없었고, 퇴비를 만들 수 없었던 어떤 사람이 있었다. 평범한 사유의 결여에서 세계는 중요한 문제가 아니게 된다. 도려낸 공간들은 모두 정보를 평가하기, 친구와 적을 결정하기, 바쁜 일을 하기로 채워진다. 부정성, 그런 확실성을 도려내기가 빠졌다. 여기 무감각한 한 인간이 있었다."[22]

해러웨이의 촉수 사유는 아렌트처럼 고결한 정신능력에서 비롯되는 것도 아니고, 로드처럼 느낌을 통한 완전한 자유를 의미하지도 않는다. 영어에서 촉수(tentacle)는 더듬이를 의미하는 텐타쿨룸(tentaculum)과 더듬다, 시도하다를 의미하는 라틴어 텐타레(tentare)에서 왔다. 촉수는 더듬이이자 더듬어서 연결을 시도하는 감각기관이다. 곤충의 더듬이는 물론이고 거미의 다리를 포함해서 모든 종류의 수족(手足), 신경망, 편모나 섬모, 근육을 이루는 섬유다발, 서로 엉겨붙어서 펠트처럼 보이는 미생물, 진균류 균사들, 식물의 넝쿨손들, 땅 속의 뿌리들, 컴퓨터들이 연결된 인터넷 망이 촉수이다. 이런 촉수들이 외부로 뻗어나가 서로 관계를 맺는다. 자연문화는 촉수들의 관계망이다. 촉수 사유도 사유인한 관념들의 연쇄이기는 마찬가지이지만 머릿속을 채우고 있는 익숙한 관념들의 트랙을 따라가는 것이 아니라 자연문화 속의 타자들과 접촉하고 그것으로부터 서로가 중요하게 되도록 서로를 촉발하는 사유다. 그것은 아이히만의 머리를 가득 채

22. 도나 해러웨이, 최유미 역, 앞의 책, p. 67.

우고 있던 첩보를 분석하고 적을 색출하는 데 쓰이는 사유가 아니라 그것을 위험하게 만들고 엉뚱한 길로 그를 끌고 가는 사유일 것이다.

촉수는 바깥으로 향하지만 몸에서 떨어지지 않는다. 자연과 문화라는 구도에서 자연은 신체의 영역이고 문화는 정신의 영역이다. 그러나 자연문화에서 신체와 정신은 별개가 아니다. 촉수 사유는 몸을 벗어나지 않는다. 그것은 몸으로부터의 사유이고 몸의 사유이고 몸들이 연결된 그물망을 따라서 전개되는 사유, 체현적인 사유이다. 따라서 촉수 사유는 저 멀리서 굽어보는 보편을 지향하지 않는다. 촉수 사유는 특정한 그물망, 물질-기호론적 행위자들의 배치가 만들어 내는 것이다. 촉수가 몸을 벗어나지 않는다는 의미는 바로 이런 것이다. 촉수사유는 부분적인 사유이지만 그것이 주관성을 의미하지 않는다. 촉수 사유는 자신이 연결된 그물망 속에서 전개되는 것이기에 개별적인 것이 아니라 언제나 집단적이기 때문이다.

촉수는 한정된 개수를 가지기에 다른 것과 연결하지만 모든 것과 연결하지는 못한다. 그 때문에 모든 것과 연결된 합일을 꿈꾸지 않는다. 새로운 연결을 만들기 위해서는 반드시 기존의 연결을 끊어야 한다. 그러므로 촉수에는 탈착과 부착이 있다. 어떤 사유와는 결별해야 다른 길로 갈 수 있기 때문이다. 이러한 탈착과 부착이 차이를 만든다.

촉수는 이곳저곳을 여행하게 하는 다리다. 여행이란 언제나 낯선 것을 만나는 것이기에 촉수 사유는 있을 법 하지 않는 연결을 만들고, 그것으로부터 통념적인 생각을 위험에 빠뜨린다. 해러웨이가 쓴 과학소설 「카밀 이야기」(The Camille Stories)」에서는 인간은 위기에 처한 동물을 돌보기 위해서 동물과 유전자 이식을 통한 공생체가 된다. 인간의 질병치료 연구를 위해 동물들에게 인간의 유전자를 이식하는 현실의 일은 우리의 통념 속에서 당연한 일이거나 혹은 무자비한 폭력이다. 하지만 위기에 처한 동물을 돌보기 위해 인간에게 그들의 유전자를 이식한다면 어떨까 하는 물음은 통념과는 아주 다른 세상을 만들게 된다.

해러웨이가 촉수사유를 생각하는 데 도움을 준 사람은 메릴린 스트래선(Marilyn Strathern)이다. 스트래선은 인류학의 사유실천에 대한 사유를 통해, "다른 관념을 생각하기 위해 우리가 어떤 관념을 사용하는지가 중요하다"[23]는 점을 강조했다. 사유란 무엇으로부터 출발하느냐에 따라 아주 낯선 것조차도 동일성 속으로 쓸어 담아 버릴 수도 있고 아주 다른 곳으로 끌고 갈 수도 있다. 그 때문에 '자연과 문화'로부터 생각하느냐 '자연문화'로부터 생각하느냐는 아주 다른 귀결을 가진다. 물질-기호론적인 촉수 사유는 어디에서 시작해서 어디로 도달했는지 그 경로는 무엇인지, 그로부터 무엇이 배제되었는지, 그것을 피하기 위해 무엇이 가능한지와 같은 것을 중시한다. "어떤 생각들이 생각들을 생각하는지가 중요하다. 어떤 지식들이 지식들을 아는지가 중요하다. 어떤 관계들이 관계들을 관계시키는지가 중요하다. 어떤 세계들이 세계들을 만드는지가 중요하다. 어떤 이야기들이 이야기들을 이야기하는지가 중요하다"[24] '자연과 문화'로부터 인류세를 사유할 것인가 아니면 '자연문화'로부터 할 것인가는 우리의 생존이 달린 중요한 문제이다.

---

23. 위의 책, p. 65(재인용).
24. 위의 책, pp. 65~66.

주디스 버틀러
: 페미니즘과 해체주의

고지현

버틀러의
이름으로?

　현재 버클리 소재 캘리포니아 주립대학에서 비교문학 및 비평이론 교수로 재직 중인 주디스 버틀러(Judith Butler, 1956~)는 그 국제적 명성에 걸맞게 호명될 때 다양한 이름으로 소환된다. 일차적으로 젠더이론가이고 또 퀴어이론가이다. 그와 동시에 버틀러는 후기구조주의라는 이론 속에 배치된 페미니즘 학자라 불리며, 최근 가장 활발한 활동을 벌이는 분야는 복수성의 타자연대를 모색한 윤리철학이다. 어떤 철학자가 자기 이론의 확장과 발전을 꾀하면서 다방면에 명성을 얻는 것은 너무나도 자연스럽고 또 바람직한 일이듯이, 그의 이 다양한 이름들이 그리 생경할 것도, 문제가 될 일도 더욱 아니다. 다만 여기서 주목해보려는 것은 페미니즘/젠더이론/퀴어이론을 대변한 한 축에서 테러와 전쟁, 폭력 등과 맞서 이른바 지구화시대의 윤리철학이라는 다른 축으로 이동한 버틀러의 이론적 행적이다. 이 행적에 과연 '연결지점이 있는지, 말하자면 과거에는 퀴어이론과 젠더소수자들의 권리문제에 관심을 가졌으나 이제는 삶의 불안정성이 초래하는 소수성의 현안에 몰두하고 있다'는 지적은 버틀러에게 지속적으로 제기된 질문이다.[1] 이 질문은 과연 버틀러는 여전히 젠더이론가인가 라는 의구심과 관련이 있다.

실제 버틀러 윤리철학의 영역에 들어서면 페미니즘이나 젠더, 퀴어의 문제는 더 이상 독립적으로 다루어질 범주나 주제가 아니며, 언급이 되더라도 복수의 소수성 중의 하나에 불과하다. 논리적으로 축약해 표현하자면, 현재 큰 영향력을 행사하는 버틀러의 소수성 정치는 그 뿌리를 젠더이론에 두고 있음에도 불구하고 페미니즘을 지양하고, 젠더의 구별 짓기를 멈추며, 적극적으로는 그 경계를 허물고, 이로써 도달한 퀴어도 역시 자신의 퀴어로서의 '정체성'이 아니라 인종, 소수자, 외국인, 젠더소수자, 빈민, 장애인들과의 '연대'[2]를 향해 나아가도록 촉구된다. 이 문법에는 일관된 핵심 원리가 있으니, 바로 다름 아닌 탈구조주의에 입각한 (자기)정체성의 해체주의다. 이로써 우리는 페미니즘/젠더이론의 새로운 국면에 도달한다. 말하자면 정체성정치로서의 페미니즘/젠더정치의 거부 혹은 폐기다. 이 지점에서 '정체성정치에서 소수성정치로의 이행'을 바라보면, 버틀러의 이름으로 조명될 수 있는 페미니즘, 젠더이론, 퀴어이론, 그리고 소수성의 정치가 비록 해체주의의 일관된 논리로 연결된다 하더라도 - 아니 오히려 그 일관성 때문에- 동시공존의 형식과 더불어 조화로운 하나의 흐름, 곧 연대정치로 매끄럽게 수렴되기보다는 불협화음의

---

1. 주디스 버틀러, 김응산·양효실 역, 『연대하는 신체들과 거리의 정치. 집회의 수행성이론을 위한 노트』, 창비, 2020, pp. 42~43.
2. "퀴어라는 용어는 정체성을 의미하는 것이 아니라 연대를 의미한다."(위의 책, p. 105.)

난맥상에 봉착하기도 한다. 이를 염두에 두고 버틀러의 이론을 바라보면 현행 페미니즘의 주요 현황에 맞닥뜨리게 된다.

젠더이론:
'젠더트러블'

버틀러는 분명 페미니즘 전통에 뿌리를 둔 젠더이론가이다. 그는 자신이 퀴어 이론가라든지 게이 또는 레즈비언 이론가이기 이전에 페미니스트 이론가임을 명확하게 밝힌 바 있다. 그렇다면 무엇이 버틀러를 오늘날 가장 중요하고 영향력 있는 여성주의 이론가 중 한 사람으로 만든 것일까? 그의 이론적 성과로 보자면 학계의 팝스타라는 명칭을 얻으며 일약 미국 지성계를 대표하는 세계적인 학자로 발돋움하는 데 결정적 역할을 한 『젠더 트러블』[3]이 단연 손꼽힐 것이다. 이 문제작은 서구의 여성주의 역사 및 담론사에서 하나의 커다란 획을 그었다.

유럽사의 시각, 특히 사회문화운동사를 포괄한 여성주의의 흐름은 3단계로 나누어 바라볼 수 있다. 첫 번째 흐름은 19세기에 발생하여 참정권과 균등한 교육의 기회, 직업의 평등처럼 남성과 차별이 없는

3. 주디스 버틀러, 조현준 역, 『젠더 트러블. 페미니즘과 정체성의 전복』, 문학동네, 2009.

동등권의 실현을 목표로 추진되어 온 운동이다. 이 흐름은 1960년대에서 80년대에 이르기까지 여성의 고유성과 차이를 내세우는 시각으로 대체되면서 남성과의 분리전략으로 전환되었다. 이 노선이 두 번째 단계이다. 그 이후 90년대 초부터 여성주의는 성(性) 정체성 자체를 문제 삼고 섹슈얼리티를 논제화하기 시작했으며, 그러한 가운데 퀴어 이론이 등장했다. 버틀러가 바로 3세대에 속한다. 여성주의에서 차지하는 그녀의 위상은 제2세대를 겨냥한 문제제기를 통해 3세대로 이어지는 비판적 가교역할에서 보다 명확하게 드러난다.

버틀러의 비판은 여성주의가 깊은 숙고 없이 암묵적으로만 간주했던 전제들을 겨냥하고 있는데, 그것은 핵심적으로 두 가지로 요약될 수 있다. 하나는 기존의 여성주의에 잔재해 있던 자연주의적 관념이고, 또 다른 하나는 그간 당연하다고 여겨 온 여성이라는 범주이다. 먼저 첫 번째 문제를 살펴보기로 하자. '여성은 태어나는 것이 아니라 만들어지는 것이다'라는 시몬 드 보부아르(Simone de Beauvoir)의 유명한 문구는 '여성으로 태어나는 것'과 '여성이 되는 것'이 서로 다름을 분명히 한다. 이에 따르면, 여성은 천부적으로 주어진 존재로 고정되는 것이 아니라, 생성의 과정을 밟는다. 이른바 여성으로 만들어진다, 곧 여성이 된다는 것은 여성으로 태어난 개인이 사회적으로 요구되는 성역할을 수행하도록 훈육되고 사회화된다는 뜻이다. 보부아르의 이 명제에 담겨 있는 여성 해방적 함의는 익히 알려져 있다. 여성이 되는 과정이 자연적으로 주어진 태생성과 분리되는 것이라면, 여성의 고유성은 더 이상 삶의 운명으로 간주될 필요가 없으며, 오히려 사회·역사적으로 변화 가능한 범주로 인식될 수 있다. 이 변화의 장을 분석하기 위해 여성주의는 젠더(gender) 개념을 도입했으며, 동시에 이 개념을 생물학적 의미에서의 섹스(sex)와 구별하기 시작했다.

하지만 이러한 구별로 여성주의가 자연주의적 존재라는 관념과 완전하게 결별한 것은 아니었다. "여자도 남자와 마찬가지로 바로 그 육체이다. 그러나 여자의 육체는 자신과 별개의 것이다."[4] 서구 여성주의 제2세대의 아이콘이라 불리는 보부아르에게는 여성되기를 결정짓는 가장 중요한 조건이 몸이었다. 다만, 여성의 신체성은 보편적 주체인 남성의 그것과는 달리 자유의지를 구속하는 장애물이며, 따라서 극복해야 할 대상으로 인식되었을 뿐이다. 물론 이러한 부정적인 인식을 일종의 남근중심주의로 규정하면서 모성과 같은 몸의 구속력을 성정체성의 열등함이 아닌 긍정적 가치로 재발견하는 본질주의의 노선이 뒤를 이어 등장했다. 하지만 분명한 것은 부정적으로 보든 아니면 긍정적으로 보든지 간에, 이른바 제2의 성, 곧 젠더의 토대는 여전히 자연에 속하는 몸이었다는 사실이다. 버틀러의 비판은 바로 이 자연주의적 잔재를 겨냥하고 있으며, 궁극에는 섹스의 탈자연화를 꾀한다.

한편 이러한 자연주의적 관념은 여성이라는 범주를 너무나도 자명한 것으로 간주하도록 만들었다. 요컨대 여성이 그 공통의 자질이나 이해관계 또는 그 고유한 경험에 기반을 둔 집단이라는 가정이다. 그 이면에는 남성도 역시 단일한 주체라는 관념이 자리하고 있다. 버틀러는 단일하고 동질적인 주체관념이 여성 간에 나타나는 다양한 차

---

4. 시몬 드 보부아르, 조홍식 역, 『제2의 성, 상(上)』, 을유문화사, 2002, p. 61.

이를 간과하고, 더 나아가 젠더관계의 양성체계, 곧 인간을 남성과 여성이라는 두 부류만으로 아주 명료하게 귀속시킬 수 있다는 관념을 강화한다고 지적한다. 누군가가 여성이라 해도 결코 누군가의 모든 것은 아니다. 왜냐하면 젠더는 상이한 역사적 맥락 속에 놓여 있을 뿐만 아니라, 일관되게 구성되는 것도 아니기 때문이다. 젠더는 인종적, 계급적, 민족적, 지역적 정체성의 유형과 얽혀 있으며, 정치적·문화적 교차점들과도 분리될 수 없다.[5]

이러한 견해는 통일적인 여성 범주로 포착할 수 없는 중간지대의 다양한 존재들과 그들에게 행사되는 사회·문화적 배타성에 매우 민감하게 반응한다. 예컨대 백인여성과 흑인여성은 과연 여성이라는 범주로 아무런 갈등 없이 환원될 수 있을까? 잘 살펴보자면, 부유한 집안의 흑인여성과 할렘지역의 혼혈 유색여성 아니면 그 남성은 여성 대 남성이라는 천편일률적인 잣대로 재단할 수 있을 만큼 서로 공유하는 점에서 구조적인 등가성을 갖지 않는다. 버틀러가 지적하는 바는 여성 범주에 행사되는 억압의 유형이 인종차별주의, 여성혐오, 동성애혐오 등처럼 다양할 뿐만 아니라, 그것들은 각기 개별적으로 분리된다기보다는 상호 교차적이고 복합적이라는 사실이다. 여성 범주의 동질성과 단일성에 대한 이 같은 이의제기는 여성주의의 제3세대에서 두 방향의 전략을 낳았다. 아이리스 영(Iris M. Young)이나 마릴린 프라이(Marilyn Frye)의 경우는 여성성에 대한 철학적 재정의를 통해 여성 범주를 새롭게 구성하는 방향으로 나아간다. 달리

---

5. 주디스 버틀러, 조현준 역, 앞의 책, 문학동네, 2009, p. 89.

말해, 여성을 하나의 집단으로 보되, 모든 이의 공통된 정체성을 미리 상정하지 않음으로써 본질주의의 위험을 피하고자 하는 것이다. 영은 연속체 개념으로서의 여성을 제시하고 있으며,[6] 프라이는 내적 관계와 차이에 의해 구성되는 긍정적인 여성 범주를 추구한다.[7] 이러한 구성 전략과는 다른 방향, 곧 여성 범주의 해체 전략을 택한 이가 바로 버틀러이다.

6. Iris Marion Young, "Gender as Seriality: Thinking about Women as a Social Collective", in: Signs, 1994, 19, 3, spring.

7. Marilyn Frye, "The Necessity of Differences: Constructing a Positive Category of Women", in: Signs, 1996, 21, 4, summer.

섹스의
탈자연화

1) (생물학적) 섹스와 (사회적) 젠더

이제 버틀러가 어떤 방식으로 여성 범주의 자연주의적 잔재를 비판하면서 그 해체의 길로 들어서는지 좀 더 상세하게 살펴보기로 하자. 젠더 개념이 도입된 이후 여성주의가 확인할 수 있었던 점은 생물학적 섹스와 사회적 젠더의 구분은 매우 유용하지만, 그리 용이한 것은 아니라는 사실이다. 여성으로 태어나는 것과 여성이 되는 것이 다르다면, 궁극적으로 여성임을 구성하는 것은 과연 무엇일까? 인간이라면 모두 여자 아니면 남자로만 분류되는 것일까? 그렇다면 여성이 되는 사람은 과연 어떤 부류의 인간일까? 아니면 이렇게 질문해 볼 수도 있을 것이다. 어느 시점에 이르러서야 비로소 젠더로 만들어진 인간이라고 우리는 말할 수 있는가? 젠더로 만들어지기 전에는 젠더가 아니라고 가정하는 것은 과연 정당한가? 이미 젠더화되지 않은 인간이 있기는 한 걸까? 어떻게 인간은 특정 젠더가 되는가?[8]

---

8. 주디스 버틀러, 조현준 역, 앞의 책, p. 293.

버틀러에 따르면, 섹스와 젠더의 구별은 본래 '생물학은 운명'이라는 공식을 논박할 의도로 도입되었지만, 이 구별로 인해 여성주의의 주체에 균열이 일어난다. 어떤 생물학적 특성을 지녔든지 간에 젠더가 사회·문화적으로 구성된 것이라면, 젠더는 섹스의 인과론적인 결과물일 수 없으며, 또 외형적으로 규정되는 것도 아니다. 만약 인과론적 결과물이라면 생물학적 몸은 여전히 여성주의가 극복하고자 하는 여성의 운명일 것이다. 따라서 젠더가 성별화된 몸이라는 형태 속에서 문화적 의미를 지닌다고 해서, 그것이 생물학적 섹스에서 비롯되었다고 말할 수는 없다. 섹스와 젠더의 구별은 결국 섹스로 규정된 몸과 문화/사회로 규정된 젠더 사이에 연속이 아닌 '불연속'이 존재함을 암시한다.[9]

물론 남성과 여성이라는 양성의 섹스체계가 여전히 공고하다고 가정하더라도 섹스로 규정된 몸과 사회·문화로 규정된 젠더 간의 불연속으로 미루어 보면, 남성이라는 정체성이 전적으로 남자의 몸에 조응하고, 또 여성의 정체성이 여자의 몸에 조응해야할 필연성이란 없다. 게다가 생물학적으로 남성/여성이라는 양성 체계가 나타난다 하더라도, 그것이 각각 반드시 양성의 정체성으로 귀결되리라는 법도 없다. 젠더와 섹스는 모방 관계에 놓여 있지도 않거니와, 젠더가 섹스를 반영하는 것도 아니다. '남성과 남성적이라는 개념은 남성의 몸이나 여성의 몸을 의미할 수 있고, 또 역으로 여성과 여성적이라는 범주도 역시 남성의 몸이나 여성의 몸을 의미할 수 있다.'[10] 이처럼 섹스와

9. 위의 책, p. 95.
10. 위의 책, p. 96.

젠더의 구별은 여성주의의 균열을 야기한다. 여성주의의 패러독스인 셈이다. 논리를 끝까지 밀고 가보면 다름과 같은 문제에 봉착하게 된다. 과연 고정적으로 주어진 섹스나 젠더라는 것이 존재하기나 한 것일까? 버틀러에 따르면 그렇지 않다. '섹스라 불리는 구성물도 젠더처럼 문화적으로 만들어진 산물이다.'[11] 버틀러는 섹스와 젠더의 구별을 없애고, 섹스는 이미 젠더라고 주장한다. 모든 신체는 사회적으로 존재하기 시작할 때부터 젠더화된다. 탄생의 순간 남자아이는 사회의 호명[12]에 따라 씩씩한 왕자님이고, 여자아이는 예쁜 공주님이다. 몸을 자연적으로 부여된 고정범주라고 생각하지만, 사실은 문화적 구성물이라는 것이다. 이렇게 버틀러는 섹스를 젠더로 해체한다.

2) 물질화의 결과로서 몸

섹스도 젠더처럼 문화적 구성물이라는 것은 사회·문화적 기입 이전에 존재하는 자연적인 몸이란 허구라는 뜻이다. 섹스의 탈자연화는 자연적 실체를 부인하는 결과를 낳는 것으로 보인다. 진정 토대로서의 몸은 부정될 수 있는가? 우리는 물고기나 새 아니면 개의 몸을 가질 수도 있었겠지만, 실상은 그렇지가 않다. 인간이 인간의 몸을 가졌다는 사실은 과연 허상에 불과한 것일까? 이러한 반론에 직면하여 버틀러는 이른바 몸이 물질화의 결과라는 논리로 대응하는데, 이

---

11. 위의 책, p. 97.
12. 여기서 버틀러는 소환의 성격을 지닌 루이 알튀세르(Louis Althusser)의 호명이론에 의존하고 있다. 여성으로 호명된다는 것은 기존의 이데올로기에 따라 여성이 되도록 강제한다는 뜻이고, 호명에 응하는 것은 동시에 여성으로서 주체가 되기 위한 조건이다. 즉 구조주의이론이 그러하듯이, 주체가 되기 위해서는 자신을 예속하는 호명을 듣고 이에 따라야만 한다.

는 물질 개념을 새롭게 파악함으로써 몸이 구성적 성격을 띤다는 점을 지적하는 것이다. 왜냐하면 생물학적 성은 대부분 몸의 일부인 한에서 물질의 형식으로 간주되기 때문이다.

먼저 오해를 피하도록 하자. 버틀러는 섹스의 물질성 자체를 부정하지 않는다. 인간의 신체는 당연히 살아 움직이고 언젠가는 죽는 생명체이다. 먹고, 마시고, 때론 수면을 취해야 하며, 고통과 쾌락을 느낀다. 그러한 점에서 몸은 그 물질성 자체로 이해될 수 있으며, 또 그렇게 이해되어야만 할 때가 있다. 다만 물질을 '사실'이 아니라, '물질화'라는 과정으로 이해하자는 제안이다. 곧 물질이 어떤 시공간에 존재하고 확장하기도 하는 특성으로 파악되기보다는, 시간이 흐르면서 견고해지는 이른바 과정으로서의 물질화로 생각하자는 것이다.[13]

여기에서 버틀러는 담론의 환경 속에 놓여 있는 언어의 일정한 의미화와 그 표상체계의 효과를 염두에 두고 있다. 말하자면 담론의 영향력 속에서는 세계가 중립성의 외관을 한 사실로 나타나지 않는다. 오히려 세계는 항상 언어의 의미화와 담론의 구조에 의해 만들어지고 또 재현된다. 예컨대 나무는 알록달록한 봉오리나 거친 마디의 껍질로 인식되기보다는 그때마다 전개되는 담론에 따라 즐거움을 선사하는 전경으로, 아니면 풍파에도 굳건하게 견디는 불굴의 의지로 묘사된다. 마찬가지로 몸도 역시 항상 담론에 의해 매개되며, 그에 따라 몸을 읽어내는 행위는 결국 자연이라 불리는 영역에서 끄집어내

---

13. Judith Butler, Körper von Gewicht. Die diskursiven Grenzen des Geschlechts, Suhrkamp, Frankfurt a. M, 1997, p. 32.

어 문화의 일부로 변형시키는 일에 다름 아닌 것이다. 이렇게 보면 물질성이란 서로 다른 시대, 다른 문화 속에서 완전히 다른 의미를 갖는 역사적 산물이며, 어떠한 경우에도 그것은 담론과 역사를 벗어나 해독될 수 없다. 즉자적 몸이나 몸 자체 혹은 그 직접적 경험이란 버틀러에겐 없다.

물질성에 대한 이러한 이해를 통해 버틀러는 섹스와 젠더라는 개념 쌍을 다른 방식으로 파악한다. 앞서 살펴보았듯이, 생물학적인 섹스와 사회적 젠더는 서로 구별된다. 섹스는 가슴의 크기, 머리카락의 절단 모양, 식이요법 등으로 기술되고, 이러한 종류의 문항들은 태도, 얼굴표정, 몸짓 등과 같은 일상문화를 지배하는 형식으로 확대될 수 있다. 중요한 것은 이 두 가지 요소들이 서로 연관을 맺는 방식이다. 어떤 생물학적 섹스가 무엇을 의미하는가는 바로 열거된 젠더의 구성요소를 통해서야 비로소 읽어낼 수 있다. 생물학적 섹스는 그것이 어떻게 읽히고 이해되어야 하는가를 지시하는 기호를 통해 해석된다. 몸이란 성이라는 물질성 속에서 이해되지만, 그것은 특정 문화 내에서 구속력을 갖는 기호를 통해 해독되는 것이다. 이 기호는 문화적인 것이지만, 또 다른 한편으로는 몸에 속한 것이며 동시에 물질적인 것이다. 이로써 자연적 신체와 문화적 기호를 구별하는 경계가 식별불가능해질 정도로 희미해진다. 하지만 분명한 것은 성별화된 신체는 그 물질성 속에서 신체와 연결된 기호의 도움을 받아야만 비로소 이해될 수 있다는 점이다. 따라서 몸의 물질적 현실은 언어·담론의 결과물이라고 할 수 있다.

젠더의 구성
– 권력, 규범, 담론

이렇듯 섹스는 물질의 형식에 있어서도 자연 그 자체가 아니라, 문화적 코드를 통해서만 이해될 수 있는 사회적 구성물이다. 그렇다면 젠더는 어떻게 만들어지는가? 이를 이해하기 위해서는 버틀러의 권력 개념을 해명할 필요가 있는데, 권력에서 규범과 담론에 이르는 논리는 그야말로 성의 주체가 어떻게 만들어지는가에 대한 버틀러의 입장을 집약하고 있다.

1) 권력

권력하면 우리는 흔히 사회학이나 정치학에서 정의내리는 의미를 떠올린다. 예컨대 독일의 사회학자 막스 베버(Max Weber)는 권력을 "사회적 관계 안에서 무엇에 의거하든 상관없이 반대에 맞서 자신의 의지를 관철시키는 기회"로 이해했다.[14] 또는 B라는 사람을 자신

---

14. Max Weber, Wirtschaft und Gesellschaft. Grundriß der verstehenden Soziologie, VS-Verlag, Tübingen 1980, p. 28.

이 요구하는 행동을 하도록 만들 수 있는 A의 능력은 권력으로 이해
될 수 있다. 물론 이때 A의 요구대로 이루어진 B의 행동이 A의 영향
력이 없었더라면 일어나지 않았을 것이라는 가정이 충족되어야만 한
다. 이와 같은 정의는 오늘날 정치학에서 통용되고 있으며, 또 실재
적인 측면에서도 현실에 직접 적용하기에 매우 유용하다. 이러한 의
미를 젠더에 이전해보면, 권력이란 어떤 사람이 다른 사람이나 제도
에 의해 자신이 원치 않는 성 정체성을 강요당하는 영향력이라고 정
의내릴 수 있을 것이다. 물론 버틀러도 이러한 힘의 논리를 언급하고
는 있다. 하지만 그녀가 생각하는 권력이란 보다 더 광범위한 것으
로, 고전적인 의미에서 권력이라 부를 수 없는 영역으로까지 확장되
어 있다. 이는 버틀러가 권력을 사회학이나 정치학의 고전적인 의미
보다는 미셸 푸코에 의존해 이해하고 있기 때문이다.

> 권력이란 어떤 영역을 활성화하고 조직하는 다종의 세력관계들이다. 그리
> 고 끊임없는 투쟁과 다툼 속에서 이러한 세력관계들을 변형하고 강화하며
> 또 뒤집어 놓는 게임이다. […] 권력은 제도가 아니며, 구조도, 몇몇 힘 있는
> 자들의 막강함도 아니다. 권력이란 어떤 사회에서 나타나는 복합적인 전략
> 적 상황을 지칭하는 이름이다.[15]

권력에 대한 푸코의 이해는 우리가 앞서 살펴 본 고전적 의미를 완
전히 거꾸로 뒤집어 놓고 있다. 고전적 정의에서 권력은 위에서 아

---

15. Michel Foucault, Der Wille zum Wissen. Sexualität und Wahrheit 1, Suhrkamp, Frankfurt a. M. 1999, p. 113~114.

래로, 즉 힘 있는 자가 그렇지 못한 자에게 행사하는 것이라면, 푸코의 정의에서 권력은 사회 도처에 분할되어 있고, 인간과 인간 사이에서 생겨나며, 개인과 가족, 공공장소에서 효력을 발휘해 궁극에는 국가라는 제도로 응집되고, 이로부터 그것은 다시 사회로 흘러들어간다. 단순한 위계적 체제 대신에 서로 다른 사회 행위자들이 권력의 담지자 역할을 수행하는 순환구조가 특징을 이루며, 마치 네트워크처럼 얼기설기 얽힌 관계망이 형성되기 때문에 누구에게 어떤 책임을 부과한다거나 권력의 소재지가 어디인지를 밝혀내기란 매우 어렵다. 이러한 권력 개념을 젠더에 적용해본다면, 오늘날 지배적으로 관철되고 있는 양성체계나 이에 기반을 둔 사회적 젠더관계는 본질적으로 특정 기관이나 정당, 아니면 사회연합체에 책임을 물을 수 있는 성질의 것이 아님이 분명해진다.

젠더규범의 권력 문제를 다루고 있는 버틀러 저작의 영문 제목은 이른바 『Undoing Gender』이다. 국내에서는 '젠더 허물기'로 번역되고 있지만, 표제에 함축되어 있는 이중적 의미는 권력이 어떻게 작동하는지를 잘 표현하고 있다. 젠더 개념을 'doing', 곧 '(행)하기(= 만들기, 수행)'와 연결한 것은 젠더가 생산되는 것이라는 사실을 지시하고 있으며, 영어의 접두어 'Un'은 변화의 가능성을 강조하고 있다. 말하자면 젠더의 질서가 어떻게 유지되는가는 각 개인들에게 달려있다고 볼 수 있는데, 왜냐하면 젠더는 각 개인들에 의해 날마다 거듭 행해지는 것이지, 그 어떤 중앙권력이 있어 독점적인 권한을 행사하여 만들어지는 것이 아니기 때문이다. 이러한 점에서 젠더는 생산된다고 말할 수 있다. 예컨대 장래 부모가 될 부부가 어떤 아기 옷을 살지 결정하기 위해 초음파 검사에서 사내아이인지 계집아이인지를 묻는 일은 젠더를 생산하는 행위이다. 우리는 아침에 잠에서 깨어 욕실에 들어가 면도기로 수염을 밀거나 아니면 눈 화장을 함으로써 젠더 수행을 하며, 또 길거리 건너편에 마주한 사람이 여자인지 남자인지를 묻는 것도 역시 젠더 질서를 창출하는 데 참여하는 일이다. 이렇게 일상의 아주 소소한 실천에 권력은 의거하고 있다.

권력은 무엇보다도 확립된 규율이 유지될 수 있도록 감시하고 또 위반이 발생하면 제재를 가하는 금지의 심급으로 생각되기 쉽다. 이러한 이유로 많은 고전적 좌파 담론들은 권력의 폐지를 목표로 삼고, 그것으로부터 완전히 자유로운 사회에서 인간이 자율적으로 자신의 행위를 조정할 수 있는 삶을 이상으로 꿈꾸었다. 버틀러는 이와 다르다. 그녀에 따르면 권력은 물론 억압적이지만, 무엇보다도 생산적이라는 특징을 갖는다. 예를 들어 섹스가 사회적구속력이 있는 이상에 따라 구성되는 경우를 생각해보라. 성별화된 신체는 문화적 규범에 종속되어 있을 뿐만 아니라, 권력으로서의 실천에 종속되어 있는데, 이 수행은 바로 자신의 신체를 지배함으로써 신체를 형성하고 또 변형한다. 통제된 신체를 만드는 권력은 그래서 생산적이다. 신체가 이상적인 구성물로 형성되는 과정은 앞서 살펴본 것처럼 이상의 '물질화'이고, 그것이 물질이라는 외형 속에 있는 한, 몸은 마치 자연적으로 주어진 것처럼 보인다. 이러한 가상은 권력에서 효력이 발휘되는 술책인 셈이다. 말하자면 성공적인 권력은 당연하고 자연스러운 존재로 간주될 수 있도록 대상을 변형시킨다. 이러한 생산성 때문에 권력은 간단하게 제거할 수 있는 성질의 것이 못 된다. 그것은 인간을 억압하지만, 인간으로서의 인간, 물론 특정 젠더의 인간, 특정 언어를 구사하는 인간을 만들어낸다. '권력은 거부될 수도 철회될 수도 없다. 다만 재배치될 따름이다.' 권력은 존재해야만 하는가라는 문제는 버틀러에게 토론거리가 못 된다. 반면 그것이 어떻게 조직되어야 하고, 또 어떤 담론이 그것을 실어 나르고 있는지는 전적으로 정치적인 문제이다.

2) 규범

바로 이러한 이유로 버틀러가 권력을 파악하는 데 있어 규범이 차지하는 위상은 법이나 강압을 행사하는 국가장치보다 훨씬 더 결정적이다. 법이란 일차적으로 어떤 일이 어떻게 행해져야만 하는가를 규정한 것이고, 그것이 지켜지지 않을 경우 처벌로 대응하기에 금지의 심급이라고 말할 수 있다. 물론 금지를 통해서도 규칙으로 이루어지는 인간관계의 생성 가능성이 열린다는 점에서 법도 생산적이라 할 수 있겠지만, 그렇다고 그 생산성이 전면에 내세워지는 것은 아니다. 그러나 규범의 경우는 다르다. 법처럼 규범은 행위를 규정하지만, 그 규정은 본질적으로 그리 엄밀하지도 않거니와 위반의 경우 가하게 되는 제재도 역시 확고하게 명시되어 있지 않다. 규범은 오히려 대부분 우리가 자발적으로 설정한 행위의 나침반 구실을 하는데, 이러한 준거가 필요한 이유는 방향설정이 없으면 우리는 흔히 어떻게 행동해야 할지 모르는 상황에 봉착하기 때문이다. 다르게 표현하자면, 어느 누구도 갈등이 발생하길 원치 않기 때문에 만든 것이 법이라면, 규범은 우리가 더불어 살자면 없어서는 안 되는 것으로 생각되는 범주이다. 규범에 전력을 다해 맞서는 사람조차도 자기 삶이 기댈 수 있는 불가피한 버팀목을 규범에서 찾는다. 형벌이나 제재가 규범의 주요 수단이 아닌 이유는 어쩌면 이 때문인지도 모른다. 규범에 대항하는 사람은 사회에서 자신을 상호인정능력이 있는 주체로 만드는 데 핵심 역할을 한 심급에 맞서는 것이나 다름없으며, 이러한 행위는 자신의 사회적 생존능력을 시험하는 위험에 노출시킨다.

규범은 한편으로 개개인의 소소한 생활에 침투하여 아주 은밀한 방식으로 사회적 삶의 구조를 형성하지만, 또 다른 한편으로는 위반 시 극적인 파란을 일으킨다. 우리는 대부분 남자 또는 여자라는 것이 무엇을 뜻하는지, 그리고 어떤 경우에 남자/여자라는 준거틀에서 벗어나 금기의 선을 넘는 일탈을 보이는 것인지 명확하게 알고 있다고 생각한다. 하지만 정작 성 정체성의 올바르고 틀린 형식을 구별할 수 있는 규칙을 정하기 위해 암묵적으로만 알고 있던 것을 말해보라고 한다면 매우 난감해할 것이 틀림없다. 과연 그러한 규칙이 가능하기나 한 걸까? 자세히 들여다보면 정상과 일탈의 경계는 끊임없는 자리바꿈으로 요동친다. 어쩌면 젠더의 규범은 우리가 나침반으로 삼으면서도 핵심적으로는 공백으로 남아 있을 수밖에 없는 소실점과 같은 것인지도 모른다. 규범의 내용은 궁극적으로 정의내리기 어려우며 항상 유동한다. 왜냐하면 날마다 수천의 작고 큰 행위들에 의해 확인되고 또 고정되어야 하는 것이기 때문이다. 젠더는 '원본 없는 모방'이라는 유명한 버틀러의 문구[16]는 바로 이러한 정황을 표현하고

---

16. 주디스 버틀러, 조현준 역, 앞의 책, p. 344.

있다.

젠더는 우리가 사회 속에서 커다란 곤혹을 치르지 않고 살아가기 위해 각자가 실현하고자 추구하는 이상이지만, 또 다른 한편으로는 규범으로서 사회적 권력의 형식이기도 하다. 예컨대 이성애의 규범이 그러하다. 이 권력의 형식을 통해 이성애의 인지적(intelligible) 주체가 만들어진다. 하지만 규범이 젠더 주체를 만든다고 해서 그것이 우리가 어떤 영향도 미칠 수 없는 상위의 독립적인 심급이라는 뜻은 아니다. 오히려 규범은 실행에 의해 생산되고 또 입증되는 한에서만 존재할 수 있다. 바로 이점으로 인해 규범은 공격당하기 쉽다. 왜냐하면 실행 속에서 규범과 연관 짓는 일은 매번 언제든지 가능하지만, 그것은 규범의 의미를 완전히 거꾸로 전도시키고 또 지향하는 바를 바꾸어 놓는 방식이 될 수 있기 때문이다.

3) 담론과 수행성

"물질성이란 알 수 없게 되어버린 권력의 효과이다."[17] 권력의 절묘한 술책을 가장 잘 표현하고 있는 이 문구는 사실상 버틀러의 언어이론적·담론적 전제들 없이는 올바로 이해되기 어렵다. 앞서 살펴보았듯이, 버틀러는 권력을 생산적인 것으로 파악하고 있다. 다만 그것을 생산적으로 만드는 것은 무엇보다도 담론이다. 담론적·언어적 권력의 생산성이 현실을 구성하는 토대 원리라는 것이 그녀의 생각이다. 그러한 점에서 담론은 권력의 매체이며, 또 규범의 담지자이기도

---

17. Judith Butler, op. cit., p. 332.

하다.

후기 구조주의 이론에서 담론은 세 가지 유형으로 분류될 수 있다. 첫 번째는 담론을 일차적으로 언어적으로 이해하는 부류이고, 두 번째는 담론을 언어와 실행의 조합을 통해 파악하는 유형으로서, 푸코의 후기 저술이 이에 해당한다. 마지막은 사회 영역에서 발생하는 의미란 언제나 다른 의미들과의 관계 속에 놓여 있다는 점을 보여주기 위해 은유적 방식으로 개념을 소환하는 부류이다. 두 번째와 세 번째 유형은 담론의 파악에서 언어에만 초점을 맞추는 것이 아니라, 행위나 제도까지도 포괄한다는 이점이 있다. 버틀러의 경우는 첫 번째 유형으로 분류되지만, 푸코의 담론 개념을 수용하는 맥락에서 명확하게 볼 수 있듯이 두 번째 유형에 대해서도 열린 자세를 보인다. 하지만 현실을 구성하는 원리에 있어서는 언어적인 관점에 보다 강력하게 집중되어 있는데, 다소 모호한 이러한 입장으로 인해 사회적 현상 모두를 언어로 환원하는 언어적 일원론에 매몰되어 있다는 비판이 제기되곤 한다.[18]

> 담론이란 그저 단순하게 발화된 단어가 아니라 의미의 개념이다. 특정 기표가 언젠가 한번 뜻했던 것을 뜻하는 것이 아니라, 특정 담론의 형식이 대상과 주체를 그 인지가능성 속에서 표현하는 것이다. 이러한 의미에서 나는 담론이라는 말을 일상적 의미로 사용하지 않고 푸코에 의거하기로 한

---

18. Hilge Landweer, "Generativität und Geschlecht. Ein blinder Fleck in der sex-gender Debatte", in: Theresa Wobbe/ Gesa Lindemann (Hg.): Denkachsen. Zur theoretischen und institutionellen Rede vom Geschlecht, Suhrkamp, Frankfurt a. M. 1994, p. 163.

> 다. 담론은 단순하게 현존하는 실행과 의미를 묘사하는 것이 아니라, 그 표현형식이 되는 것이며, 그러한 점에서 생산적이다.[19]

'담론이 의미의 개념'이라는 말은 두 가지 뜻으로 이해할 수 있다. 첫째, 담론은 특정 단어가 특정 시점에 주어진 문화 안에서 무엇을 의미하는가를 정의함으로써 의미를 확정한다. 둘째, 담론은 대상과 주체가 사람들에게 이해되는 방식을 확정한다. 요컨대 대상과 주체가 어떻게 현상하며, 어떤 이득을 가져다주고 또 적용될 수 있으며, 어떻게 취급될 필요가 있는가 등등이 사람들에게 이해되어야 한다. 결국 대상과 주체가 이해되는 방식, 대상/주체로 이해될 수 있는가의 여부는 담론에 달려 있는 셈이다. 예를 들어 동성애자는 애초부터 미리 존재하는 삶의 양식인 것이 아니라, 그들이 어떻게 이해될 수 있고, 사는 방식이 어떠하며, 그 행동양식과 사고방식이 어떠한가를 묘사하고 확정하는 담론의 산물인 것이다.

버틀러는 담론이 생산적이라는 주장에만 머물지 않고, 담론의 생산성이 어떻게 설명될 수 있는가도 보여준다. 여기에서는 무게중심이 푸코의 담론에서 언어이론으로 이동함으로써 영국 철학자 존 오스틴(John Langshaw Austin)의 수행성 개념이 중요해진다. '언어가 수행성'이라는 입장은 발화에서는 객관적으로 관찰되는 사실의 묘사가 중요하다는 생각을 거부하고, 그 대신 발화에서 행위가 이루어진다

---

19. Judith Butler, "Für ein sorgfältiges Lesen", in: Seyla Benhabib/ Judith Butler/ Drucilla Cornell/ Nancy Fraser: Der Streit um Differenz. Feminismus und Postmoderne in der Gegenwart, Fischer, Frankfurt a. M. 1993, p. 129.

고 주장한다. 이로써 관심사도 특정 진술이 참인지 거짓인지를 묻는 질문에서 특정 진술이 의도하는 효과가 나타나는가의 여부로 옮겨간다. 오스틴이 언급한 바 있는 사례를 보자. '나는 이 배를 엘리자베스 여왕이라 명명한다.'[20] 이 문구가 발화되자마자 샴페인 한 병이 뱃머리에서 터진다. 샴페인을 터뜨리는 예식은 이에 조응하는 말이 없이는 일어날 수 없다. 말을 생략하면 배는 명명될 수도 없다. 발화의 의미는 청자에게 엘리자베스 여왕이라는 이름의 배가 눈앞에 서 있다는 사실을 알리려는 데 있는 것이 아니라, 배를 명명하는 것에 있다. 명명은 말이 표현됨으로써 일어나며, 그러한 발화는 (샴페인을 터뜨리는) 행위에 직접 조응한다.

결국 담론이 생산적일 수 있는 이유는 그 수행성에 있는 셈이다. 버틀러는 아이의 출생 장면을 예로 들며 이를 해명하고 있다. 의사의 호명에 따라 갓난아기는 '그것'에서 '그' 또는 '그녀'가 된다. 이 명명에 따라 계집아이는 계집애다워진다. 그것은 언어와 친족의 영역에서 젠더의 호명을 통해 이루어진다.[21] '사내아이입니다'라는 의사의 호명은 수행담론이기 때문에 생산적 담론의 구성요소이다. 젠더를 갖는다는 것이 무엇을 의미하는지 상상조차 할 수 없는 갓난아이에게 이러한 호명은 앞으로 아이 인생이 들어설 (남성의) 통로를 미리 구획한다.

---

20. John Langshaw Austin, Zur Theorie der Sprechakte, Reclam, Stuttgart 2002, p. 28~29.
21. Judith Butler, op. cit., p. 29.

인용과 반복

과연 젠더라는 것이 이렇게 간단하게 작동하는 것일까? 어떤 발화든 그것이 수행으로 기능한다면, 누구든 자신이 원하는 방향으로 현실을 바꿀 수 있을 것이다. 부모는 갓난아이를 의사가 호명했던 것과는 다른 성으로 부를 수 있을 것이며, 사내아이는 언젠가 다른 사람이 되기를 결심하고 간단한 발화를 통해 새로운 정체성을 가질 수도 있을 것이다. 그렇다면 연극배우는 그가 연기하는 무수한 배역만큼의 무수한 정체성을 가져야만 한다. 수행성을 일종의 인위적인 연극으로 보는 이러한 시각은 버틀러가 뜻하는 바가 아니다. 수행성에서 중요한 것은 권력이다. 오스틴도 역시 수행적인 발화가 성공하려면 발화된 것이 실행으로 옮겨질 수 있도록 권위를 부여하는 관습이 뒷받침되어야한다고 지적한 바 있다.[22]

수행성의 권력을 설명하기 위해 버틀러는 '수행 발화가 성공하기

22. John Langshaw Austin, op. cit., p. 124.

위해서는 다른 사람이 그것을 반복하고 인용해야만 한다.'[23]는 데리다의 통찰을 끌어들인다. 그녀는 반복 개념 속에 표현된 데리다의 생각을 받아들이면서, 사회적으로 관철된 규범을 성공적으로 인용하는 것을 수행 발화의 전제로 파악한다. 물론 한 번 인용하는 것만으로는 충분치 않으며, 반복은 영향력의 행사가 유지될 정도로 지속적으로 일어나야 한다. 수행 발화가 규범을 지속적으로 인용하게 되면. 규범은 발화 형식인 것으로 나타나고, 이러한 형식은 점점 더 빈번한 반복을 통해 막강한 권위를 부여받게 된다. 여기서 우리는 일종의 순환 구조를 보게 된다. 수행 발화가 규범에 종속되어 있는 것처럼, 규범도 역시 자신을 인용하는 수행 발화에 종속되어 있다. 그러다가 규범이 관철되는 어느 시점이 오면, 더 이상 대칭적 종속관계는 유지되지 않는다. 규범은 사회적 삶의 조정을 위해 적용되는 한에서만 존재할 수 있다.

버틀러에게 있어 반복의 논리와 더불어 또 다른 데리다의 주장이 중요한데, 이른바 발화는 동일한 방식으로 두 번 반복할 수 없다는 테제[24]가 바로 그것이다. 왜냐하면 반복으로 변화가 일어나기 때문이다. 그러한 변화는 언어적 표현들로 직조된 맥락에 있다. 맥락은 결코 확정될 수 없으며, 끊임없는 전위에 노출되어 있다. 이는 언어의 구조에서 생겨나는 한편, 역사적이고 문화적인 변형에서 기인한다. 동일한 단어를 두 번 말한다는 것은 동일한 것을 뜻하지 않는다. 왜

23. Jacques Derrida, "Signatur Ereignis Kontext", in: Jacques Derrida, Limited Inc., Passagen, Wien 2001, p. 310.
24. Ibid, p. 298.

냐하면 두 번의 반복에서 중요한 것은 반복의 반복이며, 그것은 그저 언어의 알려진 부분을 반복하는 첫 단어와는 무언가 다른 것이기 때문이다.

데리다는 반복으로 일어나는 전위를 수행 발화의 특징으로 파악하는 것에 머물고 있는 반면, 반복에 대한 버틀러의 입장은 본질적으로 정치적 성격을 띤다. 왜냐하면 버틀러는 수행 발화라는 행위에서 발현되는 힘이 규범에서 비롯된다는 점을 간파하고 이에 대한 분석의 필요성을 강조하고 있을 뿐만 아니라, 반복으로 이루어지는 전위를 규범을 변화시키는 정치적 행위의 가능성으로 파악하고 있기 때문이다. 버틀러에게 있어 오스틴과 데리다의 수행성 이론은 담론이 왜 생산적인지에 대한 해명을 내놓을 수 있는 이론적 발판을 제공함과 동시에, 사회적 규범의 구조를 변형할 목적으로 활용될 수 있는 정치적 무기도 제공했다.

공백으로서의
젠더

젠더는 끊임없이 반복되는 수행 담론의 효과이다. 담론이 권력으로서 효과를 발휘할 수 있는 이유는 젠더의 이원성이나 이성애중심주의와 같이 사회에 견고하게 뿌리를 내리고 있는 규범을 인용함으로써 이에 조응하는 사회적 현실을 직접 창출하기 때문이다. 물론 여기에는 정치적 저항의 맹아로 작용하는 틈새가 존재한다. 버틀러는 성의 생물학적 요소를 부인하지 않지만, 그것이 동일하게 이해될 것이라는 생각은 거부한다. 왜냐하면 생물학적 요소는 이에 조응하는 인식도구의 도움을 빌려 사회적 범주로 변형되기 때문이며, 따라서 달리 인지될 수밖에 없다는 것이다. 버틀러가 보기에 섹스란 말할 수 없는 것을 진술해야만 하는 차원의 것이고, 이와 달리 젠더는 이해관계와 갈등에 놓인 입장들 사이에서 움직여야 하는 차원의 것이다.

> 성차(性差)란 생물학적인 것이 문화적인 것과 맺고 있는 관계와 관련하여
> 질문이 거듭 제기되고 또 제기될 수밖에 없지만 엄밀히 말해 답을 찾을 수

없는 장소이다.[25]

여기에 젠더 정치의 딜레마가 있다. 앞서 언급한 두 차원의 그 어떤 것도 젠더가 무엇인지 그리고 어떤 정치적 결과를 낳게 되는지 확정적으로 말할 수 없다. 오히려 젠더란 사회적 갈등과 다툼 속에서 구성되며, 그래서 그야말로 정치적인 범주일 수밖에 없다.

경계 개념으로서 성차에는 신체적, 심리적, 사회적 차원들이 있고, 이 차원들은 결코 서로 겹치는 것은 아니지만, 그렇다고 해서 뚜렷하게 변별력을 갖는 것도 아니다. 성차는 유동적이고, 동요하는 경계로서 불확실한 것이며, 오히려 궁극적으로 확정됨이 없이 거듭 새롭게 표현된다. 말하자면 버틀러에게 성차와 성 정체성은 '미지수'다. 지식이 축적되면 언젠가 알게 될 것이라는 의미에서 '알려지지 않은 것'이 아니라, 생물학적 차원에서든 심리학적 차원에서든 아니면 사회적 차원에서든 젠더의 본질이나 진리 또는 그 존재를 알 도리가 없다는 뜻이다. 그럼에도 불구하고 개인적으로든 사회적으로든 대답이 주어져야하기 때문에 간단하게 폐기할 수 없는 질문이다. 일종의 공백인 셈이다. 텅 비어 있는 이 범주에서 젠더의 의미를 둘러싼 정치적 다툼이 일어나고, 그 담론으로 젠더의 의미가 구조화되며, 또 문화적 헤게모니 담론으로 도약한다.

이제 지금까지의 논의를 요약 정리해보자. 버틀러가 여성주의에

---

25. Judith Butler, Die Macht der Geschlechternormen und die Grenzen des Menschlichen, Suhrkamp, Frankfurt a. M. 2011, p. 299.

서 일궈낸 가장 커다란 성과가 있다면, 그것은 섹스 및 젠더에 대한 이해와 관련하여 오랫동안 고수되어왔던 자연주의적 관념에 결정적으로 이의를 제기했다는 데 있을 것이다. 이러한 의문제기는 그간 여성주의가 주체를 설정하는데 있어 암묵적이든 명시적이든 늘 상정할 수밖에 없었던 이른바 '자연적'이라는 일련의 전제들과 급격한 단절을 가져왔다. 요컨대 젠더의 질서는 자연적 질서에 입각해 있다는 가정 속에서 그 토대를 신체에서 찾았으며, 이러한 관념은 신체에 내재해 있는 자연적 속성의 차이가 결국 젠더의 차이를 결정한다는 본질주의로 귀결되었다. 이에 따라 기존의 여성주의는 주체를 생물학적 주체와 사회적(문화적) 주체로 분할하였고, 이러한 시각은 의도적이든 그렇지 않든 간에 생물학적으로 고착화된 젠더 이원론을 강화함으로써 이성애주의를 의문의 여지가 없는 젠더의 규범질서로 상정하도록 했다. 이에 대해 버틀러는 젠더의 신체와 그 신체적 차이가 애초부터 사회적으로 구성된 것이며, 표면적으로 확고부동한 자연적 사실로 나타나는 해부학적 생물학적 속성이 실상은 "문화적 구성장치의 결과"[26]라고 주장하고 있다. 자연적인 것은 문화적 생산양식에 선행하는 것이 아니라, 그 효과일 따름이라는 것이다.

하지만 자연주의와의 결별을 낳는 이와 같은 '급진적 구성주의'[27]는 버틀러의 수용에서 커다란 논쟁을 불러일으키기도 했다. 자연은

26. 주디스 버틀러, 조현준 역, 앞의 책, p. 98.
27. 이러한 경향은 버틀러의 초기작인 『젠더 트러블』에서 강력하게 나타난다.(Bernhard Waldenfels: "Fremdheit des anderen Geschlechts", in: Silvia Stoller/Helmuth Vetter (Hg.): Phänomenologie und Geschlechterdifferenz, WUV-Universitätsverlag, Wien 1997, p. 80을 참조할 것.)

문화적 인식의 전제가 아니라 이미 그 결과라는 통찰은 여성주의에서 획기적인 주장으로 인정됨과 동시에 아이러니하게도 그녀의 이론을 받아들이는 데 있어 가장 강력한 저항에 부딪히는 장애물로 인식되곤 했다. 이는 버틀러의 자연주의와의 단절이 담론으로서의 권력이론과 긴밀하게 연관되어 있는 사정에 비추어 보면 단순히 우연이 아닐 수도 있다. 왜냐하면 버틀러 이론의 취약점이 권력 분석에 있다고 줄곧 지적되곤 하기 때문이다. 무엇보다도 권력에 대한 역사적이고 사회적인 인식토대가 결여되어 있다는 것이다. 이것은 권력의 계보학과 관련된 문제다. 사실 버틀러가 권력의 효과로서 남근로고스 중심주의와 강제적 이성애에 대한 자신의 탐구를 비판적이고 역사적 방법으로서 푸코 및 니체의 계보학에 정향하고 있다는 사실에 비추어 보면,[28] 이러한 취약성 논란은 의외라 아니할 수 없다.

---

28. 주디스 버틀러, 조현준 역, 앞의 책, p. 76.

정체성 정치에서
소수성의 윤리학으로

『젠더 트러블』 이후 버틀러는 주지하다시피 기존의 정치문법과 민주주의 인식론적 틀에서 포착하기 어려운 타자의 문제로 사유를 확장한다. 정치철학적 관점에서 삶의 불안정성에 노출된 소수성 원리를 구축하는 한편, 관계성과 상호의존성에 근거해 이질적인 복수성의 연대를 호소하는 윤리의 당위를 제시한다. 이때 젠더이론가로서 일관되게 고수하는 원리는 젠더생산을 거부하거나 그 경계를 적극 와해시키는 실천의 논리, 곧 수행성이다. 따라서 정체성 정치는 이질적인 복수의 소수성을 사고하는데 있어 한계를 노출하고, 경우에 따라서는 장애가 되기까지도 한다. 단순히 사회적 약자로서의 여성, 사회적 (성)소수자로서의 퀴어가 문제가 아니라, 인종, 빈민, 종교, 계급, 언어, 문화 등 다양한 이질적 '집단의 연합 틀로서 출현할 권리'[29]가 중요하다. 설령 젠더소수자들 및 성소수자들이 자신의 권리를 실천

---

29. 주디스 버틀러, 김응산·양효실 역, 앞의 책, p. 43.

하려 해도, "자신이 속한 인구 집단의 다양성과 연대"를 이루는 것이 필수다.

> 왜냐하면 젠더 소수자 및 성소수자 인구는 그 자체로 다양한 집단이기 때문이다. [⋯] 이러한 집단은 다양한 언어 공동체와 문화공동체를 넘나들면서 마찬가지로 다양한 계급, 다양한 인종적·종교적 배경을 가진 이들로부터 도출된다.

그리고 그것은 "우리 스스로의 주체-형성 구조가 되기"[30]이다.

연합체는 어떻게 사고되는가? 애초 정체성의 구심점이 있어 나(여성)에서 우리(복수의 연합)로 확장해 나아간다기보다는, 나의 정체성을 무수히 미분(해체)하여 내가 속하는 인구(人口)의 다양체를 어떤 집합체로 사고하는, 말하자면 프랑스 후기구조주의 철학에서 줄곧 사유의 도구로 활용하는 수학적 집합론에 가깝다. "연대의 문제를 사유할 때, 정체성 중심의 존재론이 가진 부적절함"을 지적하는 맥락을 보면 보다 명확해진다.

> 문제는 내가 여러 정체성들의 모음이 아니라 이미 일종의 어떤 집합체(assembly)라는 사실이다. 심지어 '나'는 어떤 일반적인 집합이기도 하고 혹은 자스비어 푸아르(Jasbir Puar)가 질 들뢰즈(Gilles Deleuze)의 용어에서 차용했던바 일종의 배치(assemblage)이기도 하다.[31]

---

30. 위의 책, p. 101.
31. 위의 책, p. 102.

버틀러의 문법에 따라 현행 페미니즘의 한 단면을 들여다보자면, 최근 커다란 이슈로 달구어진 모 여대의 트랜스젠더 학생 입학 관련 논쟁을 피해갈 수 없다. 이 사건은 전 세계 곳곳에서 빈번하게 발생하는 소수자에 대한 혐오발언에 미루어 볼 때 비단 한국 특수 상황에 기인한 것은 아닐 터이다. 이른바 급진적 페미니스트의 이와 같은 배제발언에 대해 버틀러의 입장은 단호하고 명쾌하다. '여성'의 이름으로 가해지는 인정폭력은 윤리적으로 비난받아야 마땅하다. 이 판단은 전적으로 옳으며, 대다수의 페미니스트들도 이에 동의할 것이다. 다만 버틀러가 비윤리적이라 판단하는 이유를 상세하게 들여다보자면, 비난의 화살은 페미니스트의 '급진성'이 아니라, '페미니스트'라는 정체성 요구에 겨냥되어 있다는 사실에 주목할 필요가 있다.

여성이 오랫동안 불균등하게 사회적으로 취약성으로 고통받아 왔다고 주장하는 페미니즘은 물론 그 주장이 전적으로 틀린 것은 아닐지언정, 궁극에 여성의 취약성을 빌미로 가부장적 보호를 지지하고 찬성하게 됨으로써 권력의 불평등관계를 복원하고 자연화한다. 여성은 변하지 않는 취약성을 갖고 있는 것도 아니고, 특별하게 취약하다고 여겨지고 특별히 보호받아야할 위상을 간구하는 것도 적절치 않다.

> 잠정적으로 "여성들"이라 불리는 집단은 잠정적으로 "남성들"이라 불리는 집단보다 더 취약한 것은 아닐뿐더러, 여성들이 남성들보다 취약성을 더 중시한다고 주장하는 게 특별히 유익하거나 사실인 것도 아니다.[32]

---

32. 위의 책, p. 207.

이것이 버틀러의 견해이며, 또 정체성 정치를 거부하는 핵심 근거다.

자, 이제 해체주의가 이끄는 귀결점 하나만 확인해보기로 하자. 버틀러의 논리를 따르자면 여성의 사회적 취약성을 유발하는 사회구조가 성차별, 성불평등을 야기한다는 주장, 그래서 그 같은 불평등구조를 바로잡자면 할당의 논리든, 보호의 논리든, 여성 특수의 지위와 속성을 배려한 사회정책을 펴야 하며, 그에 따른 여성의 권익은 정당하다는 주장은 일단 접어야 할 것이다. 기존의 페미니즘 노선을 특징지은 바로 이 정체성 정치는 중단되어야 마땅하고, 이를 확증이라도 하려는 듯 최근 치러진 대선에서 당선자는 한국사회에 구조적인 젠더불평등은 실재하지 않으며, 설령 존재한다 하더라도 각 개개인의 사안으로 풀어야 한다는 의견을 피력한 바 있다. 그리고 기존의 여성주의정책은 역사적 소명을 다한 폐기물로, 여성가족부 폐지가 공약으로 등장했다. 최근 몇 년간 공정의 문제, 20/30청년세대문제뿐 아니라 젠더 및 페미니즘이 제도권 정치몰이의 도구화로 적극 활용된 양상이 버틀러의 해체주의 전략과 중첩되거나 연상작용을 일으키는 것은 단순 우연일까? 특히 선거 전략과 맞물린 여론몰이와 노골적인 적대성으로 얼룩진 담론투쟁의 혼탁함을 들여다보자면, 버틀러의 소수성 정치가 얼마나 성공적일 수 있을지, 그 희망보다는 불안감이 먼저 앞선다면 섣부른 기우일까?

이제 여성주의라는 이름이든 페미니즘이라는 이름이든 '여성' 정체성을 표방한 정치는 멈춰야 하고, 그것을 진전시키기 위해서는 삶의 불안정성에 노출된 소수집단들로 한데 모여야 한다. 이것은 물론

유의미한 길일 수 있다. 다만 다시 한 번 묻게 되길, 과연 그 길이 갈등과 반목, 분열과 공방과 같은 파열음 없이 무난하게 연대의 길로 순항할 수 있을까? 아니면 혹 해체주의의 젠더이론과 복수의 소수성 윤리 사이에는 우리가 지금까지 가늠해본 것과는 달리 의외의 커다란 간극이 존재하고 있는지도 모른다. 그 간극에는 외려 연대보다는 해체의 부산물일 수 있는 갈등과 혼란, 현존의 불안들이 무질서하게 편재하고 있는 건 아닐까? 버틀러의 연대는 호소이고, 당위이며 그래서 철학적 사고로는 윤리다. 하지만 해체주의가 수반한 현존의 찌꺼기는 그야말로 불안정성의 위험에 노출된 현실적 존재의 문제이며, 이 지점을 들여다봐야 할 시기가 온 듯하다.

우리는 결코
'사회'에서 산 적이 없었다!

김운하

"여태까지는 공허한 말로 들리던

'행성의식'이라는 표현이 비로소 의미를 담기 시작한 것이 아닌지

스스로 질문해 보아야 할 때다."

- 라투르, 김예령 역, 『나는 어디에 있는가?』, 갈무리, 2021, p. 75.

2021년 12월에 넷플릭스와 극장가에 개봉하고 세간에 큰 화제가 되었던 영화가 한 편 있다. 바로 미국의 애덤 맥케이 감독이 연출한 SF 코미디 영화 〈돈룩업(Don't look up)〉이다. 이 영화가 비평계와 일반 관객들에게 큰 관심을 끌고 논의의 대상이 되는 이유는 현재 온난화를 비롯한 지구적 위기, 즉 신기후체제 혹은 인류세 시대에 대한 매우 탁월한 은유를 보여주기 때문이다. 필자도 연말연시 연휴 동안 이 영화를 찾아보았다. 영화는 코미디 장르답게 웃음을 터뜨리게도 했지만, 실은 영화가 끝난 후엔 꽤나 심란했다. 온갖 복잡한 상념들이 들끓어 오랜시간 이 영화와 영화가 담고 있는 메시지들을 숙고하게 만들었다.

돈룩업이냐
룩업이냐

스포일러를 무릅쓰고 영화를 소개하자면, 어느 날 천체 망원경을 들여다보던 대학원생 케이트는 지구를 향해 돌진하고 있는 낯선 소행성을 하나 발견하게 되고, 이를 지도교수인 과학자 민디에게 알린다. 이들 과학자는 놀랍게도 그 소행성이 과거 6천 5백만 년 전, 지금의 호모 사피엔스 종처럼 지구 행성을 주름잡으며 일진 행세를 하던 공룡 종을 멸종시켜버렸던 소행성과 비슷한 크기이며, 정확하게 6개월 14일 후면 지구와 정면충돌하게 되리라는 사실을 발견하곤 경악한다. 한마디로 6개월이라는 시간 안에 무슨 조치를 취하지 않으면, 호모 사피엔스 종을 비롯한 지구의 거의 모든 생명체들이 숯불구이, 아니 행성구이가 되어버릴 불지옥 사태가 도래하리라는 사실이다!

당연히 지구 멸망 걱정에 휩싸인 이 진지한 두 과학자는 서둘러 이 사실을 백악관과 세상에 알리고 지구적 생존 대책을 마련하려고 하지 않겠는가? 사태는 놀랍게도 그들의 기대와는 정반대로 어처구니없게 전개되기 시작한다. 이 요지경 지구 세상엔 착한 놈, 못된 놈,

사악한 놈, 탐욕에 찌든 놈, 멍청한 놈들이 한 그릇에 담긴 비빔밥처럼 뒤엉켜 각축하며 사는 곳이 아니던가? 부패하고 무능한 대통령은 대통령 선거를 앞두고 있어 이 사태를 정략적으로 이용할 생각만 하고, 이에 좌절한 두 과학자는 방송에 나가 진실을 알리지만, 방송과 대중들은 인기 연예인의 시시콜콜한 연애 가십에 더 관심이 많다. 이에 케이트는 분노를 터뜨리지만, 도리어 그녀는 세계 SNS상에서 조롱거리로, 웃음거리로 전락하고 만다. "아니, 곧 세상이 망하는데, 어떻게 이럴 수 있지?" 과학자들은 이런 세상의 반응에 기가 막히고 코도 막히지만, 원래 세상은 만만한 곳이 아니다. 그러는 사이에 소행성은 점점 더 지구를 향해 돌진해 오고, 지구는 소행성 문제를 정략적으로 이용하려는 대통령과 그를 지지하는 대중들 때문에 두 파로 갈라져 옥신각신 소모적인 정쟁에 말려든다. 세상은 소행성 충돌 문제에 대해 지구온난화를 대중 기만극이라며 부정하는 것과 같은 논리로 위를 쳐다보지 말자는 의미의 '돈룩업'파와 현실을 직시하고 대책을 서둘러야 한다고 주장하는 '룩업'파로 갈라졌다. 이들은 미디어와 SNS상에서, 거리 시위에서 서로 부딪치며 싸운다고 난리도 아니다.

그런데 섹스 스캔들이 터져 곤란에 빠진 대통령 올리언은 갑자기 태도를 급변경한다. 과학자들을 소환하며 소행성을 해구기로 폭파해 운행 궤도를 바꾸어버릴 계획으로 지구를 구할 영웅놀이를 시작한다. 어쨌든, 마지막 희망은 그 폭파 계획이 성공하는 것뿐이다. 그런데 자본과 기술을 가진 기업가 이셔웰이란 자가 나타나 그 소행성에 수십조 달러어치의 희귀광물이 있다면서 딴지를 걸어버린다. 그는 단번에 소행성을 폭파해버리기보다, 드론기계기술을 이용해 소행성을 산산조각 내어 남는 잔해를 수거하려 드는 것이다. 결국 자본과 결탁해 있던 대통령은 그의 계획에 찬동한다. 마침내 수십 개의 드론들이 행성을 향해 날아가지만, 행성을 산산조각 내려던 기술적인 계획은 실패로 돌아가고 만다.

단 한 번밖에 없던 지구 생존 계획이 실패로 돌아가면, 이후는 어떻게 되는가? 뻔하다. 멸망각. 과학자들과 그 가족, 친구들은 조용히 최후의 만찬을 하며 종말을 맞고, 그들을 포함한 지구 생명체들은 6천 5백만 년 전, 그게 뭔지도 모른 채로 의문의 멸종을 당한 공룡 종처럼 영원한 굿바이를 고할밖에. (생각해 보니, 영화상으로 보면 결국 똑똑한 척하는 사피엔스도 공룡들보다 나을 게 하나도 없어 보인다.)

그렇게 영화가 끝나나 했는데, 반전이 있다. 대통령을 비롯한 자본가 이셔웰 같은 부자들은 플랜B로 준비해 놓은 우주선을 타고 지구를 탈출하여 긴긴 우주 항해 끝에 마침내 그들이 숨 쉴 수 있는 지구형 생성에 도착한다. '우리는 살았어!'라고 생각했는데, 잔인한 감독은 그들을 낯선 외계 생물의 점심 간식으로 꿀꺽 잡아먹히게 하곤, 영화는 그렇게 끝! 하고 막이 내린다.

영화는 코미디라는 가면을 썼지만, 평소 인간계에서 벌어지는 사태들에 비추어 볼 때 너무나도 "있음 직한" 리얼리티를 보여주는 탓에 그저 웃고 잊어버릴 수 없는 긴 여운을 남긴다. "온난화 문제에 대처하는 정치가들과 미디어, 대중들의 반응과 대처방식을 어떻게 이렇게 재미있게 잘 풍자했을까!" 하는 탄성이 절로 터져 나온다. 혜성 충돌을 다룬 재난 영화들이 한두 편이 아닌데, 왜 하필 이 영화를 지구온난화에 대한 풍자라고 할까? 그건 영화를 만든 감독의 연출 의도가 그랬기 때문이다. 감독은 한 권의 책에 큰 충격과 자극을 받아 영화를 만들 작정을 했다고 한다. 『2050 거주불능 지구』라는 무시무시한 제목을 가진 책이다. 나 역시 그 책을 읽고 적잖은 충격을 받았는데, 그 책의 요지는 한마디로 지구온난화가 계속된다면 먼 훗날이 아닌 바로 2050년경에 지구는 대재난을 맞아 지금처럼 사는 게 불가능한 세상이 도래하고 말리라는 전망이다. '지구의 날' 제정 50주년을 맞아 최근의 연구자료들을 종합하여 지구의 현재와 미래를 조망한 이 책은 서두부터 무서운 경고로 가득 차 있다. 지구온난화로 맞게 될 재난의 "실상은 훨씬 더 무시무시하다. 일상 자체가 종말을 맞이할 것이다. 일상이 더 이상 존재하지 않게 될 것이다. 우리는 인간이라는 동물이 어느 지점까지 견딜 수 있을지 확신도 계획도 없는 도박이라도 하듯 애초에 인간이 진화할 수 있었던 환경적인 조건을 벗어던져 버렸다."[1]

나도 그랬지만, 아마 영화를 만든 애덤 맥케이 감독 또한 이 책에 큰 충격을 받았던 모양이다. 영화에서 지구를 향해 돌진하는 소행성을 발견한 두 과학자가 그랬듯이, 감독은 영화라는 미디어를 통해서라도 위기의 실상을 세상에 알려 경각심을 일깨우고, 정말로 진지하고 절박하게 책임 있는 정부나 기업들로 하여금 '지구 생존 대책'을 세우도록 촉구하고 싶었으리라. 그리하여 세상에 어떤 '의미 있는 변

---

1. 데이비드 월러스 웰스, 김재경 역, 추수밭(청림출판), 2020, p. 39.

화'가 일어나길 기대했으리라.

그런데 우리가 진정으로 이 영화에서 주목할 건 따로 있다. 그건 지구와 소행성 충돌로 인한 멸망 위기다. 거대한 소행성이 지구와 충돌하면, 과거 공룡 대멸종 사건이 그랬듯이 지구의 얇은 지표면에 의존하여 살고 있는 인간을 포함한 거의 모든 생명들이 멸종 위기에 처하게 된다. 위기는 전 지구적이다. 그럴 땐 인간 사회 즉 도시와 농촌은 물론이고 우리가 야생 자연이라고 부르는 사하라 사막, 아마존 밀림, 시베리아 동토, 히말라야 산악지대 깊은 곳 전부, 지구라는 행성에 의존하여 사는 지구 생명체 전체가 절멸 위험에 처한다. 그렇다면 영화에 나오는 소행성 충돌 위기를 온난화를 포함한 현재의 심각한 지구적 생태 위기로 바꾸어 본다면 어떨까?

지금 이산화탄소 CO_2가 지구 대기에 급증하여 온난화 위기를 초래하고 있다고 하는데, 이 문제는 사회문제인가, 아니면 자연 또는 흔히 우리가 "환경"이라고 부르는 사회 밖 외부 환경의 문제인가? 또는 정치의 문제인가, 과학 영역의 문제인가? 생태 위기 문제는 또 어떤가? 이 문제는 평범한 시민들의 일상적인 사회적 삶과는 별로 깊은 관계가 없는, 환경과 자연의 문제인가, 아니면 정치인들이나 환경단체나 신경 쓸 정치적인 문제인가? 혹시 우리는 마음속에 개인의 사적인 삶, 공적인 사회적인 삶 그리고 사회 바깥의 환경이나 자연, 이런 식으로 영역들을 구분해 놓은 건 아닐까? 그래서 사회적인 문제나 사회 바깥의 자연 환경 문제는 개인의 삶과는 너무나 동떨어진 추상적인 어떤 것으로만 간주하며 살아가고 있는 건 아닐까? 그런데 만일 개인보다 거대한 실체인 '사회'라는 것도 없고, 사회와 구분되는 '자연'이니 '환경'이니 하는 것도 실제로 존재하는 것이 아닌, 착각이나 환상이라면?

그렇다. 우리가 상식적으로 구분하며 살아가는 사회라는 것도, 사회와 구분되는 자연이나 환경이란 영역도 존재하지 않는다. 지구에 존재하고 있는 건 무수한 행위자들, 인간을 포함한 동물, 식물, 광물, 강과 호수, 이산화탄소, 수소, 건물들, 기계들과 같은 비인간 행위자들이 복잡하게 얽힌 상태로 작동하는 행위자들의 그물망, 바로 그것뿐이다. 그리고 무엇보다 이 지구 행성 자체가, 살아있는 거대한 행위자다. 태양을 공전하며 또 무시무시한 속도로 자전하고, 달과 인력관계를 맺으며 조석현상을 빚어내고, 때로는 거대한 화산을 분출하고 지진과 홍수, 산불, 가뭄을 일으키는 거대한 행위를 실행하는 행위자다. 인간들이 무지막지하게 이산화탄소와 메탄을 뿜어내면 자신의 체온을 높이고 바다를 산성화시켜 바다생물들을 생존 위기에 빠지게 만들고, 캘리포니아나 호주 등지에 거대한 산불을 일으키고, 거기에 의존하여 사는 인간들을 위험에 빠뜨리는 행위자. 영화 〈돈룩업〉에서 지구를 향해 돌진하여 지구를 박살 내버리는 소행성, 또는 과거 공룡시대를 끝내버린 소행성, 또 지금 3년 만에 수백만 명을 죽게 만든 코로나 바이러스가 인간보다 행위 능력이 적거나 없다고 간주할 수 있다면, 도대체 그런 생각이야말로 거의 미친 생각이 아니고 무엇이겠는가!

인간뿐 아니라 모든 비인간 존재자들도 행위능력(agency)을 가진 행위자이며, 세계는 바로 그런 행위자들의 상호 의존적이며 각축하는 그물망이라는 독특한 행위자 연결망 개념을 처음으로 제출한 사람은 바로 프랑스의 사상가이자 과학인류학자인 브뤼노 라투르다. 그는 지난 수백 년간 인간 사회를 지배해온 인간 중심의 사고와 정신과 물질, 인간과 비인간, 주체와 객체, 사회와 자연, 문화와 자연, 정치와 과학이라는 이분법적 사고를 근본적으로 해체, 분해하고 세계를 이전과는 완전히 다른 관점에서 바라보게 만들어 20세기 후반의 지성계에 충격과 놀라움을 안겨주었다. 그리고 그는 21세기 인류에게 "근대화냐 생태화냐"라고 물으며 당면한 인류세 시대의 위기에 대처할 이론적이고 실천적인 대안을 제시하고자 애쓰고 있다.

근대화냐 생태화냐? 즉 근대주의의 지속이냐 생태주의적 변화냐 하는 그의 외침은 〈돈룩업〉에서 돈룩업파냐 룩업파냐 하는 선택지에서 던지는 간절한 외침과도 같다. 물론 굳이 구분하자면 근대화파는 돈룩업파이고, 생태주의파는 룩업파다.

근대화냐 생태화냐
- 브뤼노 라투르, 근대주의의 이원론을 질타하다

　브뤼노 라투르는 현재 지구적 삶에서 가장 근본적인 모순은 근대주의와 지구생태 간의 모순이라고 본다. 여기서 라투르가 소위 '근대주의'라고 부르는 것이 무엇인지를 알 필요가 있는데, 이를 위해선 먼저 그의 대표적인 저작 『우리는 결코 근대인이었던 적이 없다』를 살펴봐야 한다. 왜냐하면 그는 이 책에서 자연과 사회 혹은 자연과 문화라는 근대의 핵심적인 이원론적 구분의 역사적 기원과 그런 구별이 초래한 문제들을 깊이 통찰하고 있기 때문이다.

　『우리는 결코 근대인이었던 적이 없다』는 라투르가 1991년에 불어로 발표한 작품으로, 철학자 그레이엄 하먼에 따르면 근대적인 사고 프레임을 근본적으로 극복한 가장 탁월한 사유를 제시한 책이다. 이 책은 그가 과학기술학에서 축적한 연구 성과를 근대성에 관한 분석으로 과감하게 확장시킨 책이다.

　서두에서 라투르는 1989년에 세계가 두 가지의 위기를 맞았다고 주장한다. 하나는 베를린장벽의 붕괴로 상징되는 사회주의의 위기이고, 다른 하나는 그해 처음 유럽 여러 도시에서 열렸던 지구적 환경 회의들이 상징하는 자연주의의 위기이다. 전자는 얼핏 자본주의의 승리를 나타내는 듯 보였지만, 후자는 자연에 대한 인간의 정복이 실패하였음을 드러내며 자본주의 역시 위기에 빠졌음을 보여주었다. 이 동시적 위기의 원인과 처방을 찾는 것이 이 책의 전체 내용을 이루고 있다. 결론부터 얘기하자면 라투르는 그 위기의 원인은 '근대적 헌법'이 지닌 이중적 모순에서 비롯된다고 진단한다.

그가 말하는 '근대적 헌법'이란 어떤 것인가? 그것은 근대인의 인식과 실천을 지배하는 원칙을 일종의 권력분립 제도로 비유한 것이다. 즉 근대인의 사고의 틀을 근원적으로 규정한 세계관이자 관습이라 할 수 있다. 근대적 헌법이 규정하는 근본 틀은 첫째는 인간(주체) 대 비인간(객체 혹은 세계)의 이분법이고 둘째는 정화의 실천과 번역(=매개)의 실천 사이의 이분법이다. 근대인은 인간 존재와 비인간 존재를 철저히 구분하고 분리하면서 순수하게 인간만으로 이루어져 있는 대문자 사회(Society), 순수하게 비인간만으로 이루어진 사회와는 분리된 객관적인 대상으로서 대문자 자연(Nature)이라는 이원적 존재론을 신봉한다. 이것이 바로 그가 말하는 '정화(purification)'의 실천이다. 정화란, 일종의 청소이고 제거이다. 불순물, 잡종, 혼동스러운 것을 제거하는 순수화 과정이다. 자연과 사회, 자연과 문화를 뒤섞이지 않게 말끔하게 분리하는 것이다.

반면에 근대인은 문제 해결을 위해서는 인간과 비인간을 끊임없이 결합시켜 하이브리드, 즉 혼종체들을 창조해내는 행위를 하는데,

이것이 '번역(translation)'의 실천이다. 이는 전근대인들도 항상 해왔던 일이며 오늘날은 주로 과학과 기술을 통해 이루어지고 있다. 그러나 사실 인간과 비인간, 주체와 객체, 사회와 자연의 이원론적 구별은 근대 철학의 시발점인 데카르트에게서 시작되었다. 그에게서 서구 근대의 근본 이원론이 개시된다. 그에 따르면 인간은 생각하는 주체 곧 정신이며, 나머지 세계 즉 비인간 세계는 생각되는 대상인 객체, 수동적인 물질계에 불과하다. 전자의 세계는 의식 주체들이 모인 사회이고 후자의 세계가 바로 필연적인 법칙에 따르는 자연이다. 근대성은 바로 이러한 데카르트적 이원론에 근거하며, 나중에 칸트에 와서 완성된다.

라투르에 따르면 전근대와 근대의 근본차이는 이러한 이원론, 즉 사회와 자연의 명확한 구분밖에 없으며, 그럼에도 실제로 근대는 그러한 이원론적 구별이 없었고, 정화는 번역을 통한 무수한 하이브리드의 증식으로 불가능한 프로젝트였고 실패할 수밖에 없었다고 본다. 라투르가 말하는 번역 개념은 존재론적 개념이다. 이것은 매개이자, 한 행위자가 다른 행위자와 관계 맺는 과정을 가리킨다. 즉 행위자들 간의 연결을 구성하는 과정이 곧 번역이다.

근대인의 모순은 정화의 실천과 번역의 실천이 서로 완전히 분리되어 있다는 점이라고 라투르는 강조한다. 근대인들은 정화의 실천을 통해 자신은 비인간과 인간, 자연과 사회를 구분하지 않았던 전근대인들의 비합리성으로부터 영원히 벗어났다고 자부한다. 그러나 그들은 스스로 합리적 활동이라고 생각하는 과학과 기술을 통해 하이브리드들을 지속적으로 창조함으로써, 사실은 전근대인들과 연장선상에 있음을 깨닫지 못하고 있다. 문제는 근대인이 정화의 실천 때문에 이 하이브리드들에게 적절한 존재론적 지위를 부여하지 않고 무시해왔다는 것이다. 그 결과 하이브리드들은 오히려 아무런 규제도 받지 않고 무한정으로 증식되어 왔으며, 이것이 결국 오늘날 생태적 위기가 초래된 원인이라는 것이다.

근대가 생산한 무수한 하이브리드적 존재, 즉 혼종적인 비인간 존재들의 증식에 주목한 라투르는 데카르트 이래 당연시 여겨왔던 인간-행위자/비인간-수동적 물질 혹은 대상이라는 근본 범주를 폐기하는 데로 나아간다. 그것이 바로 행위자 연결망 이론이다.

데카르트 이래 행위는 '의도'를 가질 수 있는 즉 '의식' 주체인 인간만이 가능한 것으로 인간만이 다른 존재자들에 대한 능동적인 행위역량(agency)을 가진 걸로 간주되어 왔다. 행위역량이란, 다른 행위자나 대상에 영향력을 행사해 변화를 일으키는 능력이자 힘이다. 데카르트 이래 근대 철학자들에게 그런 행위가 가능한 능력자는 오직 인간뿐이었다. 이것이 바로 정신/물질 이원론의 토대이며, 인간과 비인간, 사회와 자연 이원론의 토대가 되어 왔다. 인간만이 행위역량을 가진 주체이며, 나머지 세계 혹은 모든 비인간 존재자들은 인간 행위가 작용하는 수동적인 대상, 즉 객체로 전락한다. 그런 관점에서 보면 자연 일체는 인간을 위한 자원이나 도구의 집합이 될 수 있을 뿐이다. 동물이나 식물들은 먹거리 재료일 뿐이고. 인간만이 자유로운 정신이고 물질은 객관적인 필연성의 법칙에 따라 운동하는 탁상시계 같은 것일 뿐이다. 이런 방식으로 근대 이래 인간은 자신을 중심으로 나머지 세계의 모든 것들을 마치 장군이 군대를 배치하고 동원하고 활용하듯 인간을 위한 수동적 동원 대상으로 여겼다. 무엇보다 이런 이원론은 근대 세계의 사고 패러다임인 인간-인류 중심주의를 초래했고 그 결과 오늘날 보듯 지구온난화와 지구적 생태 위기, 생물 다양성의 파괴를 낳았다고 본다.

라투르는 근대의 인간 중심주의적 사고 패러다임을 근본적으로 비판하고 넘어서고자 한다. 그는 비인간 존재자들에게도 행위역량을 부여하며, 비인간 존재들 역시 인간 행위자 못지않은 행위자로 격상된다. 세계는 이런 인간-비인간 행위자들의 복잡한 연결망으로 이루어져 있는 곳이다. 비인간 존재들을 인간과 동일한 행위 능력을 가진 행위자로 격상시킴으로써, 라투르는 근대 철학의 병폐이자 인류세 위기를 초래한 "인간 중심주의"를 탈피하려 한다. 이것이 브뤼노 라투르를 비판적 포스트휴머니즘의 선구자 내지 대표적인 사상가로 주목받게 하는 근거이기도 하다.

물론 라투르가 주장하는 비인간 존재들의 행위역량에 관한 비판이 없지 않다. 첫째 비인간의 행위성은 누가 부여하는가 하는 문제다. 라투르가 행위자 연결망 이론으로 인간 중심주의와 주객 이원론을 극복한다고 하지만, 결국 비인간 존재 즉 핸드폰이나 자동차에 행위 능력을 부여하는 건 인간이고, 그런 의미에서 역설적으로 인간 중심주의나 주객 구분을 오히려 더 강화하는 게 아닌가 하는 질문이다. 둘째는 책임 문제다. 권총 살인 사건에서 살인범이 권총에 책임을 미루려 하지 않겠는가, 즉 윤리적 책임성 문제를 제기할 수 있다. 이에 대해 행위자 연결망 이론가들은 첫째 비판에 대해선 인간이 특정한 비인간 존재(핸드폰)와 어떤 특성을 교환하며 연결되느냐에 따라 행위성은 달라진다고 답할 수 있다. 둘째 문제에 관해선, 자율주행 자동차나 총기살인에서 보듯 복잡한 현대사회에선 책임 문제를 오직 인간/비인간 같은 이원적 구분 안에서 단순하게 해결하기 어렵다는 답변이 가능하다. 또 한 가지 존재론적인 문제가 있는데, 라투르의 관계적 존재론에서 행위자와 행위의 선행성 문제다. 라투르에게 행위자란, 복잡한 연결 관계의 생성 소멸 흐름 속에서 일시적으로 구축되는 존재로 실체성이 사실상 부정된다. 라투르에게 행위자 이전에 관계 맺는 행위들이 선행하는 셈이다. 그레이엄 하만은 이에 반대하여 행위 이전에 행위자가 있다는 주장으로 행위자 우선성을 주장한다. 그러나 이 자리에서는 이런 문제를 둘러싼 논쟁을 깊이 다룰 순 없다.[2]

행위자와 행위를 둘러싼 여러 논란에도 불구하고 라투르가 행위자 연결망 이론을 통해 근대 기간 내내 배제되어 왔거나 비가시적 존재로 은폐되어 있던 비인간 행위자들을 가시화시켰고, 인간-비인간 혼종체로서 세계를 다시 사유할 수 있게 하는 길을 연 것만은 사실이다. 라투르는 또한 인간-비인간 행위자 집합체로서 혹은 연결망으로 존재하는 세계 개념을 도입함으로써 근대가 지닌 이원론의 근본 모순을 적나라하게 드러낸다.

라투르가 비판하는 '근대적 헌법'은 언제 어떻게 만들어진 것일

---

2. 이에 관한 자세한 논의는 그레이엄 하만의 『네트워크의 군주』(김효진 역, 갈무리, 2019)를 참고.

까? 과학기술학자인 스티븐 셰이핀과 사이먼 샤퍼가 공저하여 1985년 출간한 책 『리바이어던과 공기펌프』에서 그 답을 찾을 수 있다고 라투르는 지적한다. 이 책에서 셰이핀과 샤퍼는 17세기 중반 영국이 시민혁명과 왕정복고로 혼란스러운 시기에 토마스 홉스와 로버트 보일 사이에 있었던 과학논쟁의 복합적 성격을 분석하고 있다. 홉스와 보일은 모두 군주, 의회, 순종적이고 통일된 교회를 원했고, 기계론 철학을 신봉한 합리주의자였지만, 지식 또는 진리가 어떻게 산출되어야 하는가에 대해서는 날카롭게 의견이 대립하였다. 홉스는 수학적 합리성만이 진리를 산출한다고 믿었던 반면에, 보일은 실험을 통해 진공이라는 자연적 사실이 존재함을 증명하고자 하였다.

홉스는 시민들의 계산으로 도달하는 사회계약과 그것을 근거로 성립되는 주권자 리바이어던을 제외하고서 사회의 어디에서도 진리가 산출되어서는 안된다고 보았다. 즉 권력과 지식은 하나가 되어야 한다고 본 것이다. 진공(자연)을 인정하게 되면 이는 신처럼 주권자가 완전히 통제할 수 없는 존재를 다시 한번 인정하는 셈이 되고, 결국 이는 사회의 분열과 저항을 초래할 것이기 때문이다. 이에 반해 보일은 실험에서 인간의 편견이 없는 비인간 사물의 증언을 기록함으로써 정치와 확고히 구분되는 자연적 사실의 세계가 있음을 보이고자 하였다. 그리고 이견이 허용되는 사회적 공간의 확립이 오히려 질서를 유지하는 데 유리하다는 점을 설득함으로써 과학자들의 활동 공간인 왕립학회를 인정받고자 하였다. 이 논쟁에서 보일이 승리함으로써 과학과 정치는 확고히 분리되었는데, 더 중요한 점은 이 두 사람에 의해 자연(비인간)에 대한 과학적 재현과 사회(인간)에 대한 정치적 재현이라는 근대적 헌법이 마련되는 계기가 되었다는 것이다.

라투르는 홉스와 보일에 의해 생겨난 자연/사회의 구분이 칸트에 와서는 객체/주체로 완전히 분리되었으며, 이후 헤겔과 현상학 그리고 하버마스와 탈근대주의자들에 의해 점점 더 그 간극이 넓혀져 왔다고 주장한다. 그런데 이렇게 정화 작업이 심화될수록 그 밑에서 하이브리드들의 증식 즉 매개 작업은 촉진되며, 역으로 하이브리드들이 증식될수록 자연/사회의 양극은 점점 더 거리가 벌어지게 된다. 이것이 근대의 역설이다.

근대인은 초월적인 자연과 자유로운 사회라는 관념으로 인해 인간과 비인간의 아무런 결합도 유보하거나 배제하지 않았고 그 덕분에 하이브리드들의 대규모 팽창을 이루었다. 반면에 전근대인은 항상 자연과 사회의 결합을 조심스레 숙고함으로써 하이브리드들을 최대한 억제하였다.

처음에는 근대인이 전근대인에 비해 성공한 자처럼 보였으나 생태적 위기는 이에 깊은 의문을 던지고 있다. 인간과 비인간을 너무 광범위하게 동원한 결과 확대 재생산되는 수많은 하이브리드들이 생겨남으로써, 이들의 존재를 부정하는 근대적 헌법이 통제권을 잃어버렸기 때문이다. 근대적 헌법은 하이브리드들을 과학기술의 실험재료로는 허용하면서도 이들이 사회 전반에 미치는 영향을 은폐한 결과로 침몰한 것이다. 따라서 이들의 정체를 올바로 이해하고 수용하기 위한 존재론적 공간을 마련해줄 필요가 있다고 라투르는 주장한다. 그것은 근대적 차원(즉 정화 작업을 나타내는 수평축)이 아닌 새로운 공간으로서, 근대적 차원의 중간지대에서 수직축(즉 매개 작업을 나타내는 축)

을 이루는 것으로 볼 수 있는데 이를 라투르는 '비근대적' 차원이라고 부른다. 라투르는 근대적 헌법 대신 비근대적 헌법을 맞세우는데, 그가 말하는 비근대주의적 해법은 이후 『자연의 정치학』과 『사회적인 것의 사회학』 등의 저작에서 사회나 자연, 과학, 정치 등 근대적인 방식으로 사용되어 오던 근본 개념들을 해체 분해하고 새롭게 재조립하는 방식으로 이루어진다. 그리고 그것이 목표하는 방향은 지구적 규모의 생태-대지주의이며, 그는 그것을 정치생태학 혹은 코스모폴리틱스라고 부른다.

사회도, 자연도 아닌
집합체의 사회학

사실 라투르가 행한 근대주의 이원론에 대한 비판, 즉 자연과 사회의 분리에 대한 비판이 주장하는 것은 흔히 오해하듯 자연과 사회가 상호작용한다거나, 두 영역이 연결되어 있다는 말이 아니다. 또 정화와 번역 과정을 통해 "냉동배아, 전문가 시스템, 디지털 기기, 센서 기반 로봇, 이종교배 옥수수… 레이더 신호기가 부착된 고래, 유전자 합성기기 등등"[3]과 같은 하이브리드 혼종체들에 더 많은 관심을 주어야 한다는 주장도 아니다.

진짜 핵심은 두 개의 극, 즉 **자연과 사회라는 극 자체가 존재하지 않는다**는 사실이다. 자연도 없고, 사회라는 것도 실존하지 않는다. 존재하는 것은 인간과 비인간들의 이종적이고 관계적인 연결망 뿐이다. 즉 라투르는 자연과 사회 혹은 자연과 문화라는 두 개의 이원적 극을 행위자들의 상호 의존적이고 이종적이며 복합적인 각축장,

---

3. 브뤼노 라투르, 홍철기 역, 『우리는 결코 근대인인 적이 없었다』, 갈무리, 2009, p. 137.

연결망으로 성공적으로 해체해버리는 것이다. 이런 관점에서 우리가 상식적으로 이해하는 사회 바깥의 순수한 야생 자연, 즉 낭만화된 자연 개념과 인간들만의 공동체로 이해해 온 사회라는 근본 개념 자체도 잔뜩 부풀어 올랐던 비눗방울이 터지듯 터져버린다.

라투르는 최근의 책 『나는 어디에 있는가(Ou-suis-je)?』에서 자연, 환경, 공간, 지구에 대한 새로운 관점을 제시한다. 라투르에 따르면 바퀴벌레의 근연종인 흰개미는 흙을 씹어서 소화한 후 뱉어내면서 자신의 집을 짓는다. 흰개미 집은 흰개미의 확장된 몸이다. 마찬가지로 인간의 도시는 흰개미 집과 유사하다. 혹은 소라게가 짊어지고 다니는, 소라게 자신과 분리 불가능한 껍질이다. 즉 도시는 "생풍화적"이다. 거대한 산의 절벽이 산호들의 무덤으로 이루어진 석회암인 것처럼. 라투르는 이런 비유를 통해 생명 혹은 인간과 자연, 환경은 분리 불가능한 전체임을 강조한다. "자연은 원래부터 '초록색'이지 않다. 자연은 원래부터 '유기적'이지 않다. 자연은, 시간을 그들의 것으로 남겨둔다는 조건하에, 무엇보다도 먼저 **가공물들과 가공자**(artificier)들로 구성된다.[4]" 마찬가지로 "환경이란 건 전혀 존재하지 않는다… 환경을 방출한 건 바로 저(개미)와 제 수많은 동족"이다.

유기체와 그것을 둘러싼 주변을 분리하는 경계선은 그을 수 없고, 환경이란 단어는 무의미한 단어다. 땅을 그들에게 유리하게 조성한 건 생명체 자신이다. 생명체들이 개입하고 창조한 대지의 경계는 바로 임계영역이며, 우리는 그 바깥으로 결코 나갈 수 없다. 나아가 라

---

4. 브뤼노 라투르, 김예령 역, 『나는 어디에 있는가?』, 이음, 2021, p. 26.

투르는 지구에서 "모든 건 살아있다"고 강조한다. 그는 살아있는 인간과 죽어있는, 활기 없는 외부 물질계, 환경이란 이분법을 거부한다.

"'살아있는(vivant)'이란 단지 흰개미뿐 아니라 개미집에도 역시 해당되는 말이다. 흰개미들이 없다면, 그 진흙 더미 전체는 그처럼 어떤 풍경 속에서 하나의 산처럼 배치되고 세워지지 못했다.[5]"(흰개미 집, 카를교, 비버가 짓는 댐, 박테리아가 발산하는 산소 등 이 모든 가공적 특성을 가진 것들도 흰개미, 건설자, 비버 또는 박테리아가 그것들의 활력(elan)을 유지시킨다는 조건 아래서 '살아있다.' 여기서 '가공적'이란 단어엔 항상 발명과 자유가 개입된다. 라투르는 여기서도 자연과 인공의 이분법을 부정한다.) "우리가 마주치는 모든 것, 산, 광물, 우리가 들이마시는 공기, 숲, 푸른 하늘마저도 결과이자 생산물, 즉 행위역량들(puissances d'agir)의 가공물들이다. 한마디로 지구 위에 정확하게 자연적인 것(natural)은 아무것도 없다. 그 단어가 어떤 생명체에 의해서도 건드려진 적 없는 상태를 지칭한다면.[6]"

라투르에 따르면 녹색 야생 자연, 순수하고 낭만적인 자연, 문명 바깥의 자연, 때 묻지 않은 자연 따위는 존재하지 않는다. 마찬가지로 사회를 둘러싸고 있는 배경, 주변이란 개념인 환경이란 것도 존재하지 않는다. 그 자연이란 것 모두가 일종의 가공적인 것들이다. 라투르는 '가공적인 것(artificial)'이란 개념을 도입함으로써 인공과 자연, 자연과 문화의 단단한 이분법을 붕괴시킨다. 우리가 사는 아파트가 인간이란 생물이 가공한 것이라면, 흰개미 집 역시 흰개미들이 가

---

5. 위의 책, p. 39.
6. 위의 책, p. 37.

공한 가공물들이다.

　라투르는 이렇게 근대적 자연 개념을 해체한 후, 『사회적인 것의 재조립(Reassembling the Social)』에서는 근대적 사회 개념마저 해체한다. 라투르는 근대주의 시대에 만들어진 사회학인 '사회적인 것의 사회학(socialogy of the social)'과 자신이 주창하는 새로운 사회학, 즉 '연합의 사회학(sociology of associations)'을 맞세운다. 라투르는 기존의 '사회(society)'라는 개념이 가진 몇 가지 문제를 지적한다. 첫째 '사회'라는 용어는 너무 많은 것을 말하는 동시에 너무 적은 것을 나타낸다. 너무 많다는 것은 말 그대로 "모든 것이 사회이기" 때문이다. 식물사회, 개코원숭이 사회, 세포 사회 등등에 이르기까지. 이런 식이라면 사회학은 세상 모든 학문을 다 포괄해버릴 것만 같다. 그러나 그 '사회' 개념은 동시에 너무 적은 것을 말한다. 그 용어는 19세기 이래로 국민국가라는 역사적으로 매우 특수한 형태의 인간 공동체만을 지칭하고 있기 때문이다. 즉 사적 가족과 정치 영역과는 다른, 기업활동이나 경제, 기타 비정치적인 집단 활동 영역을, 그것도 인간들의 활동에만 국한하고 있다. 두 번째로 그 사회 개념은 지나치게 국지적이다. 오늘날 인간과 기술의 활동 범위는 말 그대로 지구적이다. 지구온난화가 미치는 영향도 전 지구적이다. 그러나 '사회'라는 개념은 그런 포괄적인 연결망을 포함하기 어렵다.

　그리고 마지막으로, 근대적 자연 개념이 인간 행위자와 그 집단을 배제하듯, 근대적 사회 개념은 기술과학과 기술적 하이브리드들, 비인간 생물들, 지구 자체 등 모든 비인간 행위자들의 행위 연결망을 배제한다. 근대적 사회 개념은 오직 인간 공동체를 지칭할 수 있을 뿐이다. "라투르에게 사회적인 것은 인간 공동체를 가리키는 용어도 아니고 안정화된 영역이나 분야, 구조를 의미하는 것도 아니다. 사회적인 것은 기본적으로 인간 행위자들과 비인간 행위자들 간의 모든 연결 또는 결합을 묘사하는 것이다… 이종적이고 비사회적인 요소들 사이에서 맺어지는 관계들의 궤적, 달리 말해 새로운 유형의 연결들이 만들어지는 이동이나 과정을 가리키는 것이다.[7]"

라투르는 자신이 비판하는 이런 사회 개념에 기대하고 있는 지금까지의 사회학을 바로 '사회적인 것의 사회학'이라며 강력하게 비판한다. 즉 기존의 사회학에서는 사회라는 개념 자체가 먼저 충분히 설명되어야 할 개념임에도, 오히려 마치 처음부터 사회라는 것이 주어져 있는 실체인 양 선험적인 개념으로 전제하고 있다고 비판하는 것이다. 개코원숭이 사회와 인간 사회에 대한 라투르의 비교는 그런 의미에서 매우 의미심장하다.

라투르에 따르면 아프리카 숲에 사는 개코원숭이들이야말로 과거 인간 사회를 규정하는 의미에서 인간보다 더 '사회적'이다. 개코원숭이 집단이야말로 사회적이다. 왜냐하면, 개코원숭이 사회는 서열을 매우 중시하는데 그들은 인간과 달리 오직 자신이 가진 몸뚱이가 전부이다. 그들은 위계질서를 세우는 과정에서 서로 동맹하고 협력하거나 경쟁하고 투쟁하는데, 이런 역동적인 상호작용이 끊임없이 벌어진다. 그럴 때마다 개코원숭이들은 오로지 자신의 신체 능력에

---

7. 아네르스 블록, 토르벤 엘고르 옌센, 황장진 역, 『처음 읽는 브뤼노 라투르』, 사월의 책, 2017, p. 208.

만 의존할 수밖에 없다. 개코원숭이 사회는 그들 나름의 안정된 사회적 위계질서를 세우기 위해 매 순간 타자들과의 관계에 신경을 쓰며 각축하거나 협력하며 사회적 관계망을 형성하지만, 그 사회는 인간 사회와 달리 매우 불안정하다. 어떻게 보면 홉스가 말한 자연상태, 즉 '만인의 만인에 대한 투쟁상태'가 가장 잘 적용되는 사회가 바로 개코원숭이 사회라고 할 수 있다. 그런 개코원숭이 사회는 늘 불안정하고 규모도 인간 사회에 비해 비교 불가능할 정도로 적을 수밖에 없다.

라투르는 개코원숭이 사회와 인간 사회의 근본 차이를 '비인간 사물들의 동원'에서 찾는다. "개코원숭이 집합체를 유지하는 데 들어가는 것은 오직 이 영장류 자신들, 그들의 신체, 그들의 상호 호의, 그들의 힘겨루기, 요컨대 그들의 복잡한 사회적 상호작용뿐이다. 그러나 인간 집합체에서는 사정이 완전히 다르다. 도구, 벽, 탁자, 화폐 등 상호작용의 프레이밍에 결정적인 역할을 하는 광범위한 비인간 행위자들이 인간 집합체에 포함되어 있기 때문이다.[8]"

인간 집합체는 자신의 신체 외에도 도구와 기술, 무기, 교통이나 소통 수단, 법과 제도 등 '가공적인' 비인간 행위자들을 끌어들였고 그것이 규모의 확대와 집단의 안정성을 가져올 수 있게 했다는 것이다. 따라서 기존의 '사회적인 것의 사회학'에서 말하는 '사회'란 개코원숭이 집단 같은 동물 사회에서나 발견된다. 어떤 인간 집단에서도 비인간 행위자들과 연결되지 않은 집단은 없다. 인간 세계에서 존재

---

8. 위의 책, p. 224.

하는 것은 바로 인간과 비인간의 연합 혹은 결합의 이질적 연결망이고, 그런 연결과 연합 덕분에 인간 사회는 상대적은 더 안정되고 더 큰 규모를 추구할 수 있게 된 것이다. 때문에 만일 새로운 사회학이란 것이 가능하다면 그 사회학은 사회적인 것의 사회학이 아닌 연합의 사회학을 지향해야 한다고 주장하는 것이다. 그리고 그런 연합의 사회학이 추구하는 대상은 더 이상 '사회'가 아니라, 인간과 비인간들의 이종적 연결망을 가리키는 단어인 '집합체'가 되어야 한다. '집합체(collective)'라는 개념은 라투르가 자연극과 대비되는 사회극, 사회극과 분리된 자연극을 지칭하는 '자연' 혹은 '사회'라는 단어 대신 채택한 것이다. 집합체라는 단어는 인간-비인간 간의 이종적 연결망 전체를 아우르고, 근대주의의 자연-문화 이원론을 폐기하기 위해 선택한 단어다.

인간 행위자인 우리는 지금까지의 착각과 달리 결코 '사회' 안에서 산 적이 없었다. 모든 인간 행위자는 인간-비인간 연결망인 집합체를 구성할 뿐이며, 그런 공동체가 바로 현재 우리가 살고 있는 연합 사회적 집합체다.

20세기 녹색 생태 정치운동이
실패한 이유는?

　근대주의 관점에서 두 개의 실재 영역으로 엄격하게 구분되어온 자연과 사회 혹은 자연과 문화라는 두 영역을 일종의 환상으로 치부하며 인간-비인간 행위자들의 이종적 연결망으로, 그 행위자들의 연합 집합체라는 개념으로 대체하고, 그런 관점에서 영화 〈돈룩업〉에서 은유적으로 드러난 현재의 생태적 위기를 다시 바라본다면 어떻게 될까? 우리가 살고 있는 이 행성 지구가 인간과 비인간 존재들의 이종적 연결망일 뿐이고 인간-비인간 집합체라면, 이산화탄소 배출, 코로나 바이러스 같은 문제들을 어떻게 인식하고 문제 해결을 위한 다른 대안을 어디에서 찾아야 할까?

　2017년에 처음으로 출간되었고 최근에 한국에도 번역된 『지구와 충돌하지 않고 착륙하는 방법』이라는 책에서 라투르는 근대가 '사회'라는 것을 실재화시킴으로써 어떻게 지구-가이아와 인간을 제외한 모든 비인간 존재들을 소외시켰고, 또한 인간은 스스로를 사회 속에 가두어둠으로써 생태주의 운동이 어떻게 제한되고 실패했는가를 추적한다. 그리고 근대주의와는 다른, 지구집합체의 관점에서 새로운 사고의 패러다임을 제시한다.

이 책의 주요 키워드는 부제에 담긴 '신기후체제(New Climatic Regime)'이다. 라투르는 기후변화라는 인류가 맞이한 절체절명의 위기뿐 아니라 이미 심화된 불평등과 대규모 규제 완화, 인류를 파멸로 이끌고 있는 세계화로 인한 각종 위기 등이 닥친 오늘날을 '신기후체제'라고 규정한다. 신기후체제 시대의 지구에서 가장 큰 위기는 바로 지구온난화로 초래되는 기후 위기다.

이 책이 써진 시기는 영국에서 브렉시트 국민투표가 통과되고 트럼프 미국 대통령이 당선된 직후다. 기후변화의 심각성이 이미 세계적 공감대를 이뤘음에도, 트럼프가 해치워버린 파리기후변화협약 탈퇴는 '기후변화 부정'의 양상을 보여주는데, 트럼프주의로 대표되는 기후변화 부정론자들의 존재를 의미한다. 그러므로 기후변화는 지정학적 이슈이고 불평등 문제와도 연결된다. 1980년대 이래로 탈규제와 복지국가의 해체가 본격화하고, 2000년대 이후 기후변화를 부정하는 흐름이 나타난 데 이어, 지금까지 극대화한 불평등은 서로 무관하지 않다는 것이다. '신기후체제의 정치'라는 부제가 붙은 『지구와 충돌하지 않고 착륙하는 방법』은 기후변화가 전 지구적 현안인 시대, 새로운 형태의 정치가 필요하다고 밝힌다. 즉 근대 시기와는 다른 새로운 투쟁 전선 지도의 작성, 그것이 이 책이 노리는 부분이다. "우리는 땅으로 내려와야 한다. 어딘가에 착륙해야 한다.[9]" 책은 우리가 어

---

9. 브뤼노 라투르, 박범순 역, 『지구와 충돌하지 않고 착륙하는 방법』, 이음, 2021, p. 18.

디에 착륙해야 할지 방향을 제시하는 '지도'다. 그리고 이 지도는 국민국가적 규모가 아닌, 지구온난화 시대에 부합하는 방식으로 지구적 단위에서 새롭게 그려지는 세계지도다.

그런데 이 책에서 그는 지난 20세기 내내 각종 생태 정치운동이 일어났고, 녹색당 정치세력도 존재했었지만 사실상 정치적으로는 실패했다고 규정한다. 그는 왜 20세기 녹색정치운동이 실패했다고 보는가? 이 문제를 조금 더 자세히 살펴보려면, 라투르가 이 책에서 제시하고 있는 시리우스적 관점에서 보는 지구-행성/임계영역-대지라는 구도와 생산 시스템/생성 시스템이라는 또 다른 대립 구도를 이해할 필요가 있다. 라투르는 이 책에서 지구를 대하는 두 가지 관점을 대립시킨다. 근대인들이 바라보는 지구는 푸르고 동그란 '암석 덩어리'이다. 이처럼 지구 행성을 지구 바깥에서 바라보는 그런 관점을 '시리우스적 관점'이라고 부른다. 바깥에서 보는 지구다. 바로 '행성지구(Globe)'다. 이런 시각에서 인간과 자연을 대립시키고, 인간을 자연 초월적인 존재로 보면서 행성 지구를 정복하고 무한한 우주로 뻗어나가려고 했던 과정이 바로 근대라는 시기다. 이 책에서 말하는 소위 '글로벌화'이다.

그러나 라투르에 따르면 이제 지구를 '행성'이 아닌 '대지'로 감각해야 한다. 책에서 '착륙하라'고 말하는 이유다. 인간을 자연과 분리해 초월적 존재로 보는 근대적 관점은 기후 위기 원인이 됐지만, 인간을 지구에 속한 자연의 일부로 보는 관점은 신기후체제에 맞설 중요한 인식이 될 수 있다. "계속 탈주의 꿈을 꿀 것인가, 아니면 우리와 우리의 아이들이 살아갈 수 있는 영역을 찾아 나서야 하는가?"

이는 다음과 같이 설명할 수도 있다. "단독으로 글로벌로의 비행이나 로컬로의 탈출을 꾀하는 근대의 인간들과, 인류세에 있음을 지각하고 아직 정치적 기관의 형태는 갖추지 못한 권위 아래에서 다른 '대지의 것들'과 함께 거주하기를 추구하는 '대지의 것들' 사이의 갈등"이다.

여기서 핵심 개념은 임계영역 개념이다. 원래 지구과학 용어인 이 개념으로 인간사의 배경으로만 인식되던 육지에 대한 정의가 바뀌게 된다. 즉 이 개념은 지구를 물리적 객체 중 하나인 행성으로 인식하는 것과 달리, 인간을 포함한 생명체가 경험하고 거주하는 얇은 생물막(biofilm)이 임계영역(지상 지하 포함 반경 약 2킬로미터 이내) 코로나 19 락다운을 통해 얻은 가장 큰 소득은 인류가 임계영역을 벗어날 수 없음을 깨닫게 한 것. 그러나 임계영역의 이질성으로 인해 생물막의 작동방식, 강건성, 복잡함에 대해 잘 모른다. 즉 우리는 이 물질세계의 '물질성(materiality)'의 참 의미를 아직 잘 모르고 있다.(물질세계는 인간 행위의 단순 배경이 아니다.) 임계영역의 특징은 생명체가 생존을 위해 적응해야 했던 곳이 아니라, 생명체가 거주할 수 있도록 자신을 위해 변형시킨 그런 곳이다. 지구는 가이아이다. 가이아 개념은 생물학의 섭리주의-즉 적응주의-를 피할 수 있다. 가이아 논점은 '이상적'이고 '섭리적'인 조건이 오랜 세월 생명체 자체에 의해 만들어진 것임을 보여준다. 즉 가이아는 생물과 지구가 공동 생산한 것이다. 그러므로 가이아는 '자연'을 철저히 대체할 개념이다.

임계영역 개념은 추상적인 미터법을 따르는 근대적 공간 개념 대신 삶의 장소성을 부각한다. 팬데믹의 효과는 추상적인 공간 관념의 실종이다. 보편적인 공간 대신 우리가 지지고 볶으며 살아야만 하는 이 삶의 구체적 장소들의 문제가 등장하기 시작했다. 온난화와 팬데믹의 연결지점이 바로 임계영역과 장소성의 문제인 것이다.

책에선 지난 50년간의 정치 지형을 살펴보며 '로컬'과 '글로벌'이라는 도식으로 설명한다. 라투르는 최근 50년간의 정치 지형을, 로컬과 글로벌이라는 양극 구도로 설명한다. 근대시대의 전선은 글로벌-로컬이라는 벡터 위에서 움직였다고 본다. 보수와 진보 우파와 좌파들은 상황에 따라 양쪽 모두에서 다른 방향으로 움직이기도 했다.

근대는 한마디로 글로벌화의 시대였다. 글로벌화는 경제적으로는 탈규제, 시장의 전 지구화, 도덕적-성적 해방, 개방화, 합리화, 지식과 자유 같은 근대화의 이상을 포함한다. 반대 극에 글로벌화에 대한 반동으로서 로컬이 있는데, 로컬은 전통 고수, 특수성, 확고한 정체성 등을 가리켰으니 근대시대 내내 로컬은 패배자, 반근대주의자, 거부자 등 부정적인 것으로 낙인찍혔다.

그러나 21세기 신기후체제는 글로벌 마이너스와 로컬 마이너스 시대가 되었다. 글로벌화의 부작용인 기후 위기, 불평등의 심화 등이 글로벌 마이너스라면, 이에 대한 반동으로 로컬 마이너스도 나타나는데, 트럼프주의와 영국의 브렉시트, 유럽의 극우 민족주의의 발흥 등이다. 특히 트럼프는 네 번째 유인자를 발견했는데, 기후변화를 부정하면서 지구의 현실에 개의치 않으면서 '지구탈출'을 추구하는 이들이다. 즉 위기에 빠진 타이타닉을 버리고 '외계'인 지구 바깥으로 '이륙'하려는 이들이다. 이들은 대지에서 모두와 함께 살길 포기하고 그들만을 위한 탈출을 도모하는 소수의 엘리트들이다.

그러나 라투르에 따르면 21세기 신기후체제는 더 이상 글로벌-로컬이라는 전선이 자리 잡을 '물리적 실체'가 더 이상 지속될 수 없다고 한다. 지금은 역사적 분기점이다. 글로벌의 무한한 지평선을 가진 지구는 없지만, 로컬은 너무 좁고 쪼그라들어서 대지의 세계에 속하는 다양한 존재를 수용할 수 없다. 따라서 근대화의 전선은 더 이상 유효하지 않다. 왜냐하면 첫째 인류는 결코 임계영역인 생물권을 벗어날 수 없고 둘째 가이아-대지라는 새로운 행위자의 등장으로 인해 지구는 더 이상 글로브가 아니기 때문이다. "'우파'와 '좌파', '자유화', '해방', '시장원리'와 같은 예전 표지를 다시 사용할 수는 없다. 심지어는 '로컬'이나 '글로벌', '미래', '과거'와 같이 오랫동안 자명했던 시공간의 표지도 마찬가지이다.[10]"

---

10. 위의 책, p. 57.

생산 시스템 대 생성 시스템으로
구도 전환하기

그러므로 21세기엔 새로운 투쟁 지도가 필요하다. 이전 벡터 대신 새로운 벡터가 형성되고 있다. 그것이 바로 대지-외계 혹은 대지-근대라는 구도이고, 생성 시스템과 생산 시스템이라는 새로운 대립 구도의 발생이다. 이는 근대의 우파-좌파라는 이념 구도의 프레임을 완전히 전환하는 새로운 그림이다.

라투르는 새로운 정치적 행위자의 이름을 '**대지**(Terrestrial)'라고 부른다. 대지는 더 이상 배경이나 환경이 아니다. **정치적 행위자이며 인간 행위의 '틀'이 아니라 그 자체가 능동적 참여자다.**

이 대지의 개념은 신기후체제를 극복하고 기후변화 문제를 해결할 라투르가 고안한 정치적 기획의 핵심이다. 인간을 자연과 분리된 초월적 존재로 보는 근대적 인식론은 생태계 파괴와 기후위기의 원인인 반면, 대지에 속한 생명체 중의 하나에 불과한 인간이라는 관점은 신기후체제에 맞설 매우 중요한 인식이라는 것이다. 그래서 라투르는 "우리는 땅에 속해 있고, 대지의 것들 중의 대지의 것들이다"라고 강조하며 "자연에서 대지로 관심을 바꾸면 기후 위협 이후 정치적 입장을 얼어붙게 하고 사회 투쟁과 생태 투쟁 사이의 연대를 위태롭게 했던 단절에 종지부를 찍는 것이 가능해진다"라고 말한다. 이때 인간과 비인간들로 공동 구성된 '대지의 것들' 간의 관계는 의존성을 주요 원칙으로 삼는다. 인간은 분산된 역할 중 하나를 맡을 뿐이며 기후변화의 원인은 메커니즘이 아닌 발생(genesis)을 분석함으로써 찾게 된다.

이를 라투르는 기존의 **생산 시스템**(system of prodution)**과 다른 생성 시스템**(system of engendering)으로 구분한다. 생산 시스템은 자연에 대한 특정 관념인 유물론과 과학의 역할에 기반을 두고 있었고 인간 행위자와 자원 사이의 분리를 전제한다. 즉 생산 시스템은 자신의 외부에 객관적인 자연을 두고 있는, 자연과 분리된 사회라는 실재에만 연결되어 있는 개념이다. 앞에서 말한 '사회적인 것의 사회'에만 해당된다. 반면 생성 시스템은 "서로 다른 독특한 반응능력을 갖춘 매개자, 행위자, 활성체(animated being) 모두가 부딪치는 상황을 만든다… 자원을 사용해서 인간을 위한 제품을 생산하는 것이 아닌, 대지의 것들의 생성에-인간만이 아니라 대지의 모든 것들의 생성에-관심을 두고 있다.[11]" 생성 시스템은 인간과 비인간 존재자들 전체의 연결망, 다나 해러웨이식으로 말하면 '자연문화(natureculture)' 전체이다. 그러므로 라투르는 "생산 시스템에서 생성 시스템으로 전환함으로써, 불의에 맞서 저항할 주체를 증식하고 이로써 대지를 위한 투쟁에 나설 잠재적 우군의 폭을 상당히 늘릴 수 있을 것[12]"이라고 주장한다.

---

11. 위의 책, p. 120.

12. 위의 책, p. 120.

좌파도 우파도 아닌
대지주의의 새로운 투쟁 방향

   라투르는 근대시대의 녹색당의 생태 투쟁이 실패한 이유를 분석하는데, 잘못된 투쟁 지도 때문이라고 본다. 사회와 자연의 분리라는 근대적 이분법 속에서 생산 시스템 중심의 계급투쟁이 중심이 되었고, 생산 시스템이 작동하는 사회 속에서 전선은 좌파냐 우파냐 하는 이분법 속에 갇혀 있었다. 때문에 녹색생태주의는 사회 바깥의 자연 문제에 몰두함으로써 우파도 좌파도 아닌 어정쩡한 상태에 끼어 "우파와 좌파, 수구와 진보 모두와 거리를 두려고 했던 것이다." 이들이 실패한 이유는 "새로운 좌표를 상상하지 못하고 애초에 힘을 발휘할 수 없게 하는 좌표만을 사용했기 때문이다.[13(75)]"

   20세기 녹색 생태주의는 근대가 설정해 놓은 사회/자연 이분법에 갇힌 채 사회 바깥의 자연에 대한 정치만 담당하는 걸로 인식되었고, 따라서 사회적인 문제들에 개입하기 어렵고 뜬금없어 보이는 사태에

---

13. 위의 책, p. 75.

이르렀다. 반대로 사회적 좌파와 우파들은 굳이 자연 문제에 개입할 절박할 필요를 느끼지 못했던 것이다. 그 결과 녹색 생태주의는 사회와 자연 사이에 끼인 채 이러지도 저러지도 못하는 표류 상태에 이르고 말았다.

21세기 신기후체제 시대에 새로운 정치를 하기 위해선 새로운 좌표가 필요하다. '새로운 동맹'의 지도 그리기가 필요하다. 전선은 새로운 갈등의 경계선으로 근대/대지를 설정하고, 대지-정치 행위자 중심으로 과거의 글로벌과 로컬에서, 과거의 좌와 우파 모두에게서 새로운 동맹자들과 협력자들을 규합하는 것이다. 즉 이전 근대화 전선의 우파-좌파 구도에서 근대-대지주의로 전환하는 것이다. 그러나 "좌/우 대립 극복, 분열 뛰어넘기, 제3의 길 찾기 같은 시도가 모두 실패했던 세상에서 그게 가능한 일일까?" 그는 이 길을 정치생태학의 길 혹은 '객체-지향 정치'라고 부른다. 근대/대지의 갈등 구도는 "약간 과장해서 각색하면, 홀로세에 있으면서 단독으로 글로벌로의 비행이나 로컬로의 탈출을 꾀하는 근대의 인간들과, 인류세에 있음을 지각하고 아직 정치적 기관의 형태는 갖추지 못한 권위 아래에서 다른 '대지의 것들'과 함께 거주하기를 추구하는 '대지의 것들' 사이의 갈등"이다. 그리하여 "19세기가 **사회 문제의 시대**였다면, 21세기는 새로운 **지리-사회적 문제**의 시대이다.[14]"

라투르에 따르면 대지는 '인간 세계' 또는 '사회'만큼이나 '자연'과도 다른 세계를 그리고 있다. 세 가지 모두 정치적 실체이지만 같은

---

14. 위의 책, p. 94.

식의 토지 점유나 '토지 수탈 행위' 결과를 낳지는 않는다.

이 새로운 세계, 대지적인 것들의 세계를 발견하기 위해서는 다른 심리적 장비, 다른 지식에 대한 열정이 필요하다. 즉 대안적 서술을 만들어 내야 한다고 주장한다. '대지의 것'이 거주지를 정하기 위해서는 생계를 위해 무엇이 필요한지, 그것과 관련해 무엇을 지킬 준비가 돼 있는지, 필요하면 목숨을 걸고서라도 방어할 것이 무엇인지 목록을 만들어야 한다. (박테리아, 늑대, 회사, 삼림 등등에도 유효한 대지의 것들의 재산 목록) 이때 대지의 것들의 거주지란 "대지의 것이 자신의 생존을 위해 기거하는 곳이라 정의하고 다른 어떤 '대지의 것들'이 거기에 함께 기거하는지 물어보는 데 동의해야 한다.[15]"

이에 다음과 같은 질문이 중요해진다. "무엇에 가장 마음을 쓰는가? 누구와 살기를 원하는가? 생존을 위해 누가 당신에게 의존하는가? 누구를 상대로 투쟁해야만 하는가?"

그러나 생성 시스템에서 목록 만들기는 어렵다. 생산 시스템에서는 투입된 노동자와 자원만 고려하면 되지만, 생성 시스템에서는 이를 구성하는 매개자, 활성체, 행위자가 고유의 궤적과 이해관계를 가지고 있다.

라투르는 하나의 실행 가능성으로 18세기 프랑스 혁명 시기의 진정서 제도를 언급한다. 1789년 당시, 프랑스에서는 각 지방마다 민중들의 탄원을 모아 국왕에게 진정서를 제출하던 제도가 있었다. 혁명적 전환이 시작되면서 각 계급과 지역의 진정서에 담긴 불만과 고충들은 정치 체제 전환에 대한 질문들로 바뀌었다. 그것은 '왕정이

---

15. 위의 책, p. 134.

냐, 공화정이냐'와 같은 문제를 제기하는 계기가 됐다. 오늘날에도 정치에 대한 이런 관점이 가능하다. "자본주의를 어떻게 다른 체제로 바꿀 것인가"라는 질문을 던져야 한다는 얘기다.

이와 관련하여 라투르는 2022년 초에 『새로운 생태계급에 관한 메모』라는 작은 책자를 발간했다. 여기서는 그가 『지구와 충돌하지 않고 착륙하는 방법』에서 구체적으로 제시했던 인류세 시대의 근본 모순, 즉 생산 시스템 대 생성 시스템의 모순 속에서 투쟁의 지도를 새롭게 재배치하려 했던 것에서 한걸음 더 나아가 생태주의적 변혁을 위한 구체적인 주체세력을 지도화하고 있다. 그는 한 언론과의 인터뷰에서 "전반적인 전쟁 상태를 인식하는 것이 중요[16]"하며, "생태학은 적을 분명하게 해야 한다"라고 주장하기도 한다.

이 생태계급은 물론 앞에서 살펴본 바처럼, 근대주의 시대의 생산 시스템적 계급 구분인 자본/노동자라는 계급 구분과는 결을 달리하며, 현재 인류가 처한 신기후시스템에 관한 명료한 자의식을 갖고 지구적 삶의 '거주 가능성'을 진지하게 고민하며 실천한 결의를 가진 사람들을 일컫는다. 과연 21세기를 살아가는 인류는 라투르가 말한 생태계급을 창출하며 자연과 사회의 이분법을 넘어, 근대주의적 생산 시스템에서 비근대적이고 생태적 생성 시스템으로 나아갈 수 있을까? 그리하여 지구와 충돌하지 않고 착륙할 수 있을까? 아마도 이러한 물음은 단지 물음과 이론의 문제가 아니라 각자의 결단과 구체적인 실천의 개입 여부에 달려 있을 것이다.

---

16. https://www.ouest-france.fr/ (2022. 1. 23.)

자연문화와 몸

자연문화와
동물정의

서윤호

자연문화로서
동물정의

 이 글은 '자연문화와 동물정의'의 문제를 다루고자 한다. 먼저 자연문화와 동물정의와 같은 낯선 어휘들의 결합으로 이루어진 이런 제목하에 논의하고자 하는 문제의식이 무엇인지 짧게 언급하는 것으로 시작하겠다. '자연문화'(Natureculture)는 무엇인가? 도나 해러웨이(Donna Haraway)에 그 기원을 두고 있는 '자연문화'는 우리의 사고에 끈질기게 달라붙어 있는 자연과 문화라는 이분법적 사고를 근본적으로 극복하고자 한다. 그동안 많은 철학자들이 자연과 문화 이분법을 극복하고자 다양한 시도를 했다. 그럼에도 여전히 그 배후에 이분법적 사고가 잔재로 남는다. 해러웨이의 자연문화는 이분법의 문제로 돌아가는 길목을 아예 없애버리고 시작한다. 브뤼노 라투르(Bruno Latour)의 『우리는 결코 근대인이었던 적이 없다』도 이 문제에 대한 선구적인 작업에 속한다. 여기에서 해러웨이의 자연문화 개념이 동물정의 논의의 기초로 놓여야 함을 강조하고자 한다.

 '동물정의'(Animal Justice)는 무엇을 말하는가? '동물'과 '정의' 각각은 우리에게 매우 친숙한 낱말이다. 그러나 이 둘을 결합한 '동물정의'는 낯선 느낌을 준다. 동물정의라니? 사회정의에 대해서는 많은 말을 들었지만, 동물들도 과연 정의를 주장할 수 있는가? 정의는 신과 인간의 영역에서 문제 되는 것이 아닌가? 모든 덕들의 덕이라고 아리스토텔레스가 말하듯이, 인간 사회의 최고 덕목으로 칭송되는 정의에 무슨 문제라도 생긴 것인가? 그러나 이러한 생각은 인간정의에 익숙한 우리의 고정관념과 단단하게 결합되어 있다. 이미 '사물정의'를 논하는 시대에 '동물정의'에 대한 논의는 늦은 감이 있다.

자연문화와 동물정의의 문제를 다루는 데서 둘을 연결하는 '와'(and)의 문제는 무엇인가? 이는 자연문화와 동물정의가 매우 긴밀하게 얽히고설켜 있음을 뜻한다. 그것은 자연문화로서 동물정의를 파악하겠다는 뜻이기도 하고, 동물정의 속에서 자연문화의 실체가 드러난다는 것을 뜻하기도 한다. 그것은 법의 영역에서 펼쳐지는 자연문화의 부분 영역임을 의미한다. 동물정의의 문제의식은 인간 중심의 기존 고정관념을 넘어서서 인간 존재와 비인간 존재의 새로운 관계를 모색하는 일련의 움직임과 맞물려 있다. 생태적 사고, 포스트휴먼 논의, 자연과 문화의 이분법을 넘어서고자 하는 '자연문화'에 대한 주장 등은 동물정의에서도 큰 의미를 가진다.

이런 문제의식과 함께 '자연문화로서 동물정의'의 철학적 기초를 살펴보고자 한다. '동물정의'는 인간과 비인간 동물의 관계에서 정당한 몫의 문제를 다룬다. 법과 정의는 통상 공동생활을 위한 합리적이고 이성적인 사회규칙으로 이해된다. 특히 '정의'는 모든 관계에서 정당한 몫을 찾는 것이다. 정의는 전통적으로 '각자에게 그의 몫을 주라'라는 공식으로 표현된다. 이 공식을 면밀히 들여다보면 다음의 세 물음으로 세분화된다. 여기에서 각자는 누구를 말하는가? 그의 정당한 몫은 과연 무엇인가? 몫을 주는 자는 누구인가? 지금까지 정의의 문제에서 우리가 관심을 가졌던 것은 두 번째 물음, 즉 '정당한 몫'에 관한 부분이다. 어떤 것이 과연 정당한 몫인가를 둘러싸고 오랫동안 많은 논의가 전개되었다. 10년 전쯤 우리나라에서 크게 유행한 마이클 샌델(Michael J. Sandel) 교수의 '정의'(Justice) 강의를 많은 이들은 기억할 것이다. 샌델은 까다로운 사례들을 연속으로 제시하면서 학생들에게 한 사안에 대해 기존에 가졌던 의견을 바꾸지 않고 유지할 수 있는지 묻는다. 그는 사람들이 서로의 사회적 가치나 능력을 전혀 알지 못하는 무지의 베일에 갇힌 원초적 입장에서 도출한 몇 개의 단순한 정의 원칙만으로는 정의와 관련한 문제를 충분히 해결할 수 없다고 주장한다. 샌델에 따르면, 문제가 되는 구체적인 사례 속에서 면밀하게 고려해야 할 다양한 가치들을 조화롭게 추구하는 현실적인 균형 감각이 중요하다.[1] 우리는 무지의 베일 같은 가상의 추상적인 공간이 아니라 구체적인 현실에 발을 딛고 살아가고 있으며, 그에 따라 현실의 정치, 경제 등 다양한 영역에서 그 나름대로 작동하는 다원적 정의가 요구되고 있음을 알아야 한다.[2] 오늘날 정의를 둘러싼 논의는 이 지점에 머물러 있다.

그러나 정녕 정의의 요구가 거기에서 멈추는가? 동물정의의 물음

---

1. 마이클 샌델, 이창신 역, 『정의란 무엇인가?』, 김영사, 2010, p. 45.
2. 마이클 왈저, 정원섭 외 역, 『정의와 다원적 평등』, 철학과 현실사, 1999, p. 20 이하 참조.

은 아리스토텔레스가 인간 사회의 최고 덕목으로서 칭송했던 정의의 문제에 대해 우리가 지금까지 제대로 들여다보지 못한 첫 번째 물음과 세 번째 물음을 진지하게 살펴볼 것을 요구한다. 여기에서 '각자'는 도대체 누구를 말하는가? 인간 존재만이 '각자'에 해당하는가? '몫 없는 자들'인 비인간 동물들은 '각자'에서 여전히 배제되는가? 인간 공동체의 민주적 결정만으로 몫의 분배가 정의롭다 할 수 있는가? 비인간 존재들의 몫에 관한 주장은 어떻게 가능한가? '동물정의'의 물음은 지금까지 사회정의의 문제로서 '각자의 몫'에서 인간의 몫만 주장한 것을 넘어 비인간 동물의 몫을 주장하고자 한다. 다시 말해 동물정의는 인간 중심적으로 사회를 파악하고 인간 사회정의의 문제를 고집해온 지금까지의 관행에 대해 인간-비인간 공생의 포스트휴먼적 사회정의를 새롭게 제기하는 것으로 이해할 수 있다. 이 문제를 근원적으로 파헤치려면 인간과 동물, 자연과 문화, 정신과 물질 등 이분법적 경계를 뛰어넘는 사고가 요구된다. 바로 여기에 '자연문화로서 동물정의'에 접근해야 하는 이유가 있다.

　인간에게 동물은 무엇인가? 또 동물에게 인간은 무엇인가? 먹이사슬이라는 관점에서 바라보면 인간과 동물은 서로 먹고 먹히는 관계일 것이다. 또, 산업혁명 이후 인간이 동물을 일방적으로 도구화하고, 자신의 터전을 확장하며 동물들의 서식지를 파괴한 역사적 과정을 고려하면 인간과 동물의 관계는 일방적인 착취의 측면도 강하다. 그러나 다른 한편으로 가족의 일원이 된 강아지나 고양이는 사람만큼이나 사랑받으며 심지어 사람을 '집사'로 만들기도 한다. 인간과 동물의 관계는 매우 다양한 형태로 나타난다. 공장식 축산이 성행하면서 연례행사처럼 '살처분'되는 가축들, 서식지를 빼앗겨 먹을 것을 찾아 민가로 내려오는 멧돼지나 고라니, 동물원에서 정신병적 증상을 보이는 호랑이, 가혹한 훈련을 받다 단명한 돌고래, 사랑받다가도 곧 버려지는 강아지와 고양이, 그리고 인수공통 감염병으로 전 세계가 혼란에 빠지는 상황들 모두가 실은 우리와 동물이 함께 살아가는 얽힘의 관계에 대한 것이다. 서로 얽힘의 관계 속에 있는 인간과 동물의 관계에서 우리는 상호공생의 가능성을 찾아 동물들의 정당한 몫과 관련된 동물정의를 찾아야 한다. 그러한 몫에 대한 제도적 보장 장치로서 「동물보호법」 등은 여전히 동물을 단순한 보호의 객체로 바라보는 것에 그치는 경우가 많다. 어떻게 해야 타자화된 동물의 몫을 제대로 헤아릴 수 있을까? 어떻게 해야 일방적인 인간의 온정주의적 시혜가 아닌 정당한 몫을 파악할 수 있을까? 인간과 동물 이분법을 넘어 인간과 동물의 공존과 공생을 말하는 '자연문화로서 동물정의'는 이러한 문제들과 마주하고 있다. 이는 동물윤리를 넘어 동물정치에 대한 사유를 요구한다.

인간과 동물에 관한 철학적 사유

　일반적으로 우리는 인간을 '합리적 동물'이라고 개념 정의 내린다. 이는 상위의 유개념인 '동물'에 그 하위에 속하는 특징적인 종차인 '합리성'을 통해 다른 동물들과 구별하는 방식으로 행해지는 아리스토텔레스 이래 전형적인 개념 정의라고 할 수 있다. 이성과 합리성을 가진 존재인 인간 동물은 그렇지 못한 다른 비인간 동물과는 특별히 구별되는 존재이고, 그 점에서 인간만의 특유성, 고유성, 우월성을 가진다고 주장하는 근거가 되고 있다. 그러나 이러한 인간의 지위는 정말 흔들림 없이 유지될 수 있는가? 인간예외주의, 인간우월주의, 인간중심주의의 뿌리 깊은 기초를 이루는 이런 개념 정의는 어떤 철학적 토대를 가지고 있는가? 이러한 물음은 '동물철학'을 살펴봄으로써 비로소 새로운 의미지평 위에 자리 잡게 된다.

　자크 데리다(Jacques Derrida)는 동물 문제가 서양 철학의 유서 깊은 난제일 뿐 아니라 계속 비슷한 형태로 반복 제기되어 왔다는 사실을 보여주면서, 이 틀을 벗어나기 위한 새로운 윤리학을 구상하고 있다.[3] 우리는 여기에서 데리다의 동물철학 논의를 중심으로 지금까지 인간과 동물의 관계에 대한 철학적 사유가 가졌던 문제가 무엇인지 살펴보고자 한다. 이어서 데리다의 동물철학을 비판하며 반려종 선언을 주장하는 해러웨이의 동물철학을 통해 '동물정의'에 관한 새로운 사고의 가능성을 찾고자 한다.[4] 인간과 동물의 관계가 하나의 세계를 함께 만들어가는 과정임을 제대로 이해하는 것이 자연문화로서 동물정의의 중요한 과제가 될 것이다.[5] 이하에서 동물에 대한 철학자들의 사유를 간략하게 살펴보기로 하자.

미셸 드 몽테뉴(Michel Eyquem de Montaigne)는 「레이몽 스봉을 위한 변론」에서 동물을 인간의 동료로서 존중해야 하며, 동물에게도 소통의 권리, 신호의 권리, 신호로서의 언어의 권리 이상의 것, 즉 응답의 역능이 있음을 인정한다. "우리는 우리와 짐승들 사이의 대등성을 주목해야 한다. 우리는 그들의 의미를 반쯤은 이해할 수 있다. 짐승들도 대강 그 정도로 우리를 이해하고 있다. 그들은 우리에게 아첨하고, 우리를 위협하고, 우리를 찾고 있다. 우리도 역시 그들에게 그렇게 한다. 그뿐더러 짐승들끼리는 완전한 의사소통이 있으며, 같은 종류들끼리만이 아니라 다른 종들끼리도 서로 이해하고 있음을 우리는

---

3. 자크 데리다, 최성희·문성원 역, 「동물, 그러니까 나인 동물(계속)」, 『문화과학』 76, 2013.12, pp. 299~378 참조.

4. 해러웨이는 데리다의 주장에 공감하면서도, 그가 오직 서양 철학의 정전에만 기대어 이야기할 뿐 동물 논의의 또 다른 기둥을 이루는 동물학, 인류학, 행동학 등의 전통에 대해서는 너무 무관심하다는 점을 지적한다.

5. 인간과 동물에 관한 철학적 사유에 대한 서술내용은 인터넷에 올라와 있는 다음의 글에 크게 의존하고 있다. 최석연, 「"함께 먹어야 한다": 인간과 동물의 관계에 관한 데리다와 해러웨이의 성찰」, 2020, 출처 https://sokionchoi.wordpress.com/2020/08/05/

확실히 본다."[6] 몽테뉴는 가령 인간이 동물의 머리에서 무엇이 진행되고 있는지 안다고 주장할 때, 특히 인간이 동물에게 어떤 능력들을 할당하거나 부정할 때, 짐승의 사태에 대한 인간의 파렴치함을, 인간의 넘겨짚음과 상상을 조롱한다. 그는 자기 동료이자 친구인 동물들에게서 몫을 잘라내어 적당하다고 생각되는 만큼의 능력과 힘을 그들에게 분배해주는 인간을 겨냥하며 다음과 같이 묻는다. "바로 이 공상력으로 그는 자기를 하느님과 견주며, 하늘의 거룩한 조건을 자기가 차지하고 자기 자신을 따로 골라 다른 생령들과는 구별해 놓고, 자기 동료며 친구인 동물들에게는 그들의 몫을 갈라 주며, 그들에게 자기 멋대로 정한 소질과 힘을 부여한다. 그는 어떻게 자기 지성의 힘으로 동물들의 내적 움직임과 비밀을 안단 말인가? 그는 어떻게 그들과 우리를 비교하며, 동물들에게 어리석은 성질을 주고 있는 것인가? 내가 고양이와 희롱하고 있자면, 내가 고양이를 데리고 소일하는 것인지 고양이가 나를 데리고 소일하는 것인지 누가 알 일인가?"[7] 그리고 이 물음은 이제 동물에 대한 것이 아니라 인간의 유치한 확신에 대한 것이 된다. 이렇게 '인간은 동물보다 나을 것이 없다'고 몽테뉴는 단언하고 있다.

르네 데카르트(René Descartes)는 근대적 사유 주체를 주장함으로써 몽테뉴의 동물예찬을 뒤집는다. '나는 생각한다. 그러므로 나는 존재한다.' 이는 방법적 회의라는 철학적 의심의 끝에서 데카르트가 획득

6. 미셸 드 몽테뉴, 손우성 역, 『몽테뉴 수상록』, 동서문화사, 2009, pp. 482~483.
7. 위의 책, p. 482.

한 새로운 철학의 핵심 테제라고 할 수 있다. 데카르트는 '나'의 존재 근거를 다른 무엇도 아닌 '생각'으로부터 확보하고 있다. 데카르트는 '나는 존재한다'에서 생명을 연상시키는 모든 것을 추출해 버린다. 결국 데카르트는 생명 혹은 생기, 즉 동물성의 징표들을 모두 '몸'에 귀속시킨다. 한쪽에는 순수한 합리성으로서 '나는 생각한다'가 자리 잡고, 다른 한쪽에는 몸, 생명, 생기, 동물성이 여타의 사물들과 함께 자리 잡는다. 이렇게 데카르트의 심신 이원론이 구축된다. 데카르트는 동물을 기계에 빗대어 이야기한다. '동물기계론'이 그것이다. 그는 인간의 행동과 심지어 언어까지 흉내 내는 자동장치를 상상한 뒤, 이 기계가 결코 참된 정념을 갖지 못함을 밝히는 두 가지 기준을 제시한다. 첫 번째는 '무응답', 즉 우리의 질문에 응답할 수 없는 무능력이다. 기계는 어느 정도 인간의 언어를 흉내 낼 수는 있지만, 어떤 의미를 담은 답을 돌려줄 수 있다고 생각하기는 어렵다. 기계는 그저 프로그램된 대로 행동할 뿐이기 때문이다. 두 번째는 인간의 불완전성과는 비교할 수 없을 정도의 '일반적 결함' 혹은 '불특정적 결함'이다. 기계들은 이해를 통해서가 아니라 단지 그 기관들의 배치에 따라 행동할 뿐이기 때문이다. 이 두 가지 기준은 모두 자동장치가 정신이 없는 그저 물질적 존재에 불과하다는 점을 다르게 표현한 것에 불과하다. 인간만이 동물 혹은 자동장치와 달리 진정한 정념을 갖는데, 이는 인간이 정신을 가진 존재이기 때문이다. 공간 속에서 연장되는 사물과 기하학을 이해하는 합리적 영혼으로 이루어진 세계를 구상하는 데카르트의 이원론에서, 동물은 기계와 마찬가지로 인간 주체의 능동성 앞에서 그 초라함을 드러내는 무능력한 존재로 그려진다.

제레미 벤담(Jeremy Bentham)에 와서야 비로소 동물에 대해 던지는 질문이 바뀐다. 우리는 동물에 대해 '그들이 이성을 사용할 수 있는가?', '그들이 말할 수 있는가?'를 물을 것이 아니라 '그들이 고통받을 수 있는가?'를 물어야 한다.[8] 데리다는 벤담이 던지는 이 질문의 형식이 모든 것을 바꿔놓았다고 평가한다.[9] 이전까지의 철학자들이 동물도 '능력'을 갖는지 물어봤다면, 벤담은 반대로 동물도 '수동성'을 갖는지 물음으로써 동물에 관한 철학 담론의 기존 구도를 뒤집어 버리고 있다. 데카르트는 동물에게도 인간과 같은 '능력'이 있는지를 물었고, 동물에게는 단지 '수동성'이 있을 뿐이므로 동물이 인간보다 열등한 존재라고 보았다. 반대로, 벤담은 동물에게 인간과 마찬가지로 '수동성'이 있다면 그가 제안한 공리주의 윤리학의 원칙, 즉 '최대 다수의 최대 행복'을 고려할 때 동물들도 이 원칙의 고려 대상이 되어야 한다고 주장한다. 벤담 이후 동물들의 '수동성'은 '능력'의 결여로서가 아니라 그 자체로서 문제 삼아야 하는 철학적 문제가 되었다. 오늘날 동물해방을 주장하는 피터 싱어(Peter Singer)도 이러한 벤담의 입장을 두둔하고 있다. 이로써 합리성과 동물성 사이 넘을 수 없는 간극을 만든 데카르트의 철저한 이원론은 완화되고, '합리적 동물'과 동물 사이의 관계는 다시 애매해졌다.

마르틴 하이데거(Martin Heidegger)는 이러한 애매성에 관해 성찰하면서 동물에게 독특한 존재론적 지위를 부여한다. "돌멩이는 세계없

---

8. 제레미 벤담, 강준호 역, 『도덕과 입법의 원칙에 대한 서론』, 아카넷, 2013, pp. 557~558.
9. 자크 데리다, 최성희·문성원 역, 앞의 글, p. 342 참조.

음으로 존재한다. 동물은 세계빈곤으로 존재한다. 인간은 세계형성으로 존재한다."[10] 하이데거에게 있어 돌멩이의 경우에는 그것이 세계를 갖지 않는다는 것이 명백하고, 인간의 경우에는 그것이 세계를 가질 뿐 아니라 그것을 만들어가는 존재라는 것이, 즉 인간이 현존재(Dasein)이자 세계-내-존재(In-der-Welt-sein)라는 것이 명백하다. 그렇다면 세계가 빈곤하다는 것은 무엇을 의미하는가? 동물은 '갖지 않음'의 방식으로 세계를 갖는다. 도대체 '갖지 않음'의 방식으로 세계를 갖는다는 말은 무엇을 의미하는가? 데리다는 이를 이해하기 위해 애완동물에 대한 하이데거의 성찰을 떠올릴 필요가 있다고 말한다. "우리는 애완동물을 우리와 함께 집 안에 들여놓는다. 그들은 우리와 함께 '산다.' 하지만 만약 산다는 것의 의미가 동물의 방식으로 존재한다는 것이라면, 우리는 그들과 함께 살지 않는다. 그럼에도 여전히 우리는 그들과 함께 있다. 하지만 이 함께-있음은 함께-실존함이 아닌데, 왜냐하면 한 마리의 개는 실존하지 않으며 그저 살 뿐이기 때문이다."[11] 데리다는 이 구절을 이렇게 해설한다. "개는 현존재를 갖지 않고, 실존하지 않으며, 그저 살 뿐인데, '실존'과 '삶'의 차이는 함께(Mit)에 대한, 함께-걸음(Mitgehen) 혹은 이 함께-있음(Mitsein)에 대한, 동물과 우리 사이의 비대칭적인 차이에 대한 것이다."[12] 요컨대

---

10. Martin Heidegger, *Die Grundbegriffe der Metaphysik,* Vittorio Klostermann, 1983, S. 261.

11. Martin Heidegger, *The Fundamental Concepts of Metaphysics,* trans. William McNeill & Nicholas Walker, Indiana University Press, 1995, p. 210: 최석연, 앞의 글, 각주 19 재인용.

12. Jacques Derrida, *The Animal That Therefore I Am,* ed. Marie-Louise Mallet, trans. David Wills, Fordham University Press, 2008, p. 158: 최석연, 앞의 글, 각주 20 재인용.

인간은 동물과 같은 공간에 위치할 수는 있어도 동물과 함께-실존하지는 못한다.

하이데거뿐만 아니라 에마뉘엘 레비나스(Emmanuel Levinas)도 이같이 사고했다. 한 인터뷰에서 레비나스는 이렇게 말한다. "인간의 얼굴은 완전히 다른 것이고 우리는 오직 [인간의 얼굴] 이후에만 동물의 얼굴을 발견한다. 뱀도 얼굴을 갖는지는 모르겠다. 그 질문에는 대답할 수 없다. 더 상세한 분석이 필요하다. … 우리는 동물이 불필요하게 고통받기를 원하지 않는다. 하지만 이러한 것의 원형은 인간의 윤리이다."[13] 윤리적 성찰을 촉구하는 타자로서의 '얼굴'을 갖는 것은, 일차적으로는 인간뿐이며, 동물의 얼굴은 인간의 얼굴과 닮아 있다는 점에서 파생적인 효과를 갖는다. 레비나스는 동물에게는 얼굴이 없다고 말하지도 않고, 그렇다고 해서 동물이 인간과 같은 의미에서 얼굴을 갖는다고 말하지도 않는다. 오히려 그는 '그 질문에는 대답할 수 없다'라고 답한다. 레비나스가 이 질문 앞에서 주저했던 이유는 무엇일까? 어쩌면 그것은 동물의 '수동성' 때문이었을 것이다. 즉 '함께-있음'에도 불구하고 '함께-실존함'은 아닌, 얼굴을 가지면서도 인간의 얼굴 '이후에만' 얼굴을 갖는 동물의 '수동성'은 데카르트와 벤담은 물론 하이데거와 레비나스도 동물의 가장 중요한 특징으로 여긴다.

---

13. Tamra Wright, Peter Hughes & Alison Ainley, "The Paradox of Morality: An Interview with Emmanuel Levinas," trans. Andrew Benjamin & Tamra Wright, *The Provocation of Levinas: Rethinking the Other,* eds. Robert Bernasconi & David Wood, Routledge, 1988, pp. 168~180, p. 185; 최석연, 앞의 글, 각주 21 재인용.

데리다의 동물철학과
해러웨이의 비판

지금까지 우리는 데리다의 논의에 따라 데카르트에서 레비나스에 이르는 동물철학의 역사를 간략하게 살펴보았다. 데리다는 그의 저서 『그러니까 나인 동물』에서 발가벗은 그의 몸을 바라보는 한 마리 고양이의 시선과 함께 자신의 독특한 성찰을 다음과 같이 밝힌다. "동물의 시선에, 예를 들어 고양이의 눈에, 그저 침묵 속에서 사로잡히는 순간에 … 나는 불편함을 느낀다. 내 수치심을 극복하느라 말이다."[14]

이렇게 발가벗은 채로 고양이의 시선에 노출된 데리다는 수치심을 느낀다고 말하면서, 곧바로 다음의 질문을 던진다. "무엇 때문에 부끄러운 것이고, 누구 앞에서 발가벗는다는 것인가?"[15] 인간과 달리 동물에게는 발가벗음의 개념이 없다. 데리다는 이렇게 말한다. "동물

---

14. Jacques Derrida, *The Animal That Therefore I Am,* pp. 3~4.
15. Ibid, p. 4.

들은 발가벗었기 때문에 발가벗지 않는 셈이다. 원리적으로, 인간을 예외로 두면, 동물들은 옷을 입을 생각을 하지 않는다. 옷 입기는 인간에게 고유한 것, 인간의 '특징들' 중 하나이다."[16] 동물은 이미 발가벗었기 때문에 수치심이라는 개념이 존재하지 않는다고 한다면, 데리다가 느낀 수치심은 도대체 무엇인가?

데리다가 여기에서 문제 삼고 있는 것은 '고양이가 나를 바라본다'는 것이 아니라 '내가 고양이에게 보이고 있다'는 사실이다. "내가 스스로 그것을 원하거나 알기도 전에, 나는 발가벗은 채 수동적으로 내보인다. 나는 발가벗은 채로 보인다. 심지어 고양이에 의해 보이는 나 자신을 보기도 전에 말이다. 심지어 발가벗은 채로 보이는 나 자신을 보거나 알기도 전에 말이다. 나는 심지어 스스로 내보기도 전에 고양이에게 내보인다."[17] 인간 데리다는 발가벗음으로써 그의 능동성을 박탈당하고 타자의 시선 앞에서 수동적인 존재로 전락한다. 데리다는 이렇게 말한다. "'동물'이라고 이름 붙여진 시선은 나에게 인간적인 것의 심연의 한계를 보여준다."[18]

이렇게 데리다는 동물의 시선 아래에서 능동성을 박탈당하고 수동적인 존재로 전락하고 있음을 깨닫는다. 이는 지금까지 우리가 동물의 특징이라고 언제나 귀속시켜왔던 '수동성'을 가진 존재로서의 인간 자신을 발견하는 것이기도 하다. 요컨대 동물의 시선 앞에서 인간은 자신의 동물성을 다시 떠올린다. 서양 문화는 오랫동안 수동성을

---

16. Ibid, p. 5.
17. Ibid, p. 11.
18. Ibid, p. 12.

동물에게, 능동성과 능력을 인간에게 귀속시켜 왔다. 데리다는 서양 문화가 동물의 시선 아래에서 드러나는 인간의 한계라는 문제를 '시간 이래로' 숨겨왔다고 해석한다.[19]

고양이의 시선 앞에서 데리다가 느낀 수치심은 서양 문화의 근본 구조를 함축하는 것이다. 즉 동물성을 수동적인 것의 일종으로 일축하고 인간의 능력을 강조함으로써 비인간 동물에 대한 인간의 전적인 권한 행사를 정당화하는 구조에 의해 지난 2세기 동안 일어난 중대한 변화, 즉 "과거에는 생각하지도 못했던 규모의 축산과 사육, 유전학적 실험, 동물의 고기를 소비하기 위한 생산이라고 부를 수 있는 것의 산업화, 대규모의 인공 수정, 점점 더 대담해지는 유전자 조작, 고기의 소비를 위한 생산과 도를 지나치는 재생산(호르몬, 유전적 교배, 복제 등)뿐 아니라, 그 외 모든 종류의 완제품을 위한, 그리고 인간이라는 특정한 존재와 이른바 인간의 웰빙에 대한 서비스를 위해 동물을 환원하는 일이 벌어지는 것이다. 아무도 이러한 사태를 부인할 수 없

---

19. 데리다는 같은 이야기가 반복되는 『창세기』에서 인간과 동물을 다루는 방식을 분석한다. 먼저, 『창세기』 1장에 등장하는 첫 번째 이야기에서는 신이 동물을 창조한 뒤 남녀를 동시에 창조하며 이들에게 동물에 대한 명령의 권한을 부여한다. 『창세기』 2장의 두 번째 이야기에서 신은 남자를 먼저 창조한 뒤 남자에게 동물들에게 이름을 붙일 것을 명령한다. 여자는 남자가 동물에게 이름 붙인 뒤에 남자의 갈비뼈로부터 창조되며, 여자의 이름도 남자에 의해 명명된다. 데리다는 인간의 동물 이름 붙이기가 서양 전통에서 갖는 중요성을 간과할 수 없다고 말한다. 인간이 자신의 동물성을 숨기게 되는 것은 부끄러움을 알고 옷을 입으면서부터이다. 그런데 부끄러움을 알기 전에, 부끄러움을 알게 하는 존재인 여자의 창조 이전에, 남성인 인간 주체는 우선 동물에게 이름을 붙임으로써 동물과 자신을 구별하는데, 여기에서 동물은 무엇보다도 스스로 이름을 지을 수 없는 존재, 즉 언어를 박탈당한 존재가 된다. 인간이 인간 아닌 존재를 동물로 이름 붙이며 자신과 구별하는 것은 인간성의 기원, 즉 동물의 '수동성'과는 구별되는 인간 '능력'의 기원과 깊이 결부되어 있다.

고 … 이러한 종속은 … 폭력이라고 부를 수 있는 것이다."[20]

'그들이 고통받을 수 있는가?'라는 벤담의 질문은 동물에 대한 폭력적인 사태에서 여전히 인간의 동정심에 호소하는 의미를 가질 수는 있을 것이다. 그러나 이는 여전히 동물의 수동성과 인간의 능력이라는 이분법을 벗어나지 못할뿐더러 지난 2세기 동안 벌어진 문제를 도외시한다는 점에서 큰 의미를 가질 수 없다. 데리다는 새로운 주제를 제기한다. "경계 조정이야말로 따라서 나의 주제이다."[21] 이것이 의미하는 바는 인간과 동물 사이의 경계를 무너뜨린다는 것이 아니다. 그보다는 오히려 인간과 동물 사이의 '심연의 간극'을 인지하고 타자로서의 동물을 어떻게 대할 것인지 고민하는 윤리적 실천을 의미한다. 인간과 동물의 경계를 지우는 것은 오히려 폭력에 대한 은폐로 이어질 수 있다. 데리다가 말하는 '경계 조정'은 언제나 그러한 폭력의 구조가 있다는 점을 인지하면서, 그리고 인간과 동물 사이의 타자성에 의해 주어지는 '심연의 간극'을 손쉽게 넘을 수 없음을 인지하면서, 조심스럽고 사려 깊게 질문하고 실천할 것을 요구한다.

이와 같은 '경계 조정'의 실천은 무엇보다 인간과 동물의 심연의 간극 위에 존재론적 위계라는 인위적인 구조물을 세운 최초의 움직임을 겨냥하지 않으면 안 된다. 데리다에 따르면 이 최초의 움직임은 다름이 아니라 동물을 동물로 이름 붙인 것이다. 따라서 데리다는 무엇보다도 "제일 먼저, 다시 한번, '동물(l'animal)'과 같은 일반 관념을,

---

20. Ibid, p. 25.

21. Ibid, p. 29.

마치 모든 비인간 생명체가, 모든 '동물들(animaux)'의 존재의 본질을
서로 분리하는 심연의 간극과 구조적 한계 같은 게 없는 것처럼, 동
물이라는 이 '공통 장소'의 공통된 의미 아래 묶일 수 있는 것처럼,
단수로 쓰는 용법을 겨냥할 것이다."[22] 그에 따라 데리다는 다른 무엇
보다도 동물이라는 말을, 혹은 '동물들'과 똑같이 발음될 수 있는 것
으로서 "동물말(animot)"을 문제 삼아야 한다고 강조한다.

　데리다에 대해 해러웨이는 이렇게 묻는다. "그러면 말해 보라, 철
학자는 응답했는가?"[23] 데리다는 동물의 수동성이라는 문제를 적극
적으로 문제 삼으면서 동물이 '반응'할 수 있을 뿐 '응답'할 수 없기
때문에 인간과는 다른 존재라는 데카르트의 동물기계론을 비판한다.
그러나 해러웨이는 이에 대해 데리다가 여전히 어떤 일정한 질문만
을 취사 선택하고 있으며, 그 점에서 데카르트의 전통으로부터 완전
히 벗어나지 못하고 있다고 비판한다.

　해러웨이의 논점은 크게 두 가지이다. 첫째 논점은 이렇다. 데리다
는 동물이 건네는 질문에 제대로 응답하지 않았다. 데카르트에서 데
리다에 이르기까지 서양 철학의 거장들은 모두 자신이 던진 질문에
동물이 응답할 수 있는가를 놓고 이야기했을 뿐, 동물이 던진 질문을
듣지는 못했다는 것이다. 해러웨이가 지적하는 것은 무엇보다도 데
리다가 자신의 사유를 촉발한, 발가벗은 그 앞에서 데리다에게 시선
을 건넨 고양이에게 무엇을 돌려주었느냐는 것이다. 데리다는 고양

22. Ibid, p. 34.
23. Donna Haraway, *When Species Meet*, University of Minnesota Press, 2008, p. 42.

이의 시선에 응답하는 대신, 고양이의 시선을 재료 삼아 다시 철학의 족보에 얼굴을 묻을 뿐이다. 데리다의 논의에서 중요한 역할을 하는 것은 데카르트에서 레비나스에 이르는 수많은 철학적 정전의 저자들 그리고 『창세기』와 프로메테우스 신화 등 수많은 주석가의 영감의 원천이 되어 주고 있는 고전 텍스트들이지, 예컨대 그의 반려묘의 몸이나 그와 반려묘의 주변에서 함께 살아가는 존재들이 아니다.[24]

해러웨이의 둘째 논점은 무엇인가? 데리다는 서양 철학의 정전 바깥에서 그에게 힘을 보태는 수많은 텍스트 중 어느 것에도 응답하지 않았다. 여기에서 특히 해러웨이가 강조하는 것은 동물학자들의 텍스트이다. 해러웨이는 데리다가 과장하는 것에 비해 동물의 고통에 대한 벤담의 문제 제기는 동물과 함께하는 사유의 역사에서 그리 결정적인 사건이 아닐 수 있다고 주장한다. 그리고 케냐에서 개코원숭이 연구를 수행한 영장류학자 바바라 스머츠(Barbara Smuts)의 텍스트를 차분히 읽어 나간다. 처음에는 과학자들이 으레 그렇게 하듯이 스머츠 또한 원숭이들에게 자신을 드러내지 않는 '중립적인' 위치를 갖고자 바위와 같은 자연물로 위장하여 그들을 관찰했다. 하지만 스머츠가 그렇게 할수록 원숭이들은 그를 더 의식하는 것처럼 보였고, 이에 스머츠는 자신의 연구를 제대로 진행할 수 없었다. 스머츠는 결국

---

24. "그의 철학적 전통의 관심사인 데리다의 전신 남성 나체, 대타자 앞에서의 벌거벗음은, 그녀[고양이]에게는 그녀의 인간이 평상시와 같이 정중하게 인사를 건네거나 받는 일을 방해했다는 점을 제외하면 아무 일도 아니었을 것이다. 나는 그가 이 고양이와 어떻게 인사해야 하는지 알고 있었으며, 매일 아침 그렇게 서로에게 감응하는 정중한 춤을 추었으면서도, 그렇게 몸 쓰고 마음 쓰는 마주침이 공적인 자리에서 그가 개진하는 철학을 자극하지는 못했다고 믿을 수 있을 것 같다. 그것 참 안 된 일이다." Ibid, p. 23.

바위가 되기를 포기하고 그들의 사회에 녹아 들어갔다. 오히려 스머츠가 그의 얼굴을 드러내고 원숭이들에게 섞이고 나서야 개코원숭이들은 그들이 언제나 살아왔던 세계에서 언제나 하던 일을 했다.

스머츠의 예를 통해 해러웨이는 동물은 세계빈곤으로 존재한다는 하이데거의 입장과 동물에게는 '얼굴'이 없다는 레비나스의 입장을 비판하고 있다. 두 철학자에 대한 비판은 물론 데리다에게서도 찾을 수 있지만, 비판의 근거는 사뭇 다르다. 데리다는 하이데거 및 레비나스의 철학에서 동물이 점하는 위치가 애매하다는 것을 지적하면서, 이러한 애매함이 근본적으로 인간에 대해 타자인 존재들을 '동물'이라는 범주 안에 가두어 놓았기 때문에 발생하는 것임을 지적하며 '경계 조정'의 개념으로 나아간다. 그러나 해러웨이의 경우 하이데거와 레비나스에게 동물이 인간에 대한 그들의 규정, 즉 세계-내-존재 혹은 얼굴을 갖는 존재로서의 인간을 교란하는 존재임을 지적하는 점에서는 데리다와 의견을 함께하지만, 이를 명명이나 범주화의 문제로 환원하지는 않는다.

해러웨이는 그레고리 베이트슨(Gregory Bateson)을 참조하며 이렇게 이야기한다. "커뮤니케이션은 관계 그리고 관계 맺기의 물질기호학적 수단에 관한 것이다."[25] 이름 붙이기와 실질적인 관계 맺기는 결코 분리될 수 없다. 그에 따라 해러웨이는 데리다가 '동물말'을 문제 삼는 지점에서 동물이라는 '물질기호' 혹은 '자연문화'를 문제 삼는다. 해러웨이가 강조하는 것은 '자연'이 아니라 '자연문화'이다.

---

25. Ibid, p. 26.

해러웨이는 인간과 동물의 관계를 서로 공생, 공진화하는 자연문화 (natureculture)의 형성으로 설명한다. '자연문화'는 동물/인간, 자연/문화, 물질/정신이라는 근대적 이분법에서 벗어나 인간중심의 사회문화, 인간과 별개의 원시적 동물문화의 경계를 허무는 인지적, 문화적 실천을 상상하는 것이다. 자연문화는 자연과 문화, 인간과 동물의 선택적, 도덕적 결합이 아닌 진화하는 사회의 실체로서, 종·횡단적 사회성이란 성격을 표방한다. 종·횡단적 사회성은 종과 종의 경계를 허무는 사회적 성격을 상상하는 것이며, 기술, 인간, 동물의 사회적인 경계를 해체하고 재구성하는 새로운 형태의 자연문화를 형성할 것을 요청한다.

해러웨이는 자신의 통찰이 철학적 앎이라기보다는 자신의 아버지가 베푼 배려와 존중 덕분에 가능했던 '딸의 지식'이라고 칭한다. 이는 곧 '상황적 지식'을 말한다.[26] 바로 여기에 데리다에 대해 해러웨이가 제기하는 비판의 핵심이 놓여 있다. 데리다가 말하는 '경계 조정'은 '철학자의 인간'에 대한 것으로, 그는 여전히 인간과 동물을 규정하는 형이상학적 담론의 지평 위에 머물러 있다. 반면 해러웨이는 동물에 대한 성찰은 서구 형이상학의 언어 게임 안에서 동물을 개념화하는 문제에 국한되어서는 안 되며, 실재하는 사람들과 동물들을 둘러싼 복잡한 네트워크를 담론과 실행 두 가지 측면 모두에서 섬세

---

26. Donna Haraway, "Situated Knowledges: The Science Question in Feminism and the Privilege of Partial Perspective," *Simians, Cyborgs, and Women: The Reinvention of Nature*, Routledge, 1991, pp. 183~201.

하게 고려해야만 한다고 말한다.[27]

 해러웨이의 상황적 지식은 동물에 관한 우리의 고민을 어떤 방향으로 이끄는가? 우선 한 가지 확실한 사실은 데리다와 달리 해러웨이의 성찰은 '철학자의 인간'에게로 되돌아오기 위한 것이 아니라는 점이다. 앞에서 살펴본 바와 같이, 데리다는 인간의 능력과 동물의 수동성을 대비시키는 데카르트적 도식을 비판할 뿐 아니라, 이와 같은 도식에서 벗어나지 못하는 벤담의 후예들에 대해서도 비판적 개입을 시도한다. 이에 더해 데리다는 단수형의 '동물' 개념을 문제 삼으면서 복수형의 '동물들', 그리고 이 동물들에 관한 말인 '동물말'을 문제 삼을 것을 요구한다. 그럼에도 불구하고 데리다는 여전히 '인간'의 개념에 사로잡혀 있으며, 이러한 몰두는 데리다가 '동물' 개념으로부터의 벗어나는 데 성공하고 있음에도 불구하고, 다시금 '동물말'이라는 유사 개념으로 되돌아가게 만든다.

 그에 반해 해러웨이는 '인간' 개념의 허구성을 보다 급진적으로 무너뜨리는 방향을 택한다. 해러웨이는 라투르의 책 제목을 패러디한 캐치프레이즈를 내세운다. "우리는 결코 인간이었던 적이 없다."[28] 해러웨이는 이른바 인간의 세계가 인간에 의해서만 움직였던 적은 단 한 번도 없었으며, 우리의 세계는 언제나 '인간-그-이상의 세계

---

27. "왜냐하면 우리는 결코 철학자의 인간이었던 적이 없었기 때문이다. 우리는 풍성하고 실질적이며 익살맞은 관계 맺기의 한가운데 있는 몸들일 뿐이다." Donna Haraway, op. cit., 2008, p. 165.

28. Ibid, p. 305. 라투르는 『우리는 결코 근대인이었던 적이 없다』에서 근대주의의 이분법, 즉 인간과 사물, 사회와 자연, 사회과학과 자연과학을 구별하는 이분법은 근대인들의 상상 속에서만 작동했을 뿐, 실제로 일어난 일은 언제나 이들 경계를 넘나들며 서로 다른 존재자들을 연결하는 '번역translation'이었다고 지적한다.

(more-than-human world)'였다고 단언한다. 그러므로 우리는 동물을 우리의 '거울'로 사용하기를 그만두어야 한다. 바바라 노스케(Barbara Noske)가 주장하듯, "우리는 동물을 과학소설에 등장하는 다른 세계들처럼 더 여겨야 하며 거울이나 인간처럼은 덜 여겨야 한다."[29]

바로 이러한 맥락에서 해러웨이는 이른바 '반려종(companion species)'의 개념을 제안한다.[30] 생물학적 '종(species)' 개념은 우리가 '반려동물'이라고 말할 때 놓치기 쉬운 다른 종의 동물, 즉 호모 사피엔스(Homo sapiens)를 포괄한다. 호모 사피엔스를 비롯한 지구상의 수많은 종은 모두 반려 관계에 있다. '반려(companion)'는 라틴어로 '빵을 함께 나눈다'는 뜻의 쿰 파니스(cum panis)에서 왔다. 반려관계란 겸상하는 밥동무들을 말한다. 그러므로 반려동물 대신 반려종에 대해 말하겠다는 것은, 동물을 거울로 여기는 대신 겸상하는 동무로 보겠다는 것이다. 그러므로 이제 '그들'은 '우리'의 맞은편에 놓여 있는 것이 아니라, '우리' 옆에 자리 잡는다. 하이데거가 '동물은 세계빈곤으로 존재한다. 인간은 세계형성으로 존재한다'라고 말하는 것과는 달리, 해러웨이의 반려종은 세계형성으로 함께-되어간다. "동물들은 어디에서건 세계 만들기와 함께-되어가기에 정식으로 참여하는 이들이다."[31] 우리는 해러웨이와 더불어 비로소 동물정의의 규범적 출발점을 제대로 찾을 수 있을 것이다.

---

29. Ibid, p. 361.
30. 도나 해러웨이, 황희선 역, 『해러웨이 선언문』, 책세상, 2019. 이 책에 「사이보그 선언」과 함께 「반려종 선언」이 실려 있다.
31. Donna Haraway, op. cit., 2008, p. 301.

동물윤리의
문제

　이제 우리는 동물윤리의 문제와 관련된 논의를 살펴보고자 한다. 여기에서는 전통적인 동물담론에서 많이 논의되고 있는 동물복지론과 동물권리론의 내용과 한계를 살펴보고, 인간과 동물의 상호관계성에 대한 고찰과 더불어 동물정의와 동물정치의 가능성을 살펴보고자 한다.

　동물은 인간에게 어떤 존재인가? 인간의 육식에 대한 욕망을 채우기 위한 사육의 대상에 지나지 않는가? 그러나 이미 많은 동물은 인간의 곁을 함께하는 반려의 대상이 아닌가? 아니면 동물은 인간과 다른 자연의 세계에 사는 독립적인 존재인가? 우리 인간에게 동물은 때로 육식의 욕구를 위해 대량으로 공장식 축산으로 사육되는 고깃덩어리에 불과하며, 심지어 자본주의 다국적 음식산업에 의해 고도로 착취되는 상품으로 전락해 버렸다. 또 동물은 때로 인간의 외로움을 해소하고, 인간의 인간관계를 대신하는 반려동물로도 존재한다. 반려동물은 대부분 특정하게 제한된 동물의 종에 국한되어 있기는 하지만, 동물과 인간의 관계를 새롭게 정립하는 상호관계의 위치에 있다는 점에서, 단지 인간의 사교성을 촉진하는 종속적인 타자의 위치에 더 이상 머무르지 않고, 우리의 인간 중심적 사고에 대해 성찰의 기회를 제공하기도 한다. 또한 동물은 현존하는 세계의 구성원일 뿐 아니라, 인간 신화의 상징적 아이콘이기도 하면서 종교원리를 지탱해주는 구성적 요소이기도 하다. 동물은 인간윤리의 긍정과 부정의 대상이 되기도 하는데, 종교와 신화 속에서 동물은 인간의 종적 우위를 정당화하는 도구이기도 하면서 동시에 생명 그 자체의 소중함을 각인시켜주는 비인간주의적 생태론의 기원이 되기도 한다. 또 때때로 동물은 인간의 어리석음, 허무함, 이기적 속성을 알게 해주는 숭배와 성찰의 대상이 되기도 한다. 물론 동물의 존재는 인간을 배제한 그 자체로 독립적인 내적 존재성과 외부환경을 가지고 있다. 우리는 그동안 수없이 동물들을 관찰해왔지만, 아직도 우리가 알지 못하는 동물만의 고유한 세계가 존재하고 우리 인간은 여전히 그 실체를 알지 못한다. 동물의 세계는 여전히 우리에게 타자윤리가 타당한 영역이다.

전통적인 동물담론은 크게 동물복지론과 동물권리론으로 양분된다. 동물복지론은 최적의 환경에서 자랄 수 있도록 동물을 배려하는 공리주의적 입장에 기반하고 있으며, 동물권리론은 종별 차이와 상관없이 동물의 본래 타고난 내재적 가치를 중시하고 있다.

동물복지론의 이론적 기초를 제공한 사람은 공리주의자 제러미 벤담(Jeremy Bentham)이다. 앞에서 살펴본 바와 같이 벤담은 동물도 고통과 즐거움을 느낄 수 있는 존재임을 강조하고, '고통의 최소화'를 윤리로 요청한다. 이성을 가지고 말을 할 수 있는지가 아니라 고통을 느낄 수 있는지가 가장 중요한 기준이 된다. 동물이 고통을 느낄 수 있는 존재라면 인간과 동물은 같은 존재이며, 동물을 차별해서는 안 된다는 윤리적 기준을 마련할 수 있다는 것이 동물복지론의 기본적인 주장이다.

동물복지론은 종 차별주의를 비판한다. 피터 싱어(Peter Singer)는 종 차별주의에 대해 자기가 속한 구성원들에게는 하지 않을 행동을 다른 종에게 저지르는 행위로 정의하고 있다. 종 차별주의는 "자기가 소속되어 있는 종의 이익을 옹호하면서 다른 종의 이익을 배척하는 편견 또는 왜곡된 태도를 말하기도 한다."[32] 그는 동물도 감각을 가진 존재로서 '윤리적 고려의 대상'이며, '배려와 돌봄의 대상'이라고 말한다. 진정으로 고려되어야 할 것은 감정을 가진 비인간 동물이 쾌락과 고통을 느끼는가 하는 점이고, 인간에게 적용되는 것과 똑같이 동물에게도 '동등 배려의 원칙'이 적용되어야 한다고 주장한다.

그런 점에서 공리주의적 동물복지론은 인간과 동물의 관계에 있어 인간의 역할을 강조한다. 동물복지론은 인간이 동물에 대하여 행하는 모든 위계적 행위, 예컨대 동물을 먹거나 일에 동원하거나, 애완의 대상으로 보는 것을 원천적으로 거부하지는 않는다. 대신에 그 행위를 가장 윤리적이고 도덕적으로 행사할 것을 주장한다. 동물복지론자들은 동물이 고통과 두려움을 가진 존재임을 인정하지만, 인간과 동물 간에는 자연적 위계가 존재하기 때문에 인간이 책임 있는 자

---

32. 피터 싱어, 김성한 역, 『동물 해방』, 연암서가, 2012, p. 35.

세로 동물을 이용하는 것은 문제가 되지 않는다고 생각한다. 그들은 동물을 야만적으로 집단 사육하는 것에 반대하지만, 인간의 육식문화 자체를 반대하지는 않는다. 그들은 또한 동물을 학대하는 것에는 반대하지만, 동물이 인간의 반려동물이자, 즐거움의 대상으로 간주하는 것에 반대하지 않는다. 인간의 육식성을 현실적으로 인정해야 하며, 인간의 종적 특수성의 위치도 고려되어야 한다는 것이 동물복지론이다.

동물권리론은 동물복지론보다 급진적인 입장을 취하고 있다. 동물복지론이 인간과 동물 사이의 평등을 주장하고 있다면, 동물권리론은 인간과 상관없이 동물은 그 자체로 고유한 내재적 가치를 가지는 존재라는 점을 주장한다. 동물은 인간과 상관없이 독자적으로 고유한 내재적 가치와 권리를 가진 종이며, 결코 인간의 도구나 수단으로서가 아니라 그 자체 목적으로 간주하여야 한다. 톰 리건(Tom Regan)은 그의 책 『동물권리를 위한 사례』에서 동물은 삶의 주체이며, 삶의 주체는 누구나 자신의 본래 가치를 발현할 도덕적 권리를 가지고 있으며, 이러한 권리는 인지되는 것과 무관하게 그리고 또 감각과 고통의 유무와 관계없이 타고난 권리를 가지기 때문에, 비인간 동물도 도덕적 권리를 가지고 있다고 한다. "삶으로서 주체는 단지 살아 있다는 것, 의식이 있다는 것 이상을 함축한다. 개체들이 삶의 주체라는 것은 그것들이 믿음과 욕망, 지각과 기억, 자신들의 미래를 포함해 미래에 대한 감각이 있는 한에서 그렇다. 그것들은 쾌락과 고통의 정서들을 가진 감정의 삶을 보유하며, 자신들의 욕망과 목표를 추구하며 행동을 개시할 수 있는 능력이 있는 한에서 그렇다는 뜻이다."[33]

동물권리론은 동물복지론의 윤리적 관점이 동물의 내재적 가치론에 근거하기보다는 인간 도덕의식의 각성에 기초하고 있다는 점을 비판한다. 다시 말해 동물복지론은 삶의 주체로서 동물의 내재적 가치를 온전하게 인정하지 않는다는 것이다. 동물복지론에서 말하고 있는 윤리는 동물을 대하는 인간의 윤리를 의미하는 것에 지나지 않으며, 동물 그 자체의 윤리를 의미하는 것이 아니다. 따라서 동물권리를 강하게 주장하는 이들은 야만적인 집단사육 자체를 반대하며, 인간의 식욕을 위해 동물이 죽어가는 현실, 인간의 오락을 위해 동물을 우리에 가두는 방식 자체를 반대한다. 따라서 동물해방은 인간의 윤리에 의해 조절된 제한된 해방이 아니라 근본적이고 본질적인 해방이라는 점을 강조하면서, 동물복지운동보다 급진적인 형태로 동물권리운동이라는 이름으로 동물이 누려야 할 보편적 권리를 위한 과격한 집단행동을 주저하지 않는다.

지금까지 우리는 현재의 동물담론을 주도하고 있는 두 가지 관점인 동물복지론과 동물권리론을 간략하게 살펴보았다. 전자가 평등의 원칙에 기반을 둔 동물의 고통의 최소화를 주장한다면, 후자는 권리의 원칙에 기반을 둔 동물의 내재적 가치를 주장한다. 이들의 주장에 기반을 두고 있는 동물보호운동이나 동물해방운동은 이제 미국과 유럽의 선진국들에서만이 아니라 제3세계 국가를 포함해 다른 대륙의 국가들에서도 가장 떠오르는 시민문화운동이 되었다.

---

33. Tom Regan, *The Case for Animal Rights*, Temple University Press, 1983, p. 243.

그러나 동물복지론과 동물권리론은 동물담론 내부의 이론적 진정성과 필요성에도 불구하고, 동물과 인간 사이에 대한 좀 더 깊은 철학적 성찰에 도달하지는 못하고 있다는 한계가 지적되기도 한다.[34] 철학적, 사회적, 문화적 탐색 없이 동물의 복지와 권리를 단순하게 주장할 경우, 인간과 동물의 관계를 이분법적으로 설정할 수 있는 위험을 안고 있다. 이들 담론들은 때로 동물과 인간의 사이에 대한 충분한 철학적 성찰 없이 동물을 위한 현실문화의 진단과 인간중심주의적 사유, 거대농장이 지배하는 육식자본주의의 비판에 개입하는가 하면, 동물권리론에 기반한 급진적 동물해방운동은 자칫 인간과 동물 사이의 복합적 경계에 대한 성찰 없이 오로지 목적만을 정당화하는 직접 행동에 빠져 다른 사회운동과 연계되지 못하는 한계를 보이기도 한다. 동물담론의 더 심도 깊은 논의를 보완하기 위해서는 앞에서 살펴본 바 있는 해러웨이의 철학적 성찰들에 더 큰 관심을 가져야 할 것이다.

인간이 이성적 존재임을 확립하기 위해 동물을 '기계'에 비유했던 데카르트를 떠올려보면, 인간과 동물의 '상호적 관계'의 가능성이 인간 중심적 관점에서는 매우 곤혹스러운 것이었음을 알 수 있다. 그래서 동물을 사람과 상호적 관계를 형성하지 않는 '물건'으로 취급하는 것이 인간의 우위를 드러내는 편한 방법이 되었을 것이다. 그러나 실제 동물과 인간은 복잡한 상호적 관계를 형성한다.

---

34. 동물복지론과 동물권리론의 의미와 한계에 대해서는 이동연, 「동물과 인간 사이, 그 철학적 질문들과 문화적 실천」, 『문화과학』 76, 2013.12, pp. 21~51 참조.

인간과 동물의 관계 형성 가능성은 동물에게 호의적인 동물복지론자들과 동물권리론자들의 사고에서도 간과되고 있다. 동물이 물건이 아니라는 점을 전제로 하고 동물 옹호적인 논의를 펼치는 동물복지론자들, 그리고 심지어 동물에게 인권과 유사하게 권리를 인정해주자는 동물권리론자들에게서도 인간과 동물의 관계 형성 가능성은 주목받지 못하고 간과되고 있다. 이런 경향은 대표적인 동물옹호적 주장인 싱어의 동물해방론이나 리건의 동물권리론에서도 확인할 수 있다.

싱어는 종 차별주의를 타파해야 한다고 외치지만, 그에게 여전히 인간종과 여타 동물종들은 관계적이기보다는 서로 경계 지워져 있는 독립적 개체들이다. 리건의 동물권리론 또한 마찬가지이다. 리건은 동물들 또한 삶의 주체로서 자신의 삶을 살아가는 것이므로 동물에게 법적 권리가 인정되어야 한다고 말한다. 그러나 리건이 동물에게 부여하는 권리는 칸트류의 개인주의적 권리로서, 인간과의 상호관계성은 별다른 논의의 대상이 되지 못한다. 동물은 '자신의' 삶의 주체일 뿐, 인간과는 독립적인 개체로서 존재한다. 하지만 인간과 동물의 상호관계성을 논의하지 않는 것은 동물정의의 중요한 측면을 간과하는 것이다.

동물정의의 동물의 존재를 인정한다는 것은 부분적으로 헤겔적 의미에서 동물과 인간이 서로를 상호인정한다는 것을 의미하며, 이러한 상호인정은 필연적으로 상호관계 가능성을 전제로 하는 것이기 때문이다. 인간과 동물은 상호 얽힘과 상호인정의 관계 속에서 서로가 서로에 의해 영향을 받으면서 변화해갈 것이다. 기존의 동물권 담론에서 이러한 인간과 동물의 상호관계성을 진지하게 논의하지 않는 것은 동물정의의 논의가 가져올 이러한 심대한 변화를 고려할 수 없게 한다. 인간과 동물의 상호관계성을 인정하기 어렵게 하는 여러 이유 중 하나는 동물이 언어를 사용하지 못하기 때문에 소통할 수 없다는 것이다. 그러나 '관계'라는 것은 이성적 소통 이외에도 다양한 방식으로 형성될 수 있다.

영장류 동물학자인 바바라 스머츠는 이성적 의사소통에 국한되지 않으면서도 인간이 의식화할 수 있는 인간과 동물의 관계를 다양하게 보여준다. "다른 생명체를 인격체와 연관시켜 언급하는 것과 그들에게 인간의 특성이 존재하지 않는지의 문제는 전혀 상관이 없다. … 만약 동물이 우리를 각 개인으로 인식하고, 우리가 동물을 각 개인으로 인식한다면 둘이 개인적으로 관계를 맺는 것이 가능하다. … 우리가 인격성을 흔히 다른 사람에게서 발견하거나 발견하지 못한다고 여기는 중요한 특질이라고 생각하지만, 여기서 인격성이라는 것은 타자와의 관계를 맺는 것을 의미하므로 … 인간이 인간 외의 생명체를 주관성을 지닌 존재가 아니라, 익명적 대상이라고 여길 때, 인격성을 포기하는 것은 다른 생명체가 아니라 바로 인간인 것이다."[35]

스머츠는 '인격성' 개념을 어떤 개체가 인간의 고유하고 본질적인 특성을 소유하고 있는가 하는 질문과 떼어놓는다. 이러한 스머츠의 관점을 수용한다면, 동물권론자들에 의해 종종 다루어지는 논의, 즉 동물이 인간의 어떤 특징을 어느 정도로 소유하고 있는가라는 질

35. 존 M. 쿳시, 전세재 역, 『동물로 산다는 것』, 평사리, 2006, p. 164.

문은 그다지 중요한 것이 아니게 된다. 나와 '관계'를 형성할 수 있는 존재라면, '인격체'로서 인정될 수 있는 것이다. 그리고 이 관계는 이성적 의사소통에 국한되는 것이 아니라, 감정적 교류, 육체적 마주침 등을 통해서도 형성될 수 있다. 이런 스머츠의 인격체 개념은 '관계적 인격체' 개념이라 부를 수 있을 것이다.[36]

스머츠는 자신이 정글에서 비비들과 교류하며 지냈던 경험을 자세히 설명하고 종의 경계를 초월한 즐거운 상호주체성을 경험했음을 이야기한다. 직접 영장류들의 공동체 속에서 생활해 본 영장류학자들의 저서를 살펴보면, 영장류 집단은 인간을 집단의 기묘한 일원으로 인정하는 데 능숙하며, 영장류학자들은 그들과의 관계를 마치 인간과의 관계인 것처럼 말하는 데 주저함이 없는 듯하다.

관계적 인격체 개념과 관련해서 우리나라 「동물보호법」을 잠시 살펴보자. 「동물보호법」은 맹도견·안내견 등 인간을 위하여 사역한 동물을 특별히 명시하여 이런 동물들에 대한 동물실험을 금지하고 있다. 지금까지 법의 영역에서 동물은 물건으로 다뤄졌지만, 많은 경우 직관적으로 인간과 동물의 상호관계성을 인정하고 있음을 추론할 수 있다. 안내견 등 인간과 특수하고 고마운 관계를 형성한 동물들의 경우에는 단순한 물건으로만 취급할 수 없는 것이다. 최근 우리나라에서도 민법개정을 통해 동물은 더 이상 '물건'이 아님을 분명히 하고 있다. 물론 영장류는 인간과 가장 유사한 동물종으로 인정받고 있고,

---

36. '관계적 인격체'와 관련된 논의에 대해서 더 자세한 것은 민윤영, 「법의 새로운 기초로서 동물권 담론」, 『법과 사회』 41, 2011, pp. 307~330 참조.

맹도견, 안내견 등의 견종 또한 반려동물로서 동물 중에서 이미 특별한 지위를 획득하고 있어서 이들을 인격체로 대하는 것은 크게 어렵지 않을 것이다. 그런데 동물학자들의 저술을 살펴보면, 관계적 인격체성을 인정받을 수 있는 동물의 범위는 우리가 일반적으로 생각하는 것보다 훨씬 더 넓음을 알 수 있다.

노벨상을 받은 저명한 생물학자 로렌츠는 『야생거위와 보낸 일 년』에서 연구자들이 '아도'라는 이름을 붙인 수거위가 짝이 죽은 후에 고집스럽게 자신을 따라다니며 정을 붙이고자 노력하고 있음을 다음과 같이 서술하고 있다. "난 처음에는 아도가 나를 따라다닌다는 사실을 알아차리지 못했다. 그러다가 어느 순간 … 언제나 아도가 … 내 뒤를 살금살금 따라와 어슬렁거린다는 사실을 눈치챘다."[37] 정을 붙이고자 노력하는 존재라면 그 존재의 지능이 얼마든, 인간과 얼마만큼 높은 수준의 소통을 할 수 있든 관계없이, 관계적 인격체성을 인정받을 수 있을 것이다. 또한 로렌츠는 멧돼지, 야생거위, 비버 등의 야생동물연구에서 가장 중요한 것은 동물을 길들임으로써 최대한 자연스러운 생활방식을 관찰하는 것이라고 설명한다. 이 길들임은 사람과 익숙해지도록 한 다음에 동물들의 야생의 삶의 공간에서 함께 살아가는 것을 말한다. 야생의 공간에서, 길들임을 통한 공동생활이 가능하다는 것은 야생동물과 인간이 서로 인격체적 관계를 형성할 수 있다는 또 다른 증거일 것이다.

---

37. 콘라트 로렌츠, 유영미 역, 『야생거위와 보낸 일 년』, 한문화, 2004, p. 51.

동물정의와
동물정치

현재 동물과 인간의 관계는 결코 정의롭다고 하기 어렵다. 현 사회의 제도들은 인간의 이익만을 고려하고 있고, 동물을 인간의 노예인양 취급하고 있다. 그러나 해러웨이가 말하고 있는 것처럼, 공간을 함께 나눈다는 의미에서 동물은 인간과 함께 공동체를 구성하고 있다. 지구에 산다는 것은 다른 생명체와 함께 살아간다는 뜻이다. 우리 곁에 함께 우리와 빵을 나누는 반려종으로서 동물이 있고, 그들은 그들 자신으로 존재할 권리를 가진다.

해러웨이의 관점에서 존재의 물질성과 공간에 대해 좀 더 깊게 생각해보면, 어쩌면 '정의'란 다른 생명체와 일용할 양식을 함께 나누는 일로 바라볼 수 있을 것이다. '양식'은 우리가 살아가는 데 필요한 모든 것을 가리킨다. 양식은 음식, 물, 공기, 우리가 속한 환경 등을 포괄하며, 생명이 살아가는 일 자체와 관련된 충만함을 전제로 한다. 동물을 포함하여 우리는 몸을 가진 존재이고, 존재는 물질성으로 이루어져 있다. 우리는 다른 존재의 삶에 의해 끊임없이 얽힘의 관계

속에서 서로 영향을 주고받는다. 이런 기본적인 사실이 동물정의에서 중요한 의미를 가진다.

낚시, 사냥, 야생동물 거래, 사육, 농업, 건설, 벌채, 도시 확장 등 우리의 행동은 동물의 삶에도 직접적인 영향을 미친다. 인간의 정치는 동시에 언제나 인간과 동물이 공존하는 세상을 위한 동물정치여야 하는데, 우리는 마치 동물이 아무 권리도 없는 것처럼 행동한다. 인간과 동물의 공동체가 현실이듯이 동물정치도 현실적이다. 이는 인간의 이익과 동물의 이익이 서로 자주 맞부딪치기 때문이다. 동물의 이익이 인간의 이익에 종속된다고 전제하는 인간중심주의는 동물 착취를 정당화하려고 애쓴다. 그러나 동물정의를 강조하는 사람들은 동물의 이익과 인간의 이익이 모두 존중되어야 한다고 주장한다. 상호인정의 토대 위에 규범적 정의가 서 있기 때문이다.

동물정의의 실현은 결코 쉬운 일이 아니다. 동물과 인간 모두를 위한 정의가 사회 현실적으로는 인간에 의해서 발의될 수밖에 없기 때문이다. 동물은 정치권력을 수립하지 않는다. 그렇다고 동물의 이익을 인간의 공적 정치에 포함하지 않는 것은 정의에 반한다. 비록 동물은 공적 정치의 영역에서 대부분 주체성을 부여받지 못하는 삶에 얽매여 있지만, 그들에게도 보호해야 할 이익이 있고, 나름의 방식으로 이를 표현할 의사소통 능력이 있다는 점에서 정치적 주체이기도 하다. 주체적 존재로서 동물의 행위성을 인간이 다른 존재들과 공존하기 위한 공정한 규칙을 만드는 협상의 출발점으로 삼아야 한다. 이것이야말로 동물정의에서 가장 기초를 이루는 토대에 해당한다.

심신의 능력을 다소 상실한 노인이나 장애인처럼 의존적 처지에 있는 사람들을 위한 사회정의의 논의를 생각해보라. 이들은 주거환경의 접근 용이성, 적당한 일자리 제공 등 시민으로서 사회적, 문화적, 정치적, 경제적 권리를 요구한다. 이들 권리는 종이에만 명시된 형식적인 차원이 아니라, 실제로 행사할 수 있어야 하며, 동시에 실질적 자유를 보장할 수 있어야 한다. 개인이 인지적 어려움 때문에 무능력자로 판단되더라도 본인만의 가치와 욕망을 지니고 있고, 그것이 공동사회 내에서 다른 사람의 도움으로 표현될 수 있다면 그를 자율성을 가진 존재로 인정해야 한다. 의존적 상황에 있는 사람을 위한 윤리를 넘어서 실천적 정의로 이행하려면 단순히 돌보는 것을 넘어 그들의 의견을 잘 전달하고 공동의 민주적 의사결정에 포함함으로써 공동세계에 참여할 수 있도록 기회를 보장해야 한다. 이러한 의존적 행위성의 모델은 동물에게도 마찬가지로 적용할 수 있으며, 동물정의를 실천하고자 하는 동물정치의 핵심이 된다.

감수성을 지닌 모든 존재와 인간이 함께 구성하는 공동체, 인간과 비인간의 포스트휴먼적 혼종 사회의 규칙은 구성원 모두가 주체적 행위를 할 수 있는가, 즉 '행위성'을 고려해서 결정해야 한다. 주체적 행위성과 관련해서 오해해서는 안 될 것은, 여기에서 말하고 있는 주체는 근대적 의미의 자율적인 이성 주체가 아니라, 라투르가 '행위자네트워크이론'에서 말하고 있는 행위주체이다. 이러한 주체적 행위성은 동물에게 부여될 권리의 출발점을 이룬다. 비록 동물의 권리를 발견하고 형식화하는 것은 인간이기에 동물의 권리가 인간에 의해 이해되고 부여된다고 할지라도 자연이 지닌 본래 가치와 마찬가지로 동물의 권리는 인간중심적이거나 인간의 관점에 국한되어서는 안 된다. '정의'는 인간이 아닌 존재에게 나누어진 권리의 총합이라는 제한적 의미가 아니라 사회 구조 자체라고 할 수 있다. 정의로운 사회는 혼종 공동체 구성원 모두의 이익이 동등하게 고려되는 사회이다. '정의'는 모든 주체가 능력이나 자격 면에서 대칭적이고 상호의 상황에 있어야만 한다고 요구하지 않는다. '동물정의'를 실현하고자 하는 '동물정치'는 인간이 동물과 맺고 있는 관계에서 출발한다. 이는 동물의 가치가 인간과의 관계에 따라 결정된다는 뜻이 아니다. 오히려 동물정의의 관점에서 인간과 동물이 공존하는 법의 규칙을 결정하고 마련한다는 뜻이다. 앞에서 말한 동물의 행위성은 동물이 갖는 권리의 출발점이다. 인간은 동물이 인간에게 바라는 그들의 정당한 몫, 동물의 권리에 법적 형태를 부여해야 한다. 그것이 바로 동물정의와 동물정치의 과제이다.

이와 관련하여 수 도널드슨(Sue Donaldson)과 윌 킴리카(Will Kymlicka)의 『동물정치공동체(Zoopolis)』는 단순히 소극적인 방식의 금지사항을 규정하는 데 머물지 않고, 인간이 동물을 위해 행해야 하는 긍정적인 의무를 설명하는 담론으로 확장하고 있다.[38] 이는 인간의 생존을 최우선으로 고려하지 않아도 되는 한, 인간이 동물의 권익을 보존하는 사회, 인간이 동물에게 저지르는 악행을 가능한 한 최소화하는 사회를 건설하기 위한 중요한 실마리를 제공한다. 도널드슨과 킴리카는 '동물권의 상대성 이론'을 통해 다양한 종류의 동물에 대한 인간의 구체적이고 다양한 의무를 강조하면서, 어떤 종류의 행위가 왜 분명

---

38. Sue Donaldson/Will Kymlicka, *Zoopolis : A Political Theory of Animal Rights,* Oxford Univ Press, 2013.

한 동물착취의 남용에 불과한지, 그리고 그것들이 왜 폐지되어야 하는지를 잘 보여준다.

동물정치의 난제는 구체적으로 어떻게 동물을 정치에 포함할 것인가이다. 도널드슨과 킴리카가 제안하는 인간 범주의 구분을 동물에게도 적용하는 것은 인간과 동물이 정치적으로 평등하다는 것을 전제로 했을 때만 가능하다. 그러나 실제로 인간과 동물 사이에는 넘어설 수 없는 비대칭성이 있다. 법률 제정에서 인간의 책임은 동물과 인간의 비대칭성의 한 예이다. 법은 인간이 만들지만, 인간에게만 적용되는 것은 아니다. 현실의 세계에서는 인간이 권리를 줄 때 비로소 동물이 권리를 가질 수 있으므로 둘의 관계는 비대칭적이다. 동물의 권리와 이익이 공동체 권익에 포함되기 위해서 인간이 동물의 권리를 인정하고, 동물에게 하지 말아야 할 직간접적인 행동의 기준이 사회적 합의로 정해질 때 동물의 권리와 이익은 공동체의 권리와 이익에 포함될 수 있다. '동물정치공동체'는 민주주의가 동물 문제를 더 진지하게 받아들여야 한다고 요구한다.[39]

이제 서서히 지금까지의 논의를 정리하면서 마무리할 때가 되었다. 우리가 여기서 말하고 있는 '동물정의'의 논의는 권리를 인간 이외의 다른 생명체에게로 확장하는 데 그치는 것이 아니라, 인간 중심적인 법질서에 대한 근본적인 질문을 던진다. 이제까지 법은 인간의 법이었고, 인간의 법은 '인권'을 최고의 신성한 가치로서 존중해왔

---

39. 동물정치의 문제와 관련된 더 많은 논의를 위해서는 다음의 책이 많은 도움이 될 것이다. 코린 펠뤼숑, 배지선 역, 『동물주의 선언』, 책공장더불어, 2019, 2부 '동물 문제를 정치의 장으로!' 부분을 참조하라.

다. 이러한 인간의 법은 인간종을 다른 동물종과 '차별화'함으로써, 인간을 법적 권리를 누릴 유일한 존엄한 생명체로 특권화하는 과정을 통해 유지되고 형성되어 왔다. 그렇기에 동물에 관한 법인 「동물보호법」이나 「실험동물에 관한 법률」, 「야생동식물보호법」 등도 동물에게 인권에 상응하는 적정한 권리를 인정하는 법들이 아니며, 이법들에서 동물은 인간과 '구별'되는 객체이자 인간의 목적을 위한 대상으로서 규정되고 있다. 이처럼 현재 우리나라 동물관련법제에서 동물은 보호나 관리의 대상 그리고 실험의 객체로서만 존재하고 있을 뿐, 목적 그 자체로서 존중되지 못하고 또 어떤 법인격도 인정받지 못하고 있다.

동물권은 이미 우리 앞에 있어서 단지 찾아내기만 하면 되는 어떤 실체가 아니다. 그렇다면 우리는 동물정의에 기초한 비인간 동물의 권리에 어떻게 접근해야 할 것인가? 지금 여기에서는 해러웨이의 입장을 따르면서 동물정의의 방향성을 제시하는 것으로 이 글을 마무리하고자 한다. 해러웨이는 의인관적 동물권 담론에 반대하는 비키 헌(Vicki Hearne)의 주장에 공감하면서, 권리는 범주적 단위가 아니라 관계적 기원을 갖는 것이라는 점을 강조한다. "개와 인간은 관계를 통해 서로에 대한 '권리'를 구축한다. 그 권리는 존중, 배려, 반응을 요구할 수 있는 권리다."[40] 우리가 흔히 말하는 책임(responsibility)은 응답할 수 있는 능력(response-ability)에서 자라난다. 해러웨이에 따르면, '응답할 수 있음'은 개체, 주체, 객체가 함께 만들어가는 내적-

---

40. 도나 해러웨이, 황희선 역, 앞의 책, p. 181.

작용(intra-action) 안에서 주조되는 관계의 산물이다.[41] 그것은 유사성에 기초한 것도 아니고, 대칭적인 것을 기대할 수 있는 것도 아니다. 해러웨이는 동물과 맺는 윤리적 관계는 바로 동물이 응답할 수 있는 존재자라는 것을 전제하며, 그러므로 잔인성을 최소화하는 것으로는 충분치 않다고 주장한다. "책임은 그것보다 더 많은 것을 요구한다."[42] 그것은 일방적인 동정이 아니라, 상대방의 존엄에 대한 인정과 존중을 포함하는 것이어야 한다. 그럴 때에만 동물정의가 비로소 실현될 수 있을 것이다.

---

41. Donna Haraway, op. cit., 2008, p. 71.

42. Ibid, p. 71.

팬데믹, 미래주의, SF[1]

주기화

---

1. 이 글은 2022년 3월 『동서비교문학저널』에 실린 필자의 논문 「팬데믹과 미래주의: 마가렛
애트우드의 「매드아담」」을 이 책의 목적에 맞게 수정·편집한 것이다.

SF와 미래주의

SF(Science Fiction)의 거장 어슐러 K. 르 귄(Ursula Kroeber Le Guin)에 따르면, 우리가 보통 미래는 우리 앞에 있고 과거는 뒤에 있다고 여기는 것과 달리, 안데스 산맥의 케츄아 사람들(the Quechua)은 과거란 우리가 아는 것이라 볼 수 있으므로 바로 코앞에 놓여 있고 미래는 뒤에 놓여 있어서 어깨너머로 슬쩍 일별할 수만 있을 뿐, 볼 수 없다고 여긴다. 르 귄은 케츄아 사람들의 이러한 통찰 방식과 인식이 지적(知的)일 뿐만 아니라 적절하다고 보는데, 왜냐하면 "미래로 나아간다"(going forward into the future)는 말은 "소극적이고, 수용적이고, 개방적이고, 조용하고, 정지해 있을까봐 겁내는 우리의 마초적 공포(macho fear)에 기반한 허세일지도 모른다는 점을 일깨워주기" 때문이다. 그에 따르면 미래는 우리가 그것을 향해 달려나가든 말든 관계없이 찾아오거나 그저 그곳에 있기 때문에 우리의 몸과 평범한 의식 상태는 미래로 갈 수 없다.[2]

---

2. Ursula K. Le Guin, "Science Fiction and the Future", *Dancing at the Edge of the World:*

그런데 근대적 진보 개념과 마초적 공포에 물든 우리는 미래를 달려나가 도달하고, 침략하고, 식민화하고, 정복할 수 있는 장소로 여긴다. 우리가 볼 수 없는 것을 볼 때 실제로 보는 것은 우리 머릿속에 든 생각과 꿈이지 미래가 아니다. 머릿속으로 상상한 아직 존재하지 않는 근미래의 지구는 소유할 수 있는 미래의 장소가 아니다. 우리가 생각하고 꿈꾸는, 현실과는 다른 세상, 색다른 질서를 의미한다. 그래서 SF가 실제로 다루는 것은 우리의 생각과 꿈이지 "미래"가 아니다. 우리가 생각과 꿈을 쟁취할 장소로서의 미래와 혼동하여 믿기 시작할 때, 우리는 근거 없이 희망하는 "소망충족적 사고"(wishful thinking)와 "도피주의"에 굴복한다. 과대망상에 빠져 그 미래를 "예언"이라고 생각한다. 이런저런 첨단 기술 프로젝트들로 미래를 정복하려는 진짜 신봉자들, 미래주의자들이 나오기에 이른다. 그래서 르귄은 SF 작가로서 자신은 케츄아 사람들처럼 가만히 서서 실제로 앞에 놓인 땅을, 땅 위에 사는 동료들을 그리고 별들을 보는 것을 좋아한다고 말한다.[3]

미래주의(futurism)를 비판하면서 땅 위에 사는 자신과 동료들을 주시하자고 말한 사람은 르귄만이 아니다. 도나 해러웨이(Donna Haraway)는 『트러블과 함께 하기: 자식이 아니라 친척을 만들자』 (Staying with the Trouble: Making Kin in the Chthulucene) 서문에서 "이 책은 미래주

Thoughts on Words, Women, Places, Grove/Atlantic, 2017, ProQuest Ebook Central, p. 132. http://lps3.ebookcentral.proquest. com.libproxy.snu.ac.kr/lib/snulibrary-ebooks/detail.action?docID=5503772. (검색일: 2022.02.02.)

3. 위의 책, p. 133.

의를 멀리하면서, 트러블과 함께 하기가 더 중요할 뿐만 아니라 더 활기차다고 주장한다”고 밝힌다.[4] 여기서 ‘트러블과 함께 하기’는 그의 퇴비주의(compostism)를, 그리고 미래주의란 인류세(Anthropocene)와 자본세(Anthropocene)가 불러일으킨 공포에 대한 사람들의 두 가지 반응, 즉 희망과 절망을 가리킨다.

첫 번째 반응은 기술과 신이 우리를 구하러 온다는, 기술적 해법(혹은 기술 묵시록)에 대한 세속적이거나 종교적인 믿음에 찬 희망이다. 두 번째 반응은 현 상태의 변화를 위해 “매우 열심히 일하면서도 신랄한 냉소를 보내는 사람들”의 “게임 오버”식 태도, 즉 절망이다.[5] 해러웨이가 볼 때 첫 번째 반응은 우스꽝스러운 어리석은 믿음이라 무시하기 쉽지만, 두 번째 반응은 무시하기 어렵고 어쩌면 더 파괴적이어서 문제적이다. 두 번째 반응의 특징은 “지치지 않는 열정과 기술”로 다종(multispecies)을 번성시키기 위해 일하고 놀이하는 한편, 인간에 대한 불신과 신랄한 냉소, 너무 늦어 소용없다는 절망적 태도로 사람들을 좌절에 빠뜨리는 “기이한 결합”을 보인다.[6] 다종을 번성시키기 위해 열정과 기술을 가지고서 열심히 일하는 미래주의자들(주로 과학자와 연구자들)은 돈 때문에 또는 그저 재미 삼아 쓸모없거나 유해한 것들(예를 들어 GMO들)을 만드느라 매우 바쁘다.[7] 이들은 일할 때 관계와 과정

4. Donna Haraway, *Staying with the Trouble: Making Kin in the Chthulucene*, Durham: Duke UP, 2016, p. 4.

5. 위의 책, pp. 3~4.

6. 위의 책, p. 3.

7. GMO(Genetically Modified Organism, 유전자변형생물)

보다는 성과와 문제 해결을 더 중요하게 여긴다. 이들은 미래의 가성비 높은 더 좋은 결과와 효과들을 생각하느라 풀기 힘든 현실적인 문제들을 일소할 수 있다는 과대망상에 빠지며 종말까지도 대안일 수 있다고 여긴다. 이들은 "종말이 정말로 가까이 왔다고 결론내릴 만큼 자신이 많은 것을 알고 있다고 생각한다".[8] 다시 말해, 미래주의자들의 방점은 땅에 있지 않고 추상적인 미래에 있다. 이들은 앞만 쳐다보거나 하늘만 쳐다본다. 미래를 정복하고 식민화하려 한다. 이들은 땅에 뿌리내리고 사는 존재들(earthly beings)의 차별화되고 켜켜이 쌓여 겹쳐진 삶과 죽음, 즉 '트러블과 함께 하기'에 주목하지 않는다. 해러웨이는 "우리는 각자의 전문지식과 경험에 갇혀 너무 많이 알뿐만 아니라 너무 조금 안다. 그래서 절망이나 희망에 굴복하는데, 어느 쪽도 현명한 태도가 아니다. 절망도 희망도 […] 지구에서 두텁게 공존하며 살아가는 필멸의 존재들에 맞추어져 있지 않다"라고 비판한다.[9]

---

8. 위의 책, p. 4.
9. 위의 책, p. 4.

애트우드의 『매드아담』: 미래주의자들의 이야기

해러웨이가 비판한 미래주의가 어떤 것인지, 또 얼마나 파괴적일 수 있는지 잘 보여주는 작품이 마가렛 애트우드(Margaret Atwood)의 매드아담(MaddAddam) 3부작이다. 작품 속 미래주의자들은 인류세의 트러블을 심각하게 인정하면서, 지치지 않는 열정과 기술로 다종을 번성시키기 위해 열심히 일하지만, 기술과 신이 우리를 구원해줄 것이라는 추상적이고 무책임한 희망에 차서, 그리고 인간에 대한 불신과 혐오와 절망 속에서, "자기-멋대로이고 자기-충족적인 종말의 신화"를 다시 쓴다.[10] 그들은 손상된 지구를 "재부팅"(reboot)[11] 할 수 있다는 과대망상에 빠져 "절멸의 힘을 가진 홍수"(annihilating flood), 즉 팬데믹을 일으켜 인류를 절멸시킨다.[12] 이 종말적 재앙은 역설적이게

---

10. 위의 책, p. 35.

11. Margaret Atwood, *MaddAddam,* New York: Nan A. Talese, 2013, p. 334. 앞으로 『매드아담』 본문 인용 시 특별한 서지사항 언급 없이 괄호 안에 쪽수만 표시할 것이다.

12. Margaret Atwood, *In Other Worlds: SF and the Human Imagination,* New York: Anchor Books, 2012, p. 93.

도 어떻게든 살아보려는 땅 위의 사람들의 분투와 지속성을 무시하고 외면하는 것이자 그들을 파괴하는 것으로, 세속적으로(worldly) 번성하려는 삶에 대한 "무관심(indifference)의 정치"라고 할 수 있다.[13] 애트우드는 3부작을 통해 해러웨이가 비판하는, 숭고한 절망의 감응(affects)과 희망에 찬 무관심의 정치에 굴복하는 다양한 미래주의가 무엇인지, 그것들이 어떤 식으로 뒤얽혀 공모하는지 보여주면서, 그것의 파괴적인 측면을 경고한다.

리얼리즘 소설을 쓰던 애트우드는 『시녀 이야기』(Handmaid's Tale) 이후 상상 문학의 세계로 들어서서 매드아담 3부작을 비롯한 다수의 주목할만한 사변소설(Speculative Fiction)을 산출하고 있다.[14] 그녀는 자신의 이러한 전향(轉向)을 일종의 "도전"이자 "유혹", "은밀한 갈망"이었다고 말하는데,[15] 그녀의 스토리텔링 충동을 부추긴 것은 과연 무엇이었을까? 그는 "스토리텔링이란 미완의 작업, 시간이 흐를수록 점점 많은 사람이 자문하게 되는 질문들을 통해 구현되는 작업이다"라고 말하면서,[16] 사람들이 던지는 질문들인 "대체 우리는 이 행성을 얼마나 망가뜨린 걸까? 인간의 내면을 얼마나 깊이 파헤쳐볼 수 있을까? 종 전체가 자기 구원을 위해 애쓰는 상황이 실제로 벌어진다면 그건 과연 어떤 모습일까?" 등을 통해 자신의 이야기들이 추동되

---

13. Donna Haraway, 앞의 책, p. 4.

14. 애트우드는 SF를 정통 SF, 판타지 SF, 사변소설로 세분한다(Margaret Atwood, 앞의 책, p. 115)

15. 위의 책, p. 86.

16. 위의 책, p. 155.

고 구현되었다고 설명한다.[17] 그렇게 구현된 이야기가 10년에 걸쳐 완성한 매드아담 3부작인 『오릭스와 크레이크』(Oryx and Crake 2003), 『홍수의 해』(The Year of the Flood 2009), 『매드아담』(MaddAddam 2013)이다. 팬데믹과 기후변화라는 전례없는 새로운 세계를 이해하고 서술할 수 있는 이야기가 요구되고 있으며, 3부작은 이에 대한 애트우드의 응답(response)이라고 할 수 있다. "현재의 경향과 사건들에 상상을 더하여 반은 예언이고 반은 풍자인 근미래를 추정하는" 매드아담 3부작은 인류세라고 불리는 긴급성의 시대, 인간을 포함한 다종의 대규모 죽음과 멸종의 시대에 흔히 대안으로 오해되는 미래주의가 결코 해법일 수 없을 뿐만 아니라 오히려 인류 절멸을 초래할 수 있는 파괴적인 것이라고 경고한다.[18]

3부작에 상상된 근미래는 유전공학과 신자유주의적 자본주의가 공모하여 낳은 디스토피아다. 극단적인 생명 경시와 착취로 생태계는 급속하게 파괴되고, 인구과잉으로 인한 자원고갈, 기후변화와 전염병, 기아와 가뭄 등으로 지속불가능한(unsustainable) 사회다. 최근 비약적으로 발전한 유전공학 기술인 크리스퍼-캐스9(CRISPR-Cas9)으로 본격적인 GMO 시대가 열리면서, 현재 다양한 GMO들이 크리스퍼 덕분에 이미 존재한다.[19] 예를 들어 3부인 『매드아담』에 등장하는

---

17. 위의 책, p. 94.

18. Ursula K. Le Guin, *Words Are My Matter: Writings About Life and Books, 2000-2016, with a Journal of a Writers Week,* Small Beer Press, 2016, ProQuest Ebook Central, p.147, http://lps3.ebookcentral. proquest.com.libproxy.snu.ac.kr/lib/snulibrary-ebooks/detail.action?docID=5183071. (검색일: 2022.02.02.)

19. NHK 게놈 편집 취재반, 이형석 역, 『생명의 설계도 게놈 편집의 세계』, 바다출판사, 2017,

돼지구리(Pigoons), 사자양(liobam), 모헤어양(Mo'Hair) 같은 GMO 동물들은, 애트우드의 사변소설 원칙에 따라,[20] 현실에서 가능할 뿐만 아니라 이미 실현된 것도 있다. 그가 "아무런 근거 없이 쓴 내용은 한 군데도 없다"라고 말하는 이 3부작은 "이미 우리가 살고 있는 세계를 미래로 조금 더 확장한 다음 탐험하여" 현실의 질서를 낯설게 만들고, 그것과는 다른 질서를 생각하게 만드는 사변소설이다.[21]

이 글에서는 3부작 중 마지막 작품인 『매드아담』을 다룬다.[22] 전작인 『오릭스와 크레이크』와 『홍수의 해』가 신자유주의적 생명경제의 역사적 궤도가 논리적 정점에 도달한 세계를 다양한 미래주의자들의 관점에서 조금씩 보여준다면, 『매드아담』에서는 미래주의자들의 공모 관계를 분명히 하고, 그 이유와 경위 등에 대해 자세히 알려주며, 그들의 파괴적인 해법과는 다른, 여성들이 구축하는 생성적인 사회에 관해 이야기한다. 『매드아담』은 애트우드의 말처럼 "젭(Zeb)의 이

---

20. 애트우드에 따르면 SF는 우리가 아직 할 수 없거나 시작할 수 없는 것, 만날 수 없는 존재, 갈 수 없는 장소에 관해 이야기하는 반면, 사변소설은 이미 가까이 있는 수단을 이용하고 지구에서 벌어지는 일을 다룬다(Margaret Atwood, "The Handmaid's Tale and Oryx and Crake In Context", *PmLa* 119(3), 2004, pp. 513~517, p. 513. 주기화, 「지속불가능한 휴먼, 번성가능한 포스트휴먼: 마가렛 애트우드의 「오릭스와 크레이크」」, 「영미문학교육」 22(1), 2018, pp. 223~244, p. 224.

21. Margaret Atwood, *In Other Worlds,* p.94; Margaret Atwood, "Why I Wrote MaddAddam", *Wattpad* (2013.09.03) https://www.wattpad.com/story/7940506-why-i-wrote-maddaddam (검색일: 2022.02.02.)

22. 책의 제목인 '매드아담'(MaddAddam)은 회문(回文 palindrome)으로 앞뒤 어느 쪽에서 읽어도 같은 말이다. 더블 'd'는 복제된 DNA를 나타낸다(Margaret Atwood, "Why I Wrote MaddAddam"). '매드아담'은 작품 속의 바이오테러리스트(bioterrorists) 그룹 이름이자, 추상적인 미래주의를 주도하는 미친 남성들을 의미한다.

야기", [23] "매드아담들"(MaddAddamites)의 이야기(25), 미래주의자들의 이야기이자, 그가 대안으로 제시하는 여성들의 '다종 퇴비 공동체' (Multispecies Compost Community)에 대한 이야기이기도 하다.

『매드아담』에 대한 선행연구들은 주로 생명기술자본에 대한 비판과 페미니즘 그리고 포스트휴먼 논의에 집중한다. 이러한 대부분의 연구는 현재의 팬데믹 시대, 긴급성의 시대에 제시되는 대안들의 희망과 절망의 기저에 깔린 냉소주의와 패배주의에 대해서는 간과한다. 본 논문은 이러한 냉소주의와 패배주의에 기반한 희망과 절망 모두를 추상적인 미래주의로 비판하는 해러웨이의 관점에서, 작품 속에서 복잡한 관계를 맺고 있는 미래주의자들에 집중하여 이들의 미세한 차이와 관계를 분석한다. 그리고 이들이 왜, 어떻게 팬데믹을 공모하여 세계를 파탄내는지 살펴본다.

필자의 논의는 다음과 같은 순서로 진행될 것이다. 첫째, 미래주의자들의 기술 묵시록(techno-apocalypses)적 믿음과 희망에 대해 살펴본다. 탄소 기반 문명을 찬양하는 반(反)생태적인 "반석석유교회"(The Church of PetrOleum)와(111) 에코유토피아적 비전을 가진 "신의 정원사들"(The God's Gardeners)의 기반이(95), 르네 데카르트(René Descartes)의 이원론(dualism)과 교회-자본-과학의 공모에 있음을 추적한다. 둘째, 미래주의자들의 절망이 선택한 절멸의 힘에 대해 알아본다. 젭과 크레이크(Crake)의 절망과 복수를 비교 분석하고, 미래주의자들의 완벽함과 위대함에 대한 마초적 허세가 과대망상임을 드러낸다. 셋째, 미

---

23. Margaret Atwood, 앞의 글.

래주의자들의 사유 무능력과 무관심의 정치를 살펴본다. 넷째, 미래주의자들이 적이 아니라 "다종의 부활"을 위해 공동생성적(sympoietic) 협력의 길을 함께 찾는 중요한 협력자일 수 있는지 타진하면서 글을 맺고자 한다.[24]

---

24. Donna Haraway, 앞의 책, p. 5.

기술 묵시록적
믿음과 희망

『매드아담』에서 애트우드는 전작에서 철저히 탐구되지 않은 인물들의 과거에 대해 알려준다. '신의 정원사들'을 만든 아담(Adam)과 젭은 불우한 가족사와 성장 배경을 가진다. 그들의 아버지이자 목사인 레브(Rev)는 현금을 긁어 모으는 신학 체계를 짜서 "사이비교회 사업" (fraudchurch biz)으로 성공한 케이스다(120). 그는 이용 가능한 기름이 부족해져 석유값이 폭등하자 석유가 가장 귀하다, "석유는 기름의 라틴어다," 기름은 성경의 어디를 보아도 거룩하다, 석유는 성스럽다, 기름 때문에 인간 생활사가 돌아가지 않느냐, 성스러운 석유, 석유를 달라고 기도하자, 천연가스를 위해서도 기도하자, 석유가 한층 더 강력하게 솟구쳐 나오도록 하자, "이것은 예언의 말씀이다"라고 설교한다(112). 그는 악화되는 땅의 상황에 전혀 신경 쓰지 않고 오히려 사람들에게 땅을 멸망시키라고 촉구한다. 그리하여 많은 석유 기업체의 최고층 인사들이 교회에 초청 연사로 나타나 세상을 석유로 축복해 주신 전능하신 분께 감사드렸고, 그들의 심각한 자원 추출과 그로 인한 지구 생태계 파괴를 정당화했다. 또한 목사의 해석을 따르자면 "신이 동물을 창조한 까닭은 오로지 인간들의 즐거움과 인간들 마음 대로 사용할 수 있도록 해주기 위해서였고, 그래서 인간은 기분에 따라 동물을 몰살시킬 수가 있었다"(194). '동물은 인간을 위해 살고 있다. 마음대로 죽여도 된다'는 교리는, 생명공학 기업체들의 동물 지배와 착취를 정당화했다. '반석석유교회'는 대량 멸종과 죽음의 시대인 인류세의 토대가 탄소에너지에 기반한 근대적 성장주의 문명임을, 그리고 이 문명이 교회-자본-과학이 공모하여 지구 생태계를 체계적으로 착취하면서 유지되고 있음을 풍자적으로 보여준다.

제이슨 히켈(Jason Hickel)은 "우리는 대개 교회와 과학이 서로 적대적이라고 생각하지만, 실제로 과학혁명의 구조는 상당히 종교적이었으며 성직자들과 공동의 명분을 공유했다"라고 본다.[25] 공동의 명분이란 자연으로부터 영혼을 없애는 이원론이다. 근대적 이원론의 대표 철학자인 데카르트는 자연을 영혼 없는 기계로 보았고, 교회는 영혼이 자연 어디에나 있다면 신은 없는 것이어서 그의 이원론을 지지했다. 그리고 둘의 공모를, 자연을 대상으로 삼아 소유하고 추출하는 자본가들이 전폭적으로 지지했다. 레브는 세계를 신/인간, 인간/동물, 문화/자연으로 이분하여 서로를 배타적 관계로 보는 이원론에 기반한 근대적 인간의 전형으로서, 교회-자본-과학의 "하이브리드"

---

25. 제이슨 히켈, 김현우·민정희 역, 『적을수록 풍요롭다: 지구를 구하는 탈성장』, 창비, 2021, p. 108.

(hybrid)이자,[26] 이질적인 "행위자-연결망"(actor-network)[27]의 "내부작용"(intra-action)[28]의 산물이다.

데카르트를 비롯한 서양 철학자들은 세계를 인간/자연, 정신/물질, 영혼/육체, 남성/여성 등으로 이분하고 서로를 대립적 관계로 보았다. 그리고 전자를 후자보다 더 우월한 것으로 간주하여 특권을 부여하고 후자를 혐오하고 착취했다. 이러한 세계관을 이원론이라고 한다. 해러웨이는 "서구 전통에서는 특정 이원론들이 유지되어 왔다. 이 이원론 모두는 여성, 유색인, 자연, 노동자, 동물, 간단히 말해 자아를 비추는 거울 노릇을 하라고 구성된 타자로 이루어진 모든 이들을 지배하는 논리 및 실천 체계를 제공해왔다"라고 말한다.[29] 이러한 이원론적 철학을 이어받아 자본주의 사회를 사는 레브에게, 인간은 자연보다 항상 우월하며 영혼과 이성을 가진 주체이지만, 자연과 등치 되는 동물들은 기계적인 물질, 마음대로 죽여도 되는 대상, 객체일 뿐이다.

"소시오패스 같은"(sociopath) 아버지 목사의 뒤틀리고 좌절된 욕구는 배출구가 필요했고(57), 그는 어린 젭과 아담에게 "벨트로 때리기, 소변 먹이기, 감금하기" 등 온갖 학대를 가했다(119). 젭의 엄마 트루

26. Bruno Latour, *We Have Never Been Modern*, Tr. Catherine Porter. Cambridge, Mass: Harvard UP, 1993, p. 47.

27. 아네르스 블록, 토르벤 엘고르 옌센, 황장진 역, 『(처음 읽는) 브뤼노 라투르: 하이브리드 세계의 하이브리드 사상』, 사월의책, 2017, p. 20.

28. Karen Barad, *Meeting the Universe Halfway: Quantum Physics and the Entanglement of Matter and Meaning*, Durham: Duke UP, 2007, p. 33.

29. Donna Haraway, *Manifestly Haraway*. Minneapolis: U of Minnesota P, 2016, p. 59.

디(Trudy)는 목사와 함께 목사의 첫째 부인이자 아담의 엄마인 페넬라(Fenella)를 죽여 바위정원 밑에 묻었고, 당시 4살이었던 아담은 이 장면을 지켜보았다. 아담의 고백 후 젭은 충격을 받았고, 이후 두 형제는 머리에 똑같이 상처를 입어 마음을 합치게 되었다. 아담과 젭은 성장 후, 아버지 목사의 돈을 몰래 빼내 집에서 탈주한 후 각자 도주한다.

젭은 발각되지 않기 위해 평민촌(pleebland) 슬럼가의 어둠 속을 전전하면서 디스토피아 세계를 온몸으로 경험한다. 한편, 아담은 아이러니하게도 '반석석유교회'와 "단지 뒤집힌 양말 짝처럼" 똑같은, 에코유토피아적 비전을 가진 소규모 광신적인 종교집단 '신의 정원사들'의 기초를 닦는다(333). 아버지 목사가 지구를 손상시키고 비인간(nonhuman) 동물을 죽이라고 설교했다면, 아담은 슬럼가의 폐허가 된 건물 옥상에 정원을 만들고서, 지구 생태계를 살리고 동식물들을 잘 돌보라고 설교했다. 아담은 악질적인 생명공학 기업체 조합 내부의 양심적인 필라(Pilar)와 연계하는데, 필라의 "수수께끼 팀"(cryptic team)은 낮에는 조합에서 일하지만, 밤이 되면 신의 정원사를 위해 일했다(309). 젭은 신의 정원사가 지부들을 설치하면서, 필라의 팀을 포함한 관련 조직들 사이에서 배달원 역할을 담당했다.

대규모 죽음과 멸종이 가속화되고, 젭은 아담에게 "가만히 앉아서 등불이 꺼져가는 걸 지켜볼 수만은 없다. 어디선가 시작해야 한다"라며, 멸종 위기 동물들을 요리하는 식당을 공격하자고 제안한다. 하지만 아담은 "평화의 길"을 가야 한다고 주장했고, 젭은 "평화에도 한계가 있다"고 맞섰다.[30] 젭은 "정원사들이 좀더 운동가처럼 활동해서, 모든 일이 해결되기를 바랐다"(332). 그는 아담에게 "아무것도 하지 않고 방관하는 것은 특히 석유회사와 반석석유교회처럼 지구를 엉망으로 만들고 있는 세력들과 공모하는 것이다"라고 비판했고, 아담은 "창조주가 상당히 빠른 시간 내에 지구의 상황을 정리할 것이며," 신실한 신의 정원사들은 절대로 멸망하지 않을 것이라고 주장했다(333). 결국 둘은 각자의 길을 가야 했다.

젭에 따르면 아담은 목사의 손아귀에 아주 어릴 때 사로잡혀, 극도로 착하고 선량해야 신이 그를 사랑할 것이라는 강박에 붙들려 있었다. 또한 장남이어서 살인마 부모라도 공경하고, 용서하고, 포용해야한다고 여기면서 모든 걸 자기 잘못으로 돌렸다. 신앙심이 깊은 아담은 근본적으로 초월적인 신의 세상 창조, 종말과 구원을 믿는 이원론자다. 그는 신의 구원을 현세에 구현하기 위해 과학의 힘을 빌린다. 그에게 기술과학은 곧 신이나 다름없다. 그가 말하는 창조주란 절멸의 힘을 행사하기 위해 열심히 일하는 천재 유전공학자 크레이크를 가리킨다. 17세기 계몽주의 이후 신의 자리를 과학이 대신하고 있음을 잘 보여주는 대목이다. 아담은 기술적 해법(신의 구원)을 통해 현세(인류세)의 트러블들을 일소하려는 도피주의와 소망충족적 사고를 가진 미래주의자의 전형을 보여준다.

그러나 아이러니하게도 평화주의를 주장하면서 젭의 폭력 사용을 반대했던 아담은, 인류를 절멸시킬 팬데믹을 크레이크와 공모한

---

30. Margaret Atwood, *The Year of the Flood,* London: Virago P, 2013, p. 300.

다. 크레이크가 만든 "환희이상 알약"(the BlyssPluss pills)의 핵심 바이러스는 신의 정원사의 핵심 구성원인 필라가 제공했고 크레이크는 나중에 나름대로 몇 가지를 추가했다(330). 필라는 '건강현인 조합'(the HelthWyzer Compound)의 연공서열의 꼭대기에 있었지만, 조합에 저항하면서 신의 정원사들과 몰래 협력했고, 크레이크의 아버지가 조합의 지시로 비밀리에 연구하던 위험한 초강력 바이러스를 체스 세트의 백색 비숍(bishop) 안에 숨겨 빼낸 후 신의 정원사에 합류했다. 백색 비숍은 필라의 유언에 따라 신의 정원사들의 동의하에 겨우 10대에 불과한 크레이크에게 넘겨졌다. 아버지의 유산이 아들에게 전달된 셈이다. 팬데믹 이후 토비(Toby)와 젭의 추론에 의하면, 필라는 크레이크가 그 바이러스를 인류 절멸을 위해 활용할 줄 알면서도 건네주었다. 필라는 옥상정원에서 상처입은 생명들과 토비를 자식처럼 여기면서 돌보던 친절하고 자비로운 신의 정원사였다. 그런 필라가 크레이크의 인류 절멸 기획의 배후 조정자이자 협력자였던 것이다. 필라는 겉모습과는 달리 마음속에 언제나 단호한 의지를 품고 있었는데, 그 의지란 젭에 따르면 모든 진짜 정원사들이 가지고 있던, "인구 급감(population crash) 시한이 지났으며, 어쨌든 그런 일은 발생할 거니까 빠르면 빠를수록 좋다는 믿음"이었고, 토비는 그들의 의지와 믿음은 "체념"(fatalism 운명론)이었을 것이라고 추측한다(330).

이것은 신의 정원사들이 기독교의 종말 신학(eschatology) 전통 속에 있음을 나타낸다. 이들은 인류가 황폐화시킨 땅에 기꺼이 들어가 만물에 깃든 성스러운 요소에 헌신하고자 매우 열심히 일하면서도, 기술공학적인 종말을 통해 타락한 세상을 정화하고자 하는 초월적인 믿음과 추상적인 희망에 기반을 두기 때문에 역설적이게도 "문명 몰락의 공모자"가 되었다.[31] 아담은 팬데믹으로 신실한 정원사들 및 이외의 불특정 다수의 인류를 죽음으로 몰아넣었을 뿐만 아니라 팬데믹 이후, 세상을 어떻게 구축할 지에 대한 아무런 대안도 없이 사라져버림으로써 실로 무책임한 미래주의자의 모습을 나타낸다. 반석석유교회와 신의 정원사, 두 집단의 토대는 초월적인 신을 믿는 기독교 사상으로, 본성상 신/인간 이원론에 입각한다. 그들에게 인간은 위대한 신의 왕국을 위한 수단과 대상일 뿐이다. 생명을 열심히 돌보던 신의 정원사들은 종말과 구원에 대한 믿음을 충족시키고 예언을 실현시키기 위해 결국 인류를 절멸시킬 팬데믹을 크레이크와 공모한다. 죽은 자들 입장에서는 누구의 죄가 더 클까? 지구를 손상시키고 생명들을 지배·착취하라고 선동한 아버지 목사일까? 팬데믹으로 인류를 절멸시킨 아담일까? 아니면 둘 다일까?

---

31. Paul Di Filippo, "The Year of the Flood By MARGARET ATWOOD", Barnes&Noble (2009.10.29.) https://www.barnes andnoble.com/review/the-year-of-the-flood (2022.02.02.)

절망이 선택한
절멸의 힘

크레이크는 세계를 더 좋은 곳으로 만들기 위해 손상된 지구를 재부팅해서 새롭게 시작하고자 했다. 재부팅 프로젝트의 두 단계는 첫째, 지혜로운 동물들의 진화적 아이디어를 집약하여 생태계에 최적화된 완벽한 신인류, "크레이커"(Crakers)를 만드는 것이고(9), 둘째, 신의 정원사들에게서 받은 알약 속의 바이러스를 토대로 강력한 전염병 바이러스를 만들어 기존 인류를 모두 제거하는 것이다. 욕심 많고 탐욕스러운 "정복자"(Conquistadors)로 간주한 호모 사피엔스 사피엔스(Homo sapiens sapiens)의 공격으로부터, 지구의 "원주민"이랄 수 있는 크레이커를 보호하기 위해서다(140). 토비의 설명에 따르면,

> 혼돈 속에서 사람들은 배울 수가 없었어요. 그들은 자신들이 바다와 하늘과 식물과 동물에게 무슨 짓을 하고 있는지 이해할 수가 없었거든요. 그들은 자신들이 그것들을 죽이고 있고 그러면 결과적으로 자신들을 죽이는 결과를 가져올 거라는 사실을 이해할 수가 없었어요. […] 그리고 그들에게 이제 그만 멈추라는 말을 해줘도 그들은 남의 말을 듣지 않아요. […]

하지만 아무리 그런 사람들이라고 해도 기회를 한 번 더 주어야 하지 않을까? 크레이크는 자기 자신에게 물어보았어요. 그런데 대답은 아니다 였어요. 왜냐하면 그들에게는 이미 두 번째 기회가 주어졌기 때문이지요. 그들에게 두 번째 기회는 아주 많이 왔었거든요. 이제 결정의 순간이 왔어요.

The people in the chaos cannot learn. They cannot understand what they are doing to the sea and the sky and the plants and the animals. They cannot understand that they are killing them, and that they will end by killing themselves. [⋯] And when you tell them to stop, they don't hear you. [⋯]

But shouldn't you give those ones a second chance? he asked himself. No, he answered, because they have had a second chance. They have had many second chances. Now is the time. (291)

드디어 선택의 순간이 왔고 크레이크는 슈퍼섹스 알약에 자신이 만든 초강력 바이러스를 삽입 후 사람들에게 배포한다. 이 바이러스는 "물 없는 홍수"(the Waterless Flood)라고 부르는 팬데믹으로 전 인류를 죽음으로 몰아넣는다(26). 크레이크는 타락한 인류는 정말로 가망이 없다고, "종말이 정말로 가까이 왔다고 결론 내릴 만큼 자신이 많은 것을 알고 있다고 생각한다".[32] 세상이 끝났다고, 사악한 인류는 구원의 여지없이 끝났다고 생각할 수 있는 존재란 (만약 신이 있다면) 신밖에 없을 테고, 크레이크는 자신이 신인류까지도 창조할 수 있는 신이라고 자만했기 때문에 인류 절멸이라는 심판, 선택을 할 수 있었

---

32. Donna Haraway, *Staying with the Trouble*, p. 4.

다. 크레이크는 크레이커 및 신종 미생물이나 바이러스 같은 다종의 생명체들을 번성시키기 위해 지치지 않은 열정과 기술로 열심히 일하는 한편, 세상이 회복시키기에는 너무 늦었다(게임 오버)라고 생각하면서 신랄한 냉소와 절망, 체념의 정서에 굴복하여 인간 세상을 단번에 정화, 정돈, 재부팅하고자 했다. 이것은 해러웨이가 문제적이라고 지적한 미래주의의 두 번째 반응의 특징인 '기이한 결합'이 무엇인지, 어떻게 파괴적인지를 선명하게 보여준다.

사실 젭은 백색 비숍을 어린 크레이크에게 주는 걸 반대했었다. 반대한 이유는 아버지 목사에 대한 증오와 혐오와 복수심으로, 알약이 어떻게 작용할지 알지 못한 채 충동적으로 목사에게 몰래 먹였는데 그가 마치 딸기 무스처럼 녹아서 죽어버렸기 때문이다. 실제 죽음을 의도하지 않았던 젭은 몹시 충격을 받았고, 자신이 저지른 행동이 신중하지 못했다고 후회했다. 그래서 젭은 크레이크가 자신처럼 그 약들이 어떤 작용을 하는지 정확하게 알지 못한 채 누군가에게 사용할까봐 반대한 것이다. 하지만 아담을 비롯한 모든 정원사들이 필라의 의견에 동의했기 때문에 젭은 반대 의견을 단호히 주장하지 못했다. 결국 비숍은 크레이크에게 전해졌고, 그는 젭이 우려한 누군가 한 사람이 아니라 인류 전체를 대상으로 약을 시험했다. 젭이 사람들이 충격을 받아 생각을 좀 하길 원한 바이오테러리스트(bioterrorists)였다면, 크레이크는 인류를 절멸시킨 바이오테러리스트라고 할 수 있다. 젭과 크레이크는 불우한 가족사와 성장 배경 때문에, 그리고 인류세의 심각성을 절감하면서, 인간에 대한 깊은 혐오와 불신, 절망을 공유한다. 두 사람 모두 인간에게 신랄한 냉소를 보내지만, 각자의 해법과 선택은 다르다. 젭은 트러블의 심각성을 절감하고, 방관하지 않으면서 무엇이라도 시작하려 행동했다. 사실 GMO들을 만들어 수단과 도구로 이용하고 생명들이 의존할 수 있는 사회기반시설을 파괴하는 것은 일부 무책임하고, 폭력적이며, 충동적이라는 한계를 지닌다. 하지만 절망에 굴복하지 않고, 꺼져가는 생명들에 나름대로 응답하는 모습이라고도 볼 수 있다. 이렇게 응답-능력을 키우려는 모습이, 토비와 일치하는 지점이고 그래서 토비가 젭을 포용하고 사랑한 것인지도 모른다.

젭과 달리 크레이크는 절망에 굴복하여 인류를 포기한다. 인류인가 자연인가? 정복자인가 원주민인가? '언제나 내 식으로 하거나' 아니면 '전혀 안하거나'와 같은 단순한 이분법은 팬데믹이 보여주듯이 위험할 뿐만 아니라 방법도 아니다. 이분법을 깨야 한다. 지금의 자연은 순수한 자연이 아니라 자연과 인간(문화)의 합작품, "자연문화" (naturecultures)적 현상이다. "자연문화"란 문화와 분리된 자연이 없음을 나타내기 위해 해러웨이가 두 단어를 붙여 만든 용어다.[33] 자연문화란 자연과 문화로 대표되는 이항대립적 항들의 연속성, 분리불가능을 나타낸다. 사이보그, 반려종, 퇴비, 코로나19 팬데믹, 기후변화, 인간 등 세상 모든 것들은 자연과 문화의 합작품, 자연문화적 현상들이다. 공장식 축산의 역사보다 더 긴 유구한 세월 동안, 그리고 지금도 지구 곳곳에서는 인간과 동물, 자연과 문화가 함께 협력하고 공진화하고 있다. 인류 절멸은 이들의 공생 관계를 파괴하는 것이다. 이

---

33. Donna Haraway, *Manifestly Haraway*, p. 94.

분법은 이런 자연문화적 관계나 과정에 무관심할 뿐만 아니라 파괴한다.

해러웨이의 말처럼 "트러블의 정도와 심각성을 인정하는 것과, 추상적인 미래주의와 그 숭고한 절망의 정서와 무관심의 정치에 굴복하는 것 사이에는 아주 미세한 차이가 있다".[34] 젭과 크레이크는 이 차이를 잘 보여준다. 크레이크의 인류 절멸 기획은, 그의 아버지의 "인류 전체를 개선하고자"[35] 했던 의도와 일맥상통하며, 젭의 증오·혐오·복수심과도 정도는 다르지만 일직선상에 있다. 이것은 매드아담들의 미래주의적 계보와 전통을 나타낸다. 『매드아담』은 오늘날 너무도 많은 최고 두뇌의 과학자들이 그 전통에 따라 "향후 언제까지나 순종할 돌아온 탕자, 법적 상속인을 위해 준비된 잔치로 향하는 포장도로인"[36] 미래주의의 길로 향하고 있다고 경고한다. 르 귄은 2005년 한 대중 강연에서 "우리 시대의, 그리고 바로 이 순간의 가장 중요한 도덕적 딜레마는 절멸의 힘(annihilating power)을 쓸 것인가 말 것인가"이며, 이 선택을 판타지 작가인 J. R. R. 톨킨(John Ronald Reuel Tolkien)이 "절대 반지"(the Ring)라는 용어로 가장 설득력 있게 표현했다고 말한다.[37] 『매드아담』에 나오는 유전공학 기술은 인류 절멸의 힘을 가진 절대 반지라고 할 수 있다. 애트우드는 우리가 이 기술을 이미 가지고 있다면서, "그런데 우리가 이것을 사용할까?"라고 묻

34. Donna Haraway, *Staying with the Trouble*, p. 4.
35. Margaret Atwood, *Oryx and Crake,* New York: Anchor Books, 2004, p. 224.
36. Donna Haraway, 앞의 책, p. 179.
37. Ursula K. Le Guin, 앞의 책, p. 23.

는다(2013c). 그는 이 소설을 통해 백색 비숍의 유혹에 빠져 있는 우리 시대의 미친 아담들, 절망의 정서에 굴복하여 위대하고 완벽한 해결책, 위대한 정돈을 꿈꾸면서 절대 반지를 만지작거리는 미래주의자들, 아마도 우리에게, GMO 기술은 인류를 절멸시킬 수 있는 힘이라고 경고한다.

절멸의 힘을 상징하는, 알약이 들어 있는 백색 비숍은 여러 가지 의미를 함축한다. 체스 기물(piece) 중 하나인 비숍은 대각선으로만 움직이며, 본래 있던 칸의 색을 벗어나지 못한다. 기물 중 유일하게 같은 색의 칸만 다닐 수 있다. 절멸의 힘을 탑재한 백색 비숍은 선한 의도를 가지지만 그 행마법처럼 종말에 대한 벗어날 수 없는 믿음을 가진 기술 묵시록적인 성직자, 신의 정원사들을 상징한다. 또한 과학과 교회의 공모를, 그리고 반(反)기술적 평화주의 속에 숨어있을 수 있는 기술에 집착하는 미친 과학자의 폭력주의를 상징하기도 한다. 애널리 뉴위츠(Annalee Newitz)는 이 소설에는 "반(反)기술 에코테러리스트 밑에는 기술에 집착하는 미친 과학자가 숨어 있을지도 모른다"는 역설이 있다고 말한다.[38]

또 다른 역설은 아담과 크레이크 즉, 미래주의자들의 유토피아 기획이 오히려 디스토피아를 불러왔다는 것이다. 크레이크와 신의 정원사들은 자신들의 재부팅 프로젝트가 유일하고 완벽한 해결책이라고 여겼다. 팬데믹으로 나쁜 인간들을 단번에 제거할 수 있다고 생각

---

38. Annalee Newitz, "Atwood Imagines Humanity's Next Iteration In 'MaddAddam'", (2013.09.13.) https://www.npr.org/ 2013/09/13/215749337/atwood-imagines-humanitys-next-iteration-in-maddaddam (검색일: 2022.02.02.)

했다. 그러나 최고의 두뇌를 가진 천재적인 과학자 크레이크도, 신실한 예언자 아담도 예상 못한 것이 있었으니 가장 사악한 악질 인간들, 고통공 죄수들(Painballers)이 팬데믹 이후까지 생존한 것이다. 이들은 약한 GMO 동물들, 인간들(주로 여성들)을 강간하고 살인하며, 특히 "기존의 인류를 대체할 신인류의 소규모 유토피아, 즉 유전자 조작으로 탄생해 평화를 누리며 조화롭게 성생활을 하는 신인류의 작은 유토피아에 가해지는 디스토피아적 위협"이다.[39] 이것은 애트우드의 유스토피아적(ustopian) 스토리텔링 전략으로서,[40] 미래주의자들의 이원론적 사고를 효과적으로 무너뜨린다.

더할 나위 없이 좋은 의도로 행해진 미래주의자들의 "위대한 정돈"(the Great Rearrangement), 재부팅은 사실상 또다른 지옥으로 향하는 포장도로를 내는 결과를 낳았다(291). 애트우드는 기후변화와 팬데믹 같은 인류세의 위기는 한두 가지 기술적 방책으로 간단히 해결할 수 있는 것이 아닌데도, 사람들은 영웅적인 천재 과학자 개인의 노력으로 쉽게 해결할 수 있을 것이라고 착각한다고 경고한다. 이 소설은 "완벽한 인간", 완벽한 세상, 유일한 해결책, 위대한 정돈 등(43), 완벽함과 위대함에 대한 매드아담들의 마초적 허세가 과대망상임을 보여주면서, 불완전함을 어느 정도 겸허히 받아들이면서 단지 부분적인 회복과 해결을 위해 부단히 노력하는 것만이 중요하다고 이야기한다.

---

39. Margaret Atwood, *In Other Worlds*, p. 93.

40. 애트우드는 "나는 유토피아와 디스토피아, 상상 속의 완벽한 사회와 그 정반대되는 사회를 결합해 유스토피아(ustopia)라는 용어를 만들었다. 유토피아에는 디스토피아에 잠재되어 있는 측면이, 디스토피아에는 유토피아에 잠재되어 있는 측면이 포함되어 있다고 생각해서였다"라고 말한다(위의 책, p. 66).

사유 무능력과
무관심의 정치

젭은 아담과 갈라선 후, 자신을 따라나온 유전공학자들 그리고 일부 정원사들과 함께 '매드아담'(MaddAddam)이라는 바이오테러리스트 그룹을 만들어, 조합의 사회기반시설을 파괴하는 일을 주도한다. '매드아담'의 전신은 필라의 수수께끼 팀인데, 이들은 자신이 몸담고 있는 생명공학 기업들이 하는 일을 증오하거나 양심 때문에 탈주한 최고의 유전공학자들이다. 이들은 유전자 조작으로 아스팔트를 먹어 치우는 미생물, 자동차를 공격하는 생쥐 등을 만들어 풀어서, 조합의 사회기반시설을 공격·파괴하는데, 동물 해방을 위한다면서 아이러니하게도 생명체를 마구 합성하여 폭탄처럼 이용하는 이율배반적인 '미친 동물해방조직'이다. 젭은 사람을 죽이는 게 아니라 사람들이 생각을 좀 하길 원했다지만, 자신의 목적을 위해 GMO 동물들을 만들어 도구화하는 인간중심적인 사고를 가진다.

이 비밀 저항 조직은 믿었던 크레이크의 배신으로 발각되고, 젭은 도망쳤지만 젭을 제외한 나머지 멤버들은 크레이크에게 억류되어 '완벽한 인간,' 크레이커를 만드는 데 동원된다. "그건 규모가 아주 큰 사업이었고, 생명과학 기업체들이 후원해주고 있었으며," 최고의 과학자들이 필요했으므로 매드아담들을 잡아다 일을 시킨 것이다 (43). 크레이크와 매드아담들은 인간의 단점이라고 여긴 잔인성과 폭력성, 질투, 죽음에 대한 공포, 전쟁과 가난 등을 없애기 위해, 이성도 언어도 없는 인간을 설계했다. 그리고 온갖 기능을 하는 부속품과 유전자 플랫폼, 예를 들어 내장용 방충제, 토끼의 모래주머니, 생식기의 푸른색을 위한 개코원숭이의 유전자 등을 설계에 집어넣었다. 물론 매드아담들은 강제로 동원되었고, 이러한 설정은 이들이 처한 억압적인 사회·경제적 조건과 상황을 강조·확대하기 위한 서사 전략이다.

> 수많은 정원사들이 기업체 단지 안에서 일했었고 수많은 매드아담들도 마찬가지였다. 생명과학 분야에서 훈련을 받은 사람들이 그 밖에 어느 곳에서 일했겠는가? 연구직에서 일하고 싶다면 그런 기업체를 위해 일해야 했다. 왜냐하면 바로 그곳에 돈이 있었기 때문이다.

> A lot of the Gardeners had started out inside a Corp Compound, and a lot of the MaddAddamites had as well. Where else was a bioscience-trained person to work? If you wanted a job in research, you had to work for a Corp because that was where the money was. (240)

매드아담들의 행위는 과연 위와 같이 간단히 변명되고 정당화될 수 있을까? 그들은 크레이크의 지구 재부팅 프로젝트에 부역하고 공모한 것이 아닌가? 그들의 말을 들어보자.

> "우리는 두뇌 노예였습니다." 매너티가 또 다른 고기 토막을 포크로 찍으면
> 서 말한다. "억류된 채 크레이크를 위해 진화 작업 기계의 작동을 담당하는
> 과학 두뇌광들이었지요. 크레이크가 자신의 능력을 어찌나 과시했는지 모
> 릅니다. 자신이 인간을 완벽하게 만들 수 있다고 생각했으니까요. 그의 능
> 력이 특출하지 않았던 건 아니지만." […]
>   "그러니까, 크레이크가 그 일에서 더 잘했어요." 매너티가 말한다. […]
>   "해결해야 할 문제들로 구성된 하나의 고기-컴퓨터 집합체로서 그건 아
> 주 흥미로운 도전이었어요." 아이보리 빌이 말한다. […]

> "We were the brain slaves," says Manatee, spearing another chop.
> "The captive science brainiacs, working the evolution machines for
> Crake. What a power-tripper, thought he could perfect humanity.
> Not that he wasn't brilliant." […]
>   "Just, Crake was better at it," says Manatee. […]
>   "As a meat-computer set of problems to be solved, it was an
> intriguing challenge," says Ivory Bill, […] (43)

매너티(Manatee)는 자신들이 두뇌 노예였음을 고백하는 한편, 과학
자로서 크레이크의 뛰어난 능력을 부러워하면서 완벽한 인간을 만들
기 위해 경쟁적으로 일했음을 누설하고 있다. 아이보리 빌(Ivory Bill)의
발언은 매드아담들이 유전자 조작 실험의 잔혹성과 비윤리성에 무관
심하면서, 그것을 단지 해결해야 할 문제, 흥미로운 도전으로 여겼음
을 보여준다. 그들은 크레이크와 더불어 지치지 않는 열정과 기술로
다종을 번성시키기 위해서 서슴치 않고 비인간들을 실험용으로 대
상화했다. 팬데믹 이후 토비는 "옛날 같았으면 […] 그들[크레이커]이

어떻게 조립되었는지 알아보기 위해 주사를 놓고 전기 충격을 주며 철저한 실험을 하고 얄따랗게 조각조각 저며냈을 것이다. […] 그들은 결국 냉동실에 DNA 조각들로 남게 되었을 것이다"라고 회고한다 (99). 이것은 매드아담들이 행했을 생체 실험의 잔혹성을 짐작케 한다.

그들은 일을 대할 때 과정과 관계보다 성과와 해결을 더 중요하게 생각한다. 매드아담들에게는 해결해야 할 문제, 흥미로운 도전, 기능이 중요하고 임무가 중요할 뿐, 이를 위해 동원되어 유린되는 생명들의 고통과 죽음, 실험 결과로 탄생할 새로운 GMO 인간, 세계는 문제가 아니다. 이 미래주의자들의 "평범한 사유의 결여에서 세계는 문제가 아니다". "사유 무능력"(inability to think)에 관한 한나 아렌트(Hannah Arendt)의 분석을 참조하는 해러웨이에 따르면, 매드아담들의 평범한 사유의 결여, "사유 포기"는 문명의 파국을 초래할 수 있는 특별한 종류의 "악의 평범성"(banality of evil), "사유 결여의 악"(evil of thoughtlessness)을 잘 보여준다.[41]

사유가 결여된 그들은 해결해야 한다고 여긴 문제에 강박적으로 도전해서 열심히 일한다. 애트우드는 "당연히 우리는 힘이 닿는 한, 상황을 개선하기 위해 노력해야 한다. 하지만 상황을 완벽하게 만들고자 하는 노력은, 특히 우리 자신을 완벽하게 하려는 노력은 하지 말아야 할지도 모른다. 그런 노력은 우리를 공동묘지행 길로 이끄는 듯하니까"라고 말한다.[42] 특히 우리 자신을 완벽하게 하려는 노력

---

41. Donna Haraway, 앞의 책, p. 36.
42. Margaret Atwood, 앞의 책, p. 95.

이란 인류의 신체적, 정신적 결점들을 모두 제거하고 능력을 향상시키려는 온갖 유전공학적 노력들을 말한다. 그는 유전자 조작으로 인류가 꿈꾸는 "트랜스바디"(transbody), 트랜스휴먼(transhuman)의 논리적 정점과 망상을,[43] 우리 대부분이 달갑게 받아들이지 않을 신체 능력을 지닌 크레이커를 통해 풍자한다. 그리고 정녕 이런 인류가 되고 싶은지 우리에게 질문하면서, 불완전한 그대로의 우리 자신을 겸허히 인정하고 최선을 다하라고 이야기한다.[44]

"지독한 폭풍"[45]과 같은 팬데믹 이후, 생존한 극소수의 인간들, 즉 매드아담들과 정원사들이 자그마한 생명나무 공원에 있는 "흙집"(cobb-house)에 모여 살기 시작하는데, 집단 거주지인 흙집은 이들을 안전하게 보호하는 "피난처"(refuge)로서, 생명들이 뿌리내리고 사는 땅, 지구를 상징한다(26). 이들은 이제 너무나 소수라서 서로가 서로에게 너무나 필요한 존재들이다. 기다란 식탁에 둘러앉아 "함께 빵을 나누는"(cum-panis)는 둘도 없는 "반려들"(companions)이다.[46] 그리고 실험실에서 빠져나와 해변에 살던 크레이커들도, 토비를 따라 흙집으로 온다.

그런데 크레이커에 대한 매드아담들의 반감이 심하다. 그들은 자

---

43. 주기화. 「GMO 시대의 바디, 트랜스바디, 포스트바디: 에일린 건의 「중간 관리자를 위한 안정화 전략」」. 「동서비교문학저널」 44, 2018, pp. 101~125, p. 107.

44. Margaret Atwood, 앞의 책, p. 95.

45. Margaret Atwood, "Perfect Storms: Writing *Oryx and Crake*", 2003. http://shirbegi.weebly.com/uploads/1/3/8/2/13820171/writing_oryx_and_crake_1.pdf p.1. (검색일: 2022.02.02.)

46. Donna Haraway, *Manifestly Haraway,* p. 102.

신들이 직접 만들었음에도 크레이커를 "파라디스 돔의 서커스단" (Paradice dome circus), 해안에 사는 "징그러운 벌거숭이 인간들"(creepo naked people)이라고 거리낌없이 놀리고 혐오한다(18). 크레이커의 전 두엽을 맡아 설계했던 스위프트 폭스(Swift Fox)는 크레이커들이 공격 성은 물론 유머 감각조차 전혀 없는 "걸어다니는 감자," "프랑켄-인 간들"(Frankenpeople)이라고 폄하하면서, 그들이 함께 살겠다고 흙집 으로 옮겨오지 않았으면 좋겠다고 말한다(19). 크레이커들을 데려온 토비와 달리 폭스는 자신의 자식들, "기이한 친척"(oddkin)이라고 할 수 있는 그들과 함께 살기를 거부한다.[47]

매드아담들의 이러한 반응과 태도 근저에는 인간/비인간 이원론 이 자리한다. 이원론에 기반한 신자유주의적 자본주의 사회를 살았 던 매드아담들에게는, 자신들은 크레이커보다 항상 우월하며 영혼 과 이성을 가진 주체이지만, 크레이커는 영혼도 이성도 없는 자연, 고기-컴퓨터 집합체, 기계적인 물질, 대상, 객체일 뿐이다.[48] 크레이 커를 혐오하고 거부하는 매드아담들은 메리 셸리(Mary Shelley)의 프랑 켄슈타인(Frankenstein) 박사, 미친 과학자의 전형을 잘 보여준다. 이들 은 자신들이 만든 생명체에 대해 무관심하고 무책임하다. 그들에게 세계는 '돌봄의 문제'가 아니라, 해결해야 할 문제일 뿐이다. 이들은 흙집 공동체 식탁에 앉아 온갖 것들에 대해 자신의 지식을 쏟아내지

---

47. Donna Haraway, *Staying with the Trouble*, p. 2.

48. 신유물론자인 제인 베넷(Jane Bennett)은 하물며 지렁이들도 "특정 상황과 그 가능성에 맞 춰 자신들의 기술을 조정한다"라고 주장한 찰스 다윈(Charles Darwin)의 생각을 경유하여, 모든 생명은 의식적인 행동과 지적능력이 있다고 본다.(Jane Bennett, *Vibrant Matter: A Political Ecology of Things*, Durham: Duke UP, 2010, p. 96)

만, 결국 악질적인 죄수들과의 전쟁에는 이런저런 이유를 대며 빠진다. 매드아담들은 미래주의자들의 무관심의 정치가 무엇인지 잘 보여준다. 애트우드는 매드아담들의 무관심의 정치, 사유 포기의 결과가 절멸적 힘을 가진 팬데믹이라고 경고한다. 그리고 매드아담들의 후계자가 우리가 아닌지 물으면서, 사유를 포기하지 말라고, 세계에 관심을 가지고 비인간들을 돌보고, 그들에게 진지하게 응답하라고 요청한다. 이것이 그가 자신의 소설을 사변소설이라고 말한 이유일 것이다.

미래주의자들
포용하기

　이상에서 필자는 애트우드의 『매드아담』에서 팬데믹을 야기한 매드아담들을 해러웨이의 미래주의 관점에서 살펴보았다. 해러웨이는 "인류세라 불리는 이 시대는 인간을 포함한 다종에게 긴급성의 시대다. 대규모 죽음과 멸종의 시대다. […] 무모하게 돌진하는 재앙의 시대다. 응답-능력의 역량을 이해하고 배양하기를 거부하는 시대다. […] 우리는 자기 멋대로이고 자기 충족적인 종말의 신화 없이 이 긴급성의 시대에 어떻게 생각할 수 있을까?"라고 묻는다.[49] 그리고 애트우드는 『매드아담』을 통해 자기 멋대로, 자기 충족적으로 종말의 신화를 다시 쓰는 다양한 미친 아담들, 미래주의자들의 공모와 역사를 파노라마처럼 펼쳐 보이면서 비판한다.

　애트우드는 매드아담들, 미래주의자들을 강력하게 비판하지만, 그들을 적으로만 바라보지 않는다. 아담이 옥상정원을 운영하면서 시

---

49. 위의 책, p. 35.

크릿버거(secretburgers) 가게 앞에서 발굽 동물들에 대한 사랑을 전파한 것을, 젭이 "괴짜 환경 운동 쇼"(ecofreakshow)라고 폄하하자, 토비는 "만약 아담이 그런 일을 하지 않았더라면 나는 지금 이 자리에 있지 못했을 것이다. 거리에서 싸움이 벌어졌을 때 그와 정원사 아이들이 나를 잡아 주었다. […] 그에게 많은 빚을 졌다"라고 항의한다(328). 렌(Ren) 또한 자신의 크레이크 혼혈 아기에게 "짐아담"(Jimadam)이라는 이름을 주어, 지미(Jimmy)와 아담이 잊혀지지 않기를 바란다(380). 팬데믹 이후 여성들이 구축하는 새로운 사회 속에서 매드아담들은 여성들이 낳은 크레이크 혼혈 아기들의 아버지 역할을 자임하고, "태양광 장비"(solar units)를 설치하고, "생태변기"(biolets)를 수리하고, 숯을 굽는 실험을 한다(377). 그들은 폐허 속에서 다종의 부활을 위해 공동생성적 협력의 길을 찾는 데 중요한 협력자가 된다. 해러웨이는 "특정한 상황의 기술 프로젝트들과 거기에 얽힌 사람들을 포용하는 것이 여전히 중요하다. […] 그들은 적이 아니다. 그들은 트러블과 함께 하는데, 생성적인 기이한 친척을 만드는 데 중요한 일들을 할 수 있다"라고 말한다.[50]

이 소설은 미래주의자들이 자연과 문화, 비인간과 인간의 분리를 고수하는 이원론적 근대 문명에 기초하므로 절멸의 힘, 팬데믹을 선택하기 쉽다고 경고한다. 추상적인 미래주의가 기술적 해법에 대한 소망충족적 믿음과 희망에 차서, 또는 트라우마로 인한 절망의 정서에 굴복하여, 자기 멋대로이고 자기 충족적인 종말의 신화를 다시 쓸

---

50. Donna Haraway, 앞의 책, p. 3.

수 있음을 경고한다. 흔히 대안으로 오해되는 미래주의가 결코 해법일 수 없을 뿐만 아니라 오히려 인류 절멸을 초래할 수 있는 파괴적인 것이라고 경고한다. 팬데믹 시대, 6차 대멸종이 예고된 대규모 죽음과 멸종의 시대에, 이 소설은 우리가 코로나19 팬데믹을 초래한 미래주의자들이 아닌지 질문하면서 이 긴급성의 시대를 어떻게 살아갈지 생각하게 만든다.

자연문화와 몸

기술-자연-몸에 대한
새로운 상상력

- 2010년대 SF에서 나타난 사고실험 양상을 중심으로

이지용

기술의 일상성과
새로운 상상력

    우리는 현재 기술(Technology)에 둘러싸여 살아가고 있다. 기술은 점점 더 밀접하고 일상적인 영역으로 확장하고 있다. 국가의 기간산업이나 국력을 상징하던 과학기술 이미지는 이제 일상적이고, 개인적인 영역의 아주 평범한 삶에 영향을 미치는 기술로 변화되었다. 그러기 때문에 현대 기술에 대한 담론들은 권력이나 구조에 대한 것이기도 하면서 지극히 사변적인 성찰들까지 포괄한다. 이렇듯 기술과 우리 주변을 둘러싼 자연, 몸과 문화의 다양한 현상들이 복잡하게 얽혀있는 현 상황에서 기술에 대한 혐오나 예찬과 같은 이분법적인 판단들은 대안을 제시할 수 없다. 현재의 우리가 직면해 있는 세계의 구성방식은 기술과 자연, 몸의 영역들이 "물리적으로 상호 포개지고, 그 관계 밀도가 커지는 상황"을 막기 어려운 상황이기 때문이다.[1]

---

1. 이광석, 「지구 생태-테크놀로지-인간의 새로운 공생적 관계를 위하여」, 『문화과학』 100, 문화과학사, 2019, pp. 229~230.

이러한 한계는 팬데믹을 겪으면서 더욱더 명확해졌다. 지난 2년여 동안 물리적인 공간의 제약과 유기체 몸들의 접촉은 급격하게 축소되었지만, 기술을 기반으로 그동안 일상화되어 왔던 기술의 영향력이 수면 위로 부상했다. 온라인을 통해 수업을 하고, 학술 활동도 이어나가며, 업무에 대한 회의를 하고, 사적인 만남도 가질 수 있었던 것은 기술이 기존의 물질 공간들이 가지고 있었던 다양한 의미들을 대체할 수 있었기 때문이다. 기술의 발달로 인한 자연의 훼손과 기후 위기가 팬데믹이라는 재앙을 촉발했지만, 우리는 또다시 기술의 발달을 통해 상황들을 극복해 나가고 있다. 그러기 때문에 지금에 와서 전면적인 기술의 폐기나 발달의 제한과 같은 담론은 실효성이 부족하다. 오히려 기술발달에 대한 한계들을 고찰해 비교 우위를 증명하려는 사고방식에서 벗어나 현재 우리에게 영향을 미치고 있는 기술의 생활세계들이 어떠한 형태를 취하고 있는가를 명확하게 감지해야 할 필요가 있다.

이를 위해서는 우선 기존의 이분법적인 사고의 대전제로 놓이는 관념들을 한 번 더 확장할 필요가 있다. 흔히 서양의 이분법적 세계관을 극복하기 위한 대안으로 동양적 세계관에서 주장하는 만물은 상호의존적이며, 기본적으로는 조화롭다는 명제들의 현대적인 재의미화가 필요하다. 만물의 영역에 기존의 자연과 인간, 그리고 인간이 만들어 놓은 문화의 영역에 기술이 가지고 있는 다양한 층위들이 포함되어야 한다. 그리고 그러한 의미들이 상호의존적이고 조화롭게 머물 수 있는 방법을 고민해야 한다. 그러기 때문에 본고에서는 기술과 자연 그리고 인간의 몸이 경계를 지으면서 구분되는 것이 아니라 상호의존적이고 연관적인 형태로 나타나고 있는 모습들과 그러한 세계를 상상하는 새로운 인식들을 통해 기술-자연-몸이 공존할 수 있는 가능성을 모색해 볼 것이다.

이를 위해 SF에서 나타난 사고실험의 양상들을 살펴볼 것인데, 이는 도나 해러웨이(Donna J. Haraway)가 수행한 방법에서 착안한 것이다. 해러웨이는 SF를 통해서 그의 사유를 구체화했다.[2] "현재 진행 중인 행위이자, 응답을 구하는 패턴이자 배치이며, 본래의 자신이 아니라 다른 존재들과 함께 나아가야 할 어떤 것"이자 "실천이고 작동 과정"이며, "놀라운 릴레이 속에서 서로 함께-되기(becoming-with)"로서의 SF의 가치들을 포착하고 활용하였던 것이다.[3] 본고에서도 이러한 방법론들을 차용하여 SF 작품들을 통해 현재의 기술과 자연, 몸에 대한 인식들을 살펴보는 것은 단순히 비현실적이고 공상적인 예상을 하는 것이 아니라, 현대에 나타나고 있는 실재들을 포착하는 구체적인 작업이라고 할 수 있다.

또한, 2010년대 이후에 발표된 SF 작품들로 범위를 한정한 것은, 이 시기부터 비로소 기술발달이 우리의 삶과 자연, 그리고 몸으로 연결되는 세계 전체에 어떠한 변화양상들을 만들어낼 수 있는지

---

2. 물론 해러웨이가 언급한 SF는 단순히 문화예술 갈래로서의 'Science Fiction'만을 지칭한 것이 아니라, 사변적 페미니즘(speculative feminism), 사변적 우화(speculative fabulation), 과학판타지(science fantasy), 과학적 사실(science fact) 등을 아울러 지칭한 것이다. (도나 해러웨이, 최유미 역, 『트러블과 함께하기』, 마농지, 2021, p. 23 참조.) 하지만 현대의 SF의 개념과 콘텐츠들 역시 이러한 관념들을 수용한 상태에서 발달해왔다. 특히 2010년대 이후의 SF에서는 이러한 현상들이 일반적으로 나타난다. 이에, 본고에서도 2010년대 이후에 발표된 SF 작품들을 대상으로 의미화를 시도할 것이다.

3. 위의 책, p. 11 참조.

에 대한 사고실험들이 진행되었기 때문이다. 특히 20세기까지의 인간 중심적이고 자연과의 이분법적인 시각을 완벽하게 극복하지 못한 작품들이 아니라 21세기에 새로운 담론들을 내재화하면서 나타난 작품들을 살펴볼 것이다. 우선 기술-자연-몸이 상호공존하는 가능성 형태들을 담은 작품으로 영국 BBC와 미국 HBO에서 공동 제작한 드라마 〈이어즈 앤 이어즈(Years & Years)〉(2019)를 살펴보고자 한다. 이 작품은 특히 발표된 해부터 이야기를 시작해 30여 년 이후의 근미래까지 보여주고 있다는 점에서 현재 우리 주변에서 변화하고 있는 다양한 의미들을 확인해 볼 수 있다.

이후에는 기술-자연-몸이 현대적으로 확장된 형태로서의 사이버스페이스(cyberspace) 혹은 메타버스(metaiverse)라고 불리는 새로운 생활세계들이 현재의 다양한 위기상황들에 대한 대안적 의미들을 만들어내면서 '공생기술(convivial technology)'로 작용할 수 있는지에 대한 가능성을 모색해 보고자 한다. 이를 위해 듀나의 『아르카디아에도 나는 있었다』(2020)와 최의택의 『슈뢰딩거의 아이들』(2021)에서 나타난 사이버스페이스의 일상적이고 현실적인 모습들이 보여주는 의미들을 확인하면서 기술-자연-몸이 상호의존적으로 구성되어 있는 현실에 대해 고찰해 보고자 한다. 이러한 작업들은 단순히 작품을 통해 나타난 형태들을 파악하고 그것과 현실과의 거리감을 확인하고자 하는 것이 아니다. 오히려 작품에서 나타난 형태들을 고찰함으로써 해러웨이가 개진했던 '형상화(figuration)'를 시도하는 것이라고 할 수 있다.

해러웨이의 형상화는 다양한 가능성에 대한 제안이다. "형상화작업들을 통해 우리는 새롭고도 '다른' 이해 방식을 제공받음으로써,

행동과 이해가 다른 방향성을 제안" 받기 때문에 이러한 시도를 통해 우리가 이전에는 인지하지 않았던 새로운 가능성들을 발견할 수 있다.[4] 특히 형이상학적이고 관념적인 개념들을 현실의 인식 방법론으로 귀결시키는 과정에서 이러한 형상화를 통해 얻어지는 '이해 방식'은 이론과 개념이 현실화되는 실질적인 방법론으로 중요하게 작용할 것이다. 그리고 본고에서 살펴보고자 하는 2010년대 이후에 발표된 SF 작품들에서는 이러한 가능성들이 좀 더 직접적으로 나타나는 것을 확인할 수 있다.

---

4. Bastian, Michelle, "Haraway's Lost Cyborg and the Possilities of Transversalim", *Signs* 31(4), 2006, pp. 1029~1030.

기술-자연-몸의
상호공존에 대한 상상력

　현대의 기후위기는 '인간중심주의(anthropocentrism)'에 의한 것으로 지적되고 있다. 인간을 중심에 두고 세계를 인식하고, 인간을 우선시하면서 발달시켜 온 기술의 발달이 "비인간종과 지구 생태를 자본주의 과학기술의 인공 세계 자장 안으로 끌어들이는" 형태를 보임으로인해 현재의 문제들이 발생했다는 것이다.[5] 이를 극복하기 위한 방법도 이전에는 인간 중심이 아닌 지구와 환경을 생각하여 발전을 지연하거나 제한하는 형태로만 논의되었다. 하지만 현재의 문제들을 해결하고 다양한 (비)생명 타자들을 아울러 공존하기 위해서는 '공생기술'적 전망이 구축되어야 한다.[6] 여기에서는 기존에 논의되던 기술과자연의 이분법적인 대립양상을 극복하고 상호의존성을 공유하면서존재하는 논의가 지속되어야 함에 더불어, 자연과 기술의 대립양상

---

5. 이광석, 앞의 글, p. 229.

6. Illich, Ivan, *Tools for Conviviality*, Harper&Row, 1973.

에서 기술의 사용자 정도로 뒤에 은폐되어 있던 인간, 그중에서도 인간의 몸에 대한 양상들 역시 함께 논의되어야 한다.

이를 위한 형상화의 방법으로 드라마 〈이어즈 앤 이어즈〉에서 나오는 기술과 몸의 상호공존에 대한 형태와 의미들은 유의미한 가치가 있다. 2019년에 발표된 이 드라마는 2019년부터 2034년까지의 영국을 배경으로 한다. 특히 기술발달이 고도화된 근미래를 상정하고 있는데, 무엇보다 과학기술과 몸이 뒤엉켜 있으며 데이터와 그것들이 교차하는 네트워크, 이들을 통제하는 인공지능과 관련된 기술들이 특징적이다. 이 중에서 과학기술과 인간의 유기체 몸이 결합하여 일종의 사이보그(cyborg) 형태로 나타나는 것은 일찌감치 해러웨이가 "허구이면서도 삶 속 경험의 문제"로 규정한 바 있다.[7] 〈이어즈 앤 이어즈〉에서도 삶 속 경험의 문제들로 나타나는 기술과 몸의 결합 형태들이 나오는데 홀로그램 이모티콘 필터를 얼굴에 씌워 자신의 얼굴을 다른 모습으로 보이는 것부터 시작해 몸에 전화를 이식하는 것, 그리고 컴퓨터와 결합해 일종의 트랜스휴먼(transhuman)이 되는 것이 여기에 해당한다.

▲ 〈이어즈 앤 이어즈〉에서 나타나는 기술과 몸의 결합 형태

---

7. 도나 해러웨이, 황희선 역, 『해러웨이 선언문』, 책세상, 2019, p. 19.

이 작품에서 나타나는 트랜스휴먼의 형태가 기존의 SF 작품들에서 보여주던 그것과 달리 특징적인 것은 유기체의 몸에 대한 부정이나 혐오로부터 시작하게 되지만, 결국 그것을 극복하고 새로운 형태로 변화하는 것까지를 보여주고 있다는 것이다. 해러웨이는 사이보그를 "경계 위반과 융합의 잠재력, 위험한 가능성을 탐색하며 진보정치의 자원을 찾아보는 것과 관련"된다고 했다.[8] 특히 사이보그가 기존의 가족 형태들을 해체하고 전복하는 성질을 내포한다고 이야기하는데, 〈이어즈 앤 이어즈〉에서 나타나는 사이보그의 형태도 처음에는 그러한 모습을 보여준다. 사이보그가 되고 싶어 하는, 자신의 유기체 몸에 대한 혐오를 가지고 있는 이들은 주로 10대의 청소년들이고, 그들은 태어나면부터 각종 전자기기 즉, 기술에 둘러싸여 있었던 이들이다. 이들은 유기체의 몸과 기술에 대한 의미에 대한 시각들이 기존 세대들이 가지고 있었던 것과 다른 출발점에 서 있음을 보여준다.

▲ 자신의 몸을 혐오하여 사이보그가 되고 싶어 하는 모습

그러기 때문에 자신의 몸에 대한 불만족에 의해서 얼굴에는 홀로

---

8. 위의 책, p. 27.

그램 필터를 씌우고, 이러한 문제는 가족 내에서의 소통의 문제점을 야기한다. 특히 이러한 소통의 문제는 부모와의 관계에서 두드러지는데, 이것을 통해 사이보그 자체가 경계 위반과 위험한 가능성들을 내포하고 있다는 사실을 보여주는 것이라고 할 수 있다. 하지만 〈이어즈 앤 이어즈〉에서는 이러한 형태들이 단순히 전복 가능성에 머물지 않고 새로운 응답-능력(response-ability)을 만들어 내는 지점까지를 보여준다. 이는 해러웨이가 "사물들과 살아 있는 존재자들은 응답-능력을 키우면서, 시간과 공간의 상이한 스케일 속에서 인간과 인간 아닌 생물들 신체의 내부와 외부에 있을 수 있다."라고 변화되고 발전된 선언을 했던 것과도 유사한 맥락이 있다.[9] 그러기 때문에 작품에서 기술과 결합하여 사이보그화 되는 몸은 유기체로부터 자유로워지려는 욕망으로부터 출발하지만 결국 현재 우리가 사용하고 있는 다양한 기술들을 조금 더 적극적으로 활용함으로써 응답-능력을 확대하는 형태로 나타난다.

특히 신체의 다양한 부분들에 기술의 이식이 이뤄지고 난 뒤에 가족을 비롯한 다른 이들과 유리되고 분리되는 것이 아니라 오히려 그러한 관계망을 새롭게 정의해 이전까지와는 다른 의미들을 만들어 내는 것은 이전까지의 사이보그에 대한 SF 작품들이 보여주지 못했던 현실적이고도 미래적인 방향들을 보여준 것이라고 할 수 있다. 특히 응답-능력이 "대상에 반응할 수 있는 능력"이라는 사실을 상기해보고, 그 대상을 단순히 유기체나 ^(비)인간을 넘어 지구상에 존재하는

9. 도나 해러웨이, 최유미 역, 앞의 책, 2021, p. 34.

모든 것들로 확장해 보았을 때 작품에서 보여주는 사이보그의 형태는 '함께-되기'를 위한 효과적인 방법론이라고 할 수 있다.[10] 이러한 지점에 대한 증명을 작품 내에서도 발견할 수 있는데, 사이보그의 몸이 확장되면서 인간과 인간에 대한 관계들의 변화도 시도되지만, 현재 인간들이 만들어 내고 있는 수많은 데이터들에 자유롭게 접속할 수 있는 몸이 되면서 자신의 존재 자체를 전 지구적인 상태에 놓고 사고하고 인식하는 관념들이 발생하는 모습을 보여주는 장면이 그것이다.

▲ 사이보그의 과정이 심화되고 나서 오히려 다양하게 응답-능력들을 확장하는 모습

방대한 데이터의 세계, 즉 네트워크에 접속하면서 기후의 변화와 같이 전 지구적인 변화양상을 밀접하게 받아들이고 반응할 수 있음을 보여준다. 그러한 데이터의 홍수는 일종의 디지털 피로감과 같은 것을 야기한다고 사회적으로 우려되었지만, 어릴 적부터 그러한 데이터와 기술의 노출에 익숙해져 있는 세대에서는 오히려 그것이 자유이고 '즐거움'이라고 이야기한다. 이러한 인식을 가지고 있는 사이

---

10. 현남숙, 「D. 해러웨이의 다종적 생태정치: '함께-되기'와 '응답-능력'을 중심으로」, 『한국여성철학』 35, 한국여성철학회, 2021, p. 90.

보그는 이후에 작품의 종반부에 사회적이고 구조적인 거대한 불합리에도 능동적으로 반응하며, 전복적으로 행동하는 모습을 보여준다. 계몽적이고 교조적인 형태로 의식의 전환이 일어나는 것이 아니라 기술과 결합하여 얻게 된 데이터들을 통해 오히려 기술-자연-몸이 분리되어 있지 않고 얽히고설켜 존재할 수밖에 없다는 사실을 명확하게 마주하는 모습을 보여주고 있는 것이다. 이는 다양한 개체들이 '함께-되기'를 위해 필요한 '응답-능력'의 확대에 기술 영역의 필요성을 역설하고 있는 지점으로도 해석해 볼 수 있다.

사이버스페이스,
혹은 메타버스와 공생기술

기술발달이 가속화되고 있는 현대에 기술-자연-몸의 상호연관성이 나타나고 있는 영역으로는 사이버스페이스를 빼놓을 수 없다. 이전에는 가상과 실제라는 이분법적인 형태로 사이버스페이스에 대한 가치판단들이 이루어졌지만, 앞서 언급했던 것과 같이 사이버스페이스는 현실과의 경계를 소거하면서 빠르게 확장하고 있다. 최근에 나타나고 있는 메타버스와 관련된 논의들 역시 사이버스페이스가 픽션의 영역에 머무르지 않고, 관념의 세계에 있는 것이 아니라 일상화되어 실질적인 영향력을 행사하고 있음을 뒤늦게 정의하기 위한 움직임이라고 볼 수 있다. 특히 메타버스의 그것이 게임의 구조와 유사하다는 것을 상기할 때, 메타버스는 세스 프리벳치(Seth Priebatsch)가 예견한 '게임 레이어'와 유사한 개념이라고 할 수 있다.[11] 그리고 이러한 새로운 세

---

11. S. Prebatsch, 〈The game layer on top of the world〉 (https://youtu.be/Yn9fTc_WMbo)

계의 관념에서 기술-자연-몸은 또 다른 국면의 변화들을 야기하는데, 이에 대한 예시들 역시 SF 작품들을 통해 확인해 볼 수 있다.

사이버스페이스에서 새롭게 발생할 수 있는 다양한 의미들에 대한 사고실험들을 픽션의 형태로 묶어내는 사이버펑크(cyberpunk) 서사는 1980년대 미국에서 발전하기 시작했다. 윌리엄 깁슨(William Gibson)의 『뉴로맨서(Neuromancer)』(1984)로부터 출발한 이러한 서사 형식은 이후 오시이 마모루(押井守)의 애니메이션 〈공각기동대(攻殻機動隊)〉(1995)와 더 워쇼스키(The Wachowskis)의 영화 〈매트릭스(Matrix)〉(1999~) 시리즈를 거치면서 구체화되기 시작했다. 하지만 20세기까지 구체화되던 사이버스페이스에서 담론은 사이버네틱스(cybernetics)를 기반으로 하는, 인간과 기계의 결합과 그로 인해서 발생하는 가상의 공간에서의 존재들에 대한 것이었다. 그러한 양상은 21세기에 접어들면서 변화를 맞이하게 되는데, 사이버네틱스와 같이 인간의 두뇌와 컴퓨터가 직접적으로 연결되지는 않지만 일상화되고 개별화된 기술경험들로 인해서 20세기에 상상했던 사이버스페이스의 감각들이 현실화되었기 때문이다.

그러기 때문에 21세기의 사이버스페이스는 픽션에 머물러 있는 것이 아니라 현실 감각과 그것이 나타나는 형태들을 내포한다. 그러기 때문에 매체를 비롯한 사이버스페이스를 구성하는 기술들에 대한 접근 방법 역시 재현(representation)의 형태들을 위주로 하던 방식에서 벗어나 '관계적 미디어'로서의 의미와 가능성들을 고찰하는 방식으로 변화하고 있다.[12] 그중에서도 한국은 "기술감각(techno-sense)"이 높은 나라

---

12. 이광석, 『포스트디지털 – 토픽과 지평』, 안그라픽스, 2021, pp. 17~18 참조.

라고 할 수 있다. 이러한 영향으로 한국에서 최근에 발표된 사이버스페이스 관련 SF 소설들은 "일종의 미디어기술에 의해 매개된 사회 구성원의 자유로운 소통 능력"을 구현하는 데 효과적인 형태를 보이고 있다.[13] 이는 다른 사이버스페이스 관련 콘텐츠들이 여전히 인간과 가상 세계의 위계를 구분하고, 인간중심적인 관계맺기의 의미를 강조하거나, 가상의 세계를 강조하면서 현실에 존재하지 않는, 혹은 현실로부터 유리된 의미들을 추적하는 것과 다른 양상이다.

이러한 장점이 잘 드러난 대표적인 작품은 듀나의 『아르카디아에도 나는 있었다』와 최의택의 『슈뢰딩거의 아이들』이다. 두 작품 모두 사이버스페이스와 현실의 감각들이 중첩되고 상호긴밀하게 연관되는 세계관을 구축하고 있는데, 두 세계 사이의 위계나 가치판단의 정해진 방향을 경계하고 있기도 하다. 우선 『아르카디아에도 나는 있었다』에서는 사고에 휘말려 치료기간 동안 사이버스페이스인 아르카디아에 머무는 주인공의 이야기가 그려진다. 이 세계에서는 사이버스페이스를 관리하는 AI 관리자들이 존재하고 그들은 처음에는 인간을 배려해 인간의 모습을 하고 있었지만, 이후에는 자신들을 "대표할 만한 다른 모양"들로 변화했다. 인간의 모양을 하지 않은 AI들이 세계의 대부분을 차지하고 인간은 소수가 되었지만 필요에 의해 인간은 보호를 받고 있는 세상인 것이다.[14]

『아르카디아에도 나는 있었다』에서 보여주는 세계는 인간 종으로서의 우월함도 인간들 간의 관계의 기본 단위라고 여겼던 가족을 의

---

13. 위의 책, p. 45.
14. 듀나, 『아르카디아에도 나는 있었다』, 현대문학, 2020, pp. 12~19 참조.

미하는 개념들도 희미해진 세계이다. 인간과 비인간, 유기체와 무기체, 순수한 인간과 AI가 뒤섞여 존재하고 있는 세계에서 당연히 "'순수한 인간 정신'에 대한 망상" 역시 존재하지 않는다.[15] 물론 음모를 비롯해 여러 사건들이 발생하는, 여전히 부조리와 불합리가 존재하는 세상이긴 하지만 이러한 세계가 '좋아지고' 있음을 나타내는 서술에서 '덜 인간 중심'적으로 되어가고 있음을 언급하는 것은 이 소설에서 그리고 있는 세계가 어떠한 의미를 지향하는지를 알 수 있게 해준다.[16] 이는 21세기의 SF 소설이 보여주고 있는 지향점 중 하나가 기술로 인한 인간중심적인 사회의 발달이 아니라, 오히려 인간중심적인 사회구조를 극복하는 것을 통해 미래를 지향한다는 것을 보여주는 것이다.

또한 이 작품에서는 기술 문명이 태양계 전체를 거대한 기계로 만드는 미래가 옛날 작가들의 망상이라고 비판하면서 "모든 일들이 일어나는 곳이기에 그 어느 진실도 무게를 가질 수 없는 곳"이라고 설명한다.[17] 또한 "아무 일도 하지 않는다면 우린 우리 자신의 존재를 부인하는 것이 됩니다. 최소한 우리는 당신들이 만든 창작 외계인들보다는 '더 존재해야' 합니다."[18]라고 역설하고 있는 것들을 통해 『아르카디아에도 나는 있었다』에서 나타나고 있는 세계관이 인간중심의 세계관을 극복하고 그레이엄 하먼(Graham Hatman)이 이야기 했던

---

15. 위의 책, p. 47.
16. 위의 책, pp. 79~80 참조.
17. 위의 책, p. 129.
18. 위의 책, pp. 133~134.

객체지향존재론(Object-Oriented Ontology)적 사고가 진행되고 있음을 알 수 있다. 비로소 "인간이 직접 개입되지 않은 객체들의 관계"가 나타나는 "친객체적" 세계관이 구성되어 있는 것이다.[19] 이러한 세계관은 다음과 같은 서술로 증명된다. "이들 사이에는 어떤 차이도 없습니다. 인간, 멜뤼진, 다른 창작 외계인 모두가 평등해요. 그렇다면 그림자들도 마찬가지지요. 그림자들도 마더 입장에서 보면 우리와 공존하며 존재의 가치를 증명할 권리가 있습니다."[20]

그런데 이러한 인식들은 2010년대 한국 SF 소설들에서는 특별한 시각이 아니다. 최의택의 『슈뢰딩거의 아이들』에도 이러한 세계관들이 구축되어 있다. 미래의 학교 시스템 내에서의 학생들의 이야기를 담고 있는 이 작품에서는, 사이버스페이스와 소셜미디어의 일상화가 고도로 진행된 세계를 그린다. 이 세계에서는 더 이상 재현의 문제 등을 고민하는 것이 아니고, 기술 감각에 대한 특징들 역시 이미 일상화되어 버린 감각에 속하게 되었다. 학교라는 공간은 가상의 시스템 내에서 '학당'이라는 개념으로 변모하였다. 그리고 그 안에서의 학생들은 '자기의식 기반 아바타 생성 알고리즘'의 영향으로 고정되지 않고 다채롭게 자신의 몸과 주변 세계들을 변화시킬 수 있다.[21] 그러기 때문에 해당 세계관에서는 표면적으로 차별과 구분은 존재하지 않는 것처럼 보인다.

그래서 신체적으로 장애를 가지고 있는 인물들도 학당에서는 자신

---

19. 그레이엄 하먼, 김효진 역, 『비유물론』, 갈무리, 2020, p. 49.

20. 듀나, 앞의 책, p. 145.

21. 최의택, 『슈뢰딩거의 아이들』, 아작, 2021, p. 178 참조.

이 원하는 모습을 취할 수 있다. 여기에서 나타나는 의미 있는 지점들은 장애를 극복하고 정상성이나 건강한 몸에 대한 강박적인 담론들이 전면적으로 나타나지 않고 있다는 것이다. 어떤 이는 휠체어를 타고 있는 자신의 유기체 몸을 다시 디자인해서 두 발로 걸어 다니는 아바타로 학당에 접속하는 반면, 두 발로 걸어 다니는 이 중에서도 자신의 선택에 의해 휠체어를 탄 인물로 접속하기도 한다. 그리고 그것이 "자신의 존재를 증명하는 투쟁"의 일환이라고 여긴다.[22] 이러한 과정은 기존에 사회가 규정했던 기준들을 무너뜨리고, 새로운 가치들을 정립하는 것이 사이버스페이스를 통해서 충분히 실현 가능한 지점이라는 것을 보여준다고 할 수 있다.

특히 두 작품에서 공통적으로 나타나는 특징인 물리적 공간과 사이버스페이스의 위계가 사라지고, 상호의존적인 영향력을 주고받고 있는 세계들에 대한 개념들은 2010년대 한국 SF 소설에서 나타나고 있는 특징이라고 할 수 있다. 이러한 상상력을 통해 현대의 사이버스페이스 혹은 메타버스라고 불리는 가상공간이 인간중심적 사고를 극복하고 새로운 의미들을 구축하는 단서를 얻게 된다. 특히 이러한 상상들이 게임의 구조로 나타나는 것은 장 보드리야르(Jean Baudrillard)가 상상했던 "근본적인 효과, 세계의 무조건적인 실현"이며, "모든 사실과 데이터를 이 세계만큼의 해상도로 나타내는 일"의 실재적 모습이라고 할 수 있다.[23]

---

22. 위의 책, p. 230.

23. Baudrollard, Jean, "The Virtual Illusion: Or the Automatic Writing of the World.", *Thoery, Culture & Soci*ety 12(4), p. 101.

기술의 지향점과
방향성

이와 같이 2010년대 이후에 발표된 SF 작품들을 통해 현 시대의 기술에 대한 인식들과 지향점이 대중적으로 어떠한 방향성을 가지고 진행되고 있는지를 확인해 보았다. 이전까지의 SF 텍스트는 인간 중심적인 시각들을 극복하지 못하고 기술예찬이나 낙관론에 머물러 있으면서 새롭게 형성되는 담론들을 반영하지 못하는 한계를 가지고 있다는 인상들이 있어왔다. 하지만 2010년 이후로 급격하게 변화하고 있는 담론 지형들을 SF에서 받아들이면서 이러한 문제의식들을 새롭게 공유하고 있음을 확인할 수 있었다. 이는 SF가 가지고 있는 장르적인 특징이라고도 할 수 있는데, 이러한 변모의 양상을 확인한 것은 이후로도 SF 작품들을 통해 다양한 시도들을 수행할 수 있다는 가능성을 보여준 것이라고 할 수 있다.

특히 〈이어즈 앤 이어즈〉, 『아르카디아에도 나는 있었다』, 『슈뢰딩거의 아이들』과 같이 최근에 발표된 작품들에서 공통적으로 기술-자연-몸이 각각 분리되어 있고, 대립관계를 가지고 있는 것이 아니라 상호의존적이고 상호공존하는 형태를 지향해야 하는 것들을 반복하여 나타내고 있다는 것을 확인할 수 있었다. 이와 같이 이미 SF 안에서는 인간중심적인 세계관들이 힘을 잃었고, 다양한 객체들이 존재의 투쟁을 벌이는 장들이 사고실험되고 있다. 거기에서는 기술과 자연이 대립적인 관계로 존재할 수 없음을 포착하여 기술은 자연을 자연은 기술을 지속가능하게 하는 다양한 방법론들에 대한 사고실험들이 이루어지고 있다. 특히 기술과 몸에 대한 다양한 외삽(extrapolation)은 오히려 이들이 상호연관을 주고받았을 때 현재 직면하고 있는 문제들을 해결할 가능성이 파생된다는 사실들을 주지한다.

〈이어즈 앤 이어즈〉에서 기술과 밀접하게 결합된 캐릭터가 결국 전체 문제를 해결하는데 구심점이 되고, 누구보다 주체적인 존재로서 자리할 수 있게 된 것은 이러한 지점들의 가능성을 실제적으로 보여주는 것이다. 그리고 이것은 현재 우리가 지나고 있는 세계의 현실적인 지점들을 가장 잘 표상한다. 우리는 현재 우리 주변의 다양한 의미들과 끊임없이 의미들을 주고받으면서 존재하고 있다. 해러웨이가 말한 것처럼, "자연, 문화. 주체, 객체는 그들이 밀접하게 뒤엉킨 세계를 만들기 이전에는 존재하지 않는다"고 인식하는 것이 우리가 인정해야 할 지점일지도 모른다.[24] 그렇게 되면 자연을 이상화하는 것도, 문화나 기술을 자연과 대립하는 무엇인가로 여기고 제한하는 것도, 주체와 객체를 나누고 위계를 만들어 우선순위를 적용하는 것도 현 시점에서 우리가 경계해야 할 지점이라고 할 수 있다.

---

24. 도나 해러웨이, 최유미 역, 앞의 책, 2021, p. 28.

그리고 그러한 가능성이 현재 확장하고 있는 사이버스페이스에서 발견되고 있다. 기술의 일상화에 의해서 형성된 매체들과 기술은 자연과 몸을 횡단하고 교차한다. 그러한 영향력과 상호의존성의 세계에 이미 진입해 있음을 우리는 받아들여야 한다. 다양한 객체들이 네트워크를 형성하고 있는 시대에 우리가 지향해야 할 지점들은 응답-능력을 기르기 위해 주변의 기술-자연-몸들의 상황을 긴밀하게 살피고, 그들과 함께-되기를 통해 새로운 공동체를 상상하는 것일지도 모른다. 그리고 그 공동체는 우리가 그동안 인식해왔던 물리적 공간이나 의미들을 넘어서 사이버스페이스 혹은 게임적인 구조를 가지고 움직이는 메타버스의 세계들을 통해 구현될지도 모른다. 그러한 지점들이 상상 속에서 허황되게 나타나는 현실과 동떨어지는 일들이거나, 혹은 아직은 거리감이 있는 먼 미래의 일이라고 치부하기에는 우리가 이미 팬데믹을 통해 우리의 세계가 한 순간에 뒤바뀔 수 있다는 사실들을 경험했다.

자연문화와 몸

'어두운 함께-되기'
서사와 생명정치적 장소성

- 편혜영의 『재와 빨강』에 나타난 '자연문화'를 중심으로*

임지연

* 이 글은 「2000년대 재난소설의 '어두운 함께-되기' 서사와 생명정치적 장소성 -편혜영의 『재
와 빨강』에 나타난 '자연문화'를 중심으로」(『통일인문학』, 건국대학교 인문학연구원, 2022)
를 기초로 변형한 것임을 밝힙니다.

재난의 책임은
누구에게 있나?

    2000년대 한국소설의 큰 흐름 중 하나는 공포와 재앙, 파국과 종말 의식이 구조화된 재난소설이라고 할 수 있다. 여기서 재난은 근대문명에 내재된 일상화된 위험의 사건화를 말한다. 울리히 벡의 주장처럼 위험은 근대화 자체가 유발하고 도입한 위해와 불안을 다루는 방식이다. 초기 산업사회의 위험이 부수 효과로 합법화되었다면, 위험 사회로 불리는 현대의 위험은 지구화 경향에 따라 계산불가능할 만큼 증폭된다.[1] 즉 위험은 근대 문명에 내재된 필연적인 것이자, 일국의 범주를 넘어서기 때문에 위험의 범주와 척도는 예측불가능하고 계산불가능하다. 따라서 이러한 위험을 떠맡는 개인은 일상적으로 공포와 불안을 느끼며 살아갈 수밖에 없다. 2000년대 재난소설은 이러한 조건 속에 위치한다. 게다가 최근 극심한 기후변화 위기와 생태 파괴, 지

---

1. 울리히 벡, 홍성태 역, 『위험사회』, 새물결, 2006, p. 43, pp. 56~57.

구 위기를 포괄하는 인류세(人類世, Anthropocene) 담론[2]과 바이러스에 의한 인수공통감염병의 유행이 결합 되면서 재난은 위험사회의 특징을 넘어 더욱 복잡한 양상을 띠게 된다. 그런 점에서 2000년대 재난소설은 복잡한 의미망 속에서 해석의 확장을 필요로 하게 되었다.

편혜영은 문명에 내재된 위험을 개인의 공포 서사로 직조한 작가로 주목받았다. 편혜영의 소설은 대체로 재난소설이나 공포소설로 해석되어 왔다. 재난소설이 재난이라는 사건에 주목한다면, 공포소설은 공포의 분위기에 초점을 맞춘다. 공포소설이라는 평가는 신자유주의 도입 이후 지배적 정서가 된 공포와 인간성의 소멸[3], 쓰레기로 전락한 개체의 고립에 의한 공동체의 파편화[4]를 근거로 제시한다.

---

2. 인류세는 기후변화, 온실가스, 자연재해, 대멸종 등과 같은 환경정치적 위기들을 지질학적 개념으로 통합한다는 점에서 생태를 넘어서는 용어이다. 2002년 대기화학자 파울 크뤼첸은 인류세를 '인간이 지배하는 현시대를 만이천 년 동안 온난했던 시기인 홀로세를 대체하는 새로운 지질시대'로 제안하면서 전 세계적으로 등장한 개념이다. 이 용어는 Anthropos를 뜻하는 인류와 '최근'을 지질학적 용어인 'cene'이 결합된 말이다. 인류세는 인간이 거대한 자연의 힘으로 등장한 시기를 지질학적으로 표현한 용어로서 인간에 의한 지구시스템 위기를 비판한다. 크뤼첸의 선언 이후, 지질학계는 인류세를 공식적인 지질시대로 인정할 수 있는지에 대한 논의에 들어갔으며, 인류세 연구는 세계적인 아젠다가 되었다. 해밀턴은 인류세를 지질학적 정의, 지구시스템적 정의, 인간-자연관계를 둘러싼 정의로 구분하고 있는데(클라이브 해밀턴, 정서진 역, 『인류세』, 이상북스, 2018, pp. 2~3), 그만큼 이 개념은 확장가능하다. 인류세는 용어에 대한 찬반 논쟁(인류세 대신 자본세(Capitallocene), 열세(Thermocene), 플레테이션세(Plantationcene), 해러웨이의 Chthulucene 등), 기점을 둘러싼 논쟁(농경과 산림 벌채가 시작된 시기, 1492년 유럽의 신대륙 발견 시기, 19세기 산업혁명 시기, 20세기 인구 폭발기 등), 인류 개념에 대한 논쟁(원영선, 「자연과학과 인문학의 만남: 인류세 연구」, 『안과 밖』 46, 영미문학연구회, 2019, pp. 258~261) 등 넓은 스펙트럼으로 나타난다. 따라서 인류세는 확정적 개념이 아니라, 논쟁 중이며, 확장되어가는 개념이다.

3. 김은하, 「후기 근대의 공포와 재앙의 상상력-편혜영의 『재와 빨강』」, 『비교한국학』 21-1, 국제비교한국학회, 2013.

4. 소영현, 「민주화의 역설과 한국소설의 종말론적 상상력 재고」, 『한국문예창작』 12-1, 한국문예창작학회, 2013.

이러한 기존의 평가는 위험과 공포의 정치적 의미와 파국적 상황에 처한 근대적 인간의 의미를 비판적으로 접근하였다는 점에서 의미가 있을 것이다. 그러나 앞서 말한 것처럼 재난과 공포가 기존의 의미망을 벗어나는 인류세적 현실 속에서 편혜영의 소설은 보다 복잡한 관점으로 접근할 필요가 있다. 그런 점에서 편혜영 소설에서 공포의 분위기가 개인을 체념과 무기력에 휩싸이게 할 뿐 아니라, 공동체 형성의 계기가 되지 못하고, 타자와의 소통 불가능성과 연대 불가능성을 드러낸다는 비판적 평가[5]는 재고할 여지가 있다. 이러한 비판적 해석은 개인을 '인간'에만 한정할 때 성립된다고 보이기 때문이다.

재난의 원인을 인간에게만 돌릴 때, 모든 책임은 인간에 편중된다. 이 관점은 인간의 비판적 성찰과 책임윤리를 꾀할 수 있기 때문에 긍정적이라고 할 수 있을까? 최근 인류세 담론과 인수공통감염병 유행은 인간과 비인간이 어떻게 연결되었는가라는 새로운 사유의 지평을 열었다. 재난을 인간중심적으로 바라볼 때 역설적으로 인간은 특권화된다. 가령 메르스와 사스, 코로나19 바이러스에 따른 일련의 전염병 사태는 낙타와 사향고양이, 박쥐와 같은 동물을 매개로 인간에게 건너온 바이러스에 의해 전염되었다고 보고되었다. 하지만 이 사태들은 동물-바이러스-인간이 얼마나 긴밀하게 연결되었는가를 역

---

5. 오혜진, 「출구없는 재난의 편재, 공포와 불안의 서사」, 『우리문학연구』 48, 우리문학회, 2015, p. 334; 김은하, 「후기 근대의 공포와 재앙의 상상력-편혜영의 『재와 빨강』」, 『비교한국학』 21-1, 국제비교한국학회, 2013, p. 135; 소영현, 「민주화의 역설과 한국소설의 종말론적 상상력 재고」, 『한국문예창작』 12-1, 한국문예창작학회, 2013, p. 256; 고봉준, 「재난의 생명 정치와 연대의 (불)가능성」, 『한국문예비평연구』 72, 한국현대문예비평학회, 2021, pp. 21~22.

설적으로 보여준다. 따라서 메르스와 사스, 코로나19 바이러스에 의한 인수공통감염병의 원인을 인간에게 돌리고 전적인 책임을 지우는 것은 부분적으로만 타당하다. 이 사태는 인간만이 해결할 수 없다. 전적으로 인간만을 해결 주체로 설정할 때 동물과 바이러스는 박멸해야 할 대상이 되거나, 아니면 인간의 이기심에 의한 무구한 피해자로 전락하게 된다. 이러한 시각은 동물과 바이러스와 같은 비인간 존재를 수동적이고 비활성적인 무력한 타자로 만든다. 이것은 인간의 책임을 성찰하려는 의도와는 무관하게 인간을 자연의 주인이나 지배자처럼 보이게 한다. 인간이 자연의 주인이라는 관점은 인간을 특권화한 것이다. 이것은 역설적으로 인간중심주의를 강화한다.

사실상 인간의 문화란 비인간 자연(동물, 식물, 광물 등)과의 협력 없이 이루어질 수 없다. 일례로 도시의 빌딩은 인간(문화)의 영역처럼 보이지만, 사실은 돌, 석유, 전기, 광물, 플라스틱 등 자연과의 협력 속에서 건설되었다. 문화는 전적으로 인간만의 영역이 아니라, 인간과 자연의 공동 영역이라고 할 수 있다. 그런 점에서 재난 역시 역설적으로 인간과 자연이 얼마나 깊고 복잡하게 연결되어있는가를 반증하는 사건이라고 할 수 있는 것이다.

따라서 편혜영의 소설에 나타난 재난 사건(감염병, 기침, 지진, 쓰레기 사태, 고립과 배제, 죽음)은 인간중심적 해석에서 인간과 비인간들의 연결에 주의를 기울이는 해석으로 나아가게 한다. 편혜영의 소설에 자주 나타나는 시체, 쥐, 개구리, 쓰레기, 하수구와 같은 비인간 자연을 재난의 지평 속에서 함께 해석해야 할 필요가 있다. 편혜영의 소설에서 개인의 고립은 인간사회로부터의 고립이지 다른 자연물과의 분리가 아니다. 가령 핵폭발이 일어나 지구 생태계에 대멸절이 일어난다고 할지라도 지구는 텅 비어 있다고 할 수 없다. 생존한 인간은 또 다른 비인간 자연과 연결되고, 인간이 사라진다고 해도 다른 생명체와 물질들은 존재하기 때문이다. 편혜영의 소설에서 동물들은 배경이나 소재를 넘어 재난을 주도하는 행위자 역할을 담당한다. 쥐에 초점을 맞추면 인간과 동물의 연결성이 드러난다. 물론 인간의 배제와 불평등은 재난 속에서도 작동된다. 그렇다고 해서 재난의 중심을 인간에게 한정하게 되면 재난을 바라보는 방식은 협소해질 것이다. 인류세와 인수공통감염병 사태와 같은 재난은 인간-자연의 공동 지대로 우리의 시야를 확장한다. 그랬을 때 인류세적 재난의 원인과 해결방식을 성찰적으로 접근할 수 있을 것이다.

이렇게 본다면 앞서 비판되었던 재난과 공포에 의한 개인의 무기력이나 공동체의 파편화, 연대의 불가능성에 대한 해석은 재고할 여지가 있다. 이러한 해석은 자연과 인간을 분리하고 인간에 초점을 맞출 때 내릴 수 있는 평가이기 때문이다. 도나 해러웨이는 자연과 인간, 자연과 문화를 근대적인 분리가 아니라 통합적 관점으로 바라보면서 하이픈(-) 없이 "자연문화(natureculture)"라는 용어를 사용한다.[6]

---

6. 도나 해러웨이는 이분법적 관점을 비판하는 철학자로서 자연과 문화를 분리하는 대신, '자연문화'라는 용어를 사용한다. 이 용어는 두 항의 관계성에 주목한다. 해러웨이는 모든 존재자는 관계에 선행하여 존재하지 않는다고 본다. 그는 생물학적 결정론과 문화적 결정론은 모두 잘못된 구성법이라고 비판하고 있다. 기존의 자연과 문화 개념은 "자연"이나 "문화"와 같은 잠정적이고 추상적인 범주를 착각했다는 점, 그리고 잠재적 결과를 선행하는 기초로 오해했다는 점에서 그렇다. 따라서 해러웨이는 자연이나 문화와 같은 단일한 근원이나 최종 목적 같은 것은 없다고 주장한다(도나 해러웨이, 황희선 역, 『해러웨이 선언문』, 책세상, 2019, p. 123.).

근대의 이분법을 넘어선 '자연문화'적 관점에서 소설을 해석한다면, 인간은 쥐와 새롭게 배치되고 연결된다는 것을 인정할 수밖에 없다. 물론 어떤 성격으로 배치되고 연결되는가에 대해 세심한 해석이 필요할 것이다. 이 글은 비친밀한 일상과 죽음, 폭력성이라는 '어두운' 관계의 측면으로 접근할 것이다. 이를 통해 편혜영의 소설을 인간-동물의 공동 지평에서 바라봄으로써 재난 서사의 자연문화적 관점을 확보할 수 있을 것으로 기대한다.

'쥐-함께-되기'의
탈인간화와 어두운 일상성

편혜영의 소설 『재와 빨강』은 한국 주재 다국적 방역업체 약품개발원인 '그'가 파국적 상황에서 쥐와 함께 생존하는 이야기다. 한국인인 '그'는 전염병과 지진이 발생하고 정치적으로 혼란한 C국으로 발령받고 출국한다. '그'는 감기 탓인지, 소독약 탓인지, 전염병에 걸린 것인지 알 수 없는 상태에서 기침을 계속한다. 이로 인해 전염병자로 의심받아 쓰레기 천지가 되어버린 도시의 제4구 아파트에 격리된다. 이후 전처 살해 용의자로 자신이 의심받는 사실을 알게 되는데, 자신을 찾아온 한국인을 피해 격리된 아파트에서 쓰레깃더미로 탈출한다. 그곳에서 부랑자들과 함께 지내다가 전염병자로 취급받아 시신을 담는 보디백에 담겨 하수도에 버려진다. 도시의 지하 하수도에서 살아남게 된 그는 쥐 잡는 기술 때문에 생존하게 된다. 그는 방역업체 임시 직원이 되어 지상으로 올라와 쥐 잡는 일에 투입된다. 언어 소통도 되지 않는 외국인으로서 그는 본사로부터도 잊히고 본국과도 연락이 끊어진 무국적 외국인 쥐잡이로 살아간다. 이 소설의 플롯을 주도하는 것은 '그'와 '쥐'라고 할 수 있다.

　이 글에서 주목하는 것은 편혜영의 『재와 빨강』을 주도하는 그와 쥐의 관계성이다. 이 관계성은 사회로부터 고립된 인간인 그가 완전한 격리가 아니라, 쥐나 부랑자, 쓰레깃더미와 새롭게 배치됨으로써 '자연문화'적 공동성을 보여줄 수 있다. 여기서는 그와 쥐의 연결을 '되기'의 관점에서 접근함으로써 탈인간중심적 특성을 모색하고자 한다.

> 소각이 막 끝난 검은 재와 잔불이 남은 쓰레깃더미에서 갓 쏟아져나온 쓰레기를 뒤지고 있노라면 한 마리 쥐가 된 느낌이었다. 간신히 쓸만한 것을 건져내면 온몸이 재투성이가 되어 회색 털의 쥐와 다를 바 없어졌다. 무엇보다 쥐들이 쓰레기 때문에 먹고사는 것처럼 그와 공원의 부랑자들 역시 쓰레기 때문에 먹고 살았다.
> 　그는 쓰레기를 뒤지면서 생존을 위한 경쟁자가 부랑자들이 아니라 쥐라는 것을 실감하곤 했다. 그러나 얼마 지나지 않아 쥐가 자신과 경쟁할 만한 상대가 아니라는 걸 깨달았다. 쥐는 항상 그보다 빨랐다. 쥐는 그가 찾지 못하는 것을 찾았고 그가 먹지 못하는 것을 먹었으며 그가 먹을 수 없는 것을 먼저 먹었다. 그가 팔을 뻗을 수 없는 곳에도 거리낌이 없이 갔으며 그가 갈 수 있는 곳에는 항상 먼저 갔다.
> 　명백히 그의 처지는 쥐보다 못했다. 한데서 잠을 자고 더럽고 혐오스러운 것을 뒤져 먹이를 구한다는 점에서 쥐와 같았으나 쥐는 무엇이든 먹을 수 있지만 그는 무엇이든 닥치는 대로 먹었다가 여러 번 탈이 나서 고생했다는 점에서 쥐보다 열등했다.[7]

　그는 C국 Y시 제4구역 아파트에서 격리되었다가 쓰레깃더미로 탈출한 이후 쥐와 함께 살아간다. 이름 없이 번호로 불리던 부랑자들과

---

7. 편혜영, 『재와 빨강』, 창비, 2010, pp. 118~119.

무리지어 살아가지만, '그'는 쥐와 더 친연성이 있다. 쥐와의 친연성은 외모의 유사성 때문이 아니라, 신체적 힘과 에너지 분포가 쥐처럼 변화했기 때문이다. 여기서 쥐와 그는 새로운 관계를 생성한다. 인간 사회로부터 배제되었지만, 그와 쥐는 공동의 서식지를 공유하면서 함께 먹이를 두고 경쟁하는 새로운 관계를 형성한다. 이 관계 속에서 그는 탈인간화의 과정에 참여하게 되는 것이다. 이것을 들뢰즈와 가타리의 '되기'의 관점에서 바라본다면 그와 쥐가 어떤 특징적 관계에 있는지 보다 분명해질 것이다. '되기'는 자연과 자신을 분리한 폐쇄적인 인간 자아로부터 벗어나 '자연문화'적 공동서사 구축에 유용한 개념이다. 들뢰즈와 가타리의 '되기'는 지배적이고 특권화된 인간중심주의를 비판한다. 되기는 지배적 권력에 대항한 소수자-되기를 말하며, 같은 맥락에서 동물-되기는 "동물과 인간을 나누는 경계선이 어디인지를 말할 수 없게 하는" 탈인간화를 지향한다. 소설에서 그는 동물을 자원으로 삼아 근대문명을 발전시키는 지배적 (남성)인간에서 추락함으로써 쥐와 함께 쓰레깃더미에서 살아간다. 쓰레깃더미와 하수도에서 쥐와 인간이 잘 구별되지 않는 사이 지대를 보여준다는 점에서 쥐-되기의 특징이 드러난다. 들뢰즈와 가타리의 동물 되기는 인간/동물의 이분법적 관계에서 벗어나 인간-동물의 연결 모델을 제시한다. 특히 동물-되기의 원리는 닮음과 모방이 아니라는 점에 주목할 필요가 있다. 닮음은 오히려 동물-되기를 방해하는데, 되기란 유전적이고 성적인 생산이 아니라, 전염을 통한 증식에 가깝기 때문이다.[8] 그는 쥐를 흉내 내거나 쥐의 생리를 습득하려고 노력한

---

8. 들뢰즈는 동물-되기에서 영화 〈윌라드〉의 쥐-되기를 가장 앞에 놓는데, 되기의 원리가 닮음

적이 없다. 그는 쥐처럼 살아가지만, 쥐보다 생존능력이 떨어진다. "한데서 잠을 자고 더럽고 혐오스러운 것을 뒤져 먹이를 구한다는 점에서 쥐와 같았으나" 그의 생존기술은 모든 면에서 쥐보다 열등하다. 인간사회로부터 배제되는 과정에서 그는 특권화된 인간성으로부터도 멀어졌다. 파국적 재난 속에서 그는 탈인간화의 경로에 서게 되는 인물이라고 할 수 있을 것이다.

그럼에도 편혜영의 쥐-되기는 들뢰즈와 가타리의 동물-되기와는 조금 다른 특징이 있다. 그것은 '어두운 일상성'이라는 특징 때문이다. 들뢰즈와 가타리의 동물-되기는 특이자(Anomal)를 강조하는 비일상의 영역에 놓여 있다. 특이자는 매혹적이고 악마적이다.[9] 하지만 『재와 빨강』에서 그와 쥐는 일상의 영역에서 함께 생존하는 평범한 존재들이다. 그들은 쓰레깃더미와 하수도라는 생존의 장소에서 먹고, 자고, 이동한다. 이들의 관계가 조화로운 사랑의 관계라고 할 수는 없지만, 이들은 현실적인 일상의 지평 위에 있다.

편혜영의 쥐-되기에서 일상성의 문제는 도나 해러웨이의 "함께-되기"와 연결지을 수 있다. 해러웨이는 되기의 문제를 "함께-되기"

이 아니라는 사실을 강조하기 위해서다. 되기는 상호적인 것이 아니라, 지그재그 구조로 구성된다. 동물-되기는 유전적이고 성적인 생산이 아니라, 무리들 사이에서 전염병을 통한 증식에 가까운 것이다. 성적 생산은 유전자적 동일화 과정이다. 하지만 동물-되기는 박테리아, 바이러스, 분자, 미생물 등 완전히 이질적인 것들을 작용시킨다. 그것은 두 항을 구분할 수 없는 지그재그 운동에 가까운 것이다. 들뢰즈와 가타리는 그것을 '생성의 블록'이라고 말한다(질 들뢰즈·펠릭스 가타리, 김재인 역, 『천 개의 고원』, 새물결, 2001, pp. 443~459).

9. 위의 책, 2001, p. 468. 영화 〈윌라드〉에서 윌라드의 친구이자 살해자인 쥐 '벤'이나, 카프카의 소설에 등장하는 쥐 '여가수 요제피나'는 무리의 대표자가 아니라 특이자이다. 여기서 특이자는 가족처럼 친숙한 동물이나 분류체계 속의 동물이 아니라, 다양체 속의 주변적 위치(가장자리)를 말한다(위의 책, p. 457).

로 개념화한다. 들뢰즈와 가타리가 "모비 딕은 노부인이 특별히 대하는 작은 고양이나 강아지 같은 것이 아니"라고 했지만,[10] 해러웨이는 한집에서 살아가는 평범한 개 이야기를 통해 함께-되기를 사유한다. 해러웨이는 인간과 비인간의 관계를 "반려종(companion species)"이라고 선언하였다.[11] 그는 자신이 기르던 개와 입맞춤할 때 둘 사이에 수평적인 감염 현상이 일어난다고 말한다. 인간과 동물은 서로의 취약성을 공유하면서 잘 먹고 잘 죽는 일상의 지평에서 공구성적인 관계로 살아간다.[12] 따라서 함께-되기는 특이성이 아니라 일상적인 평범성에 가깝다.

해러웨이의 함께-되기는 들뢰즈와 가타리의 동물-되기보다 복수적이고, 전면적이며, 친밀 한 일상의 영역에 밀착되어 있다. 앞서 살펴본 바와 같이 들뢰즈의 동물-되기는 가족처럼 친숙한 동물은 그 영역에 들어오기 어렵다. 반면 해러웨이는 한 집에서 먹고 자는 개들과 함께-되기를 사랑의 관점에서 사유한다. 해러웨이의 반려종의 관계는 앞서 언급했던 자연과 문화의 분리가 아니라, 이 둘을 통합한 '자연문화' 개념과 같은 맥락에 있다.

그러나 편혜영의 되기 서사가 독특한 것은 해러웨이의 함께-되기

---

10. 위의 책, p. 464.

11. 반려종은 "식탁에서 함께 빵을 나누는" 관계로서 서로 다른 두 개 이상의 종들끼리 감염시키는 관계를 말한다. 반려종이란 홀로 되는 것이 아니라, 두 개 이상의 종이 있어야 하기 때문에 이들은 "가차 없이 함께-되기"일 수밖에 없다. 함께-되기로서의 반려종은 집, 실험실, 들판, 동물원, 트럭, 사무실, 도살장, 공장 등 흔히 만날 수 있는 존재들을 말한다(도나 해러웨이, 최유미 역, 『트러블과 함께 하기』, 마농지, 2021, p. 52, p. 28).

12. 반려종은 공구성, 유한성, 불순성, 역사성, 복잡성으로 구성된다(도나 해러웨이, 황희선 역, 앞의 책, p. 136).

를 공유하면서도 다른 측면을 갖는다는 점 때문이다. 일상적 삶의 구체성에는 공포와 두려움, 갈등, 죽음과 같은 부정적인 것들이 함께 부착되어 있다. 해러웨이는 반려종의 관계에 있는 존재들이 함께 먹고, 병들고, 역사를 형성하고, 죽을 가능성을 언급하기는 한다. 해러웨이는 반려종을 자신의 집안에서 키우는 반려견으로 예를 드는 것처럼, "사랑"의 관점에서 "소중한 타자성"의 관계로 파악한다.[13] 하지만 일상에서 인간과 동물은 낙관적인 사랑의 관계로만 존재할 수 없다. 그런 점에서 해러웨이의 반려종 되기는 갈등과 공포, 부조화로 맺어지는 '어두운' 일상의 관계에 관심을 덜 둔다.

쥐는 인간과 사랑의 관계를 형성해왔다고 할 수는 없다. 쥐는 역사적으로 인간과 일상을 함께 해왔지만, 대체로 혐오의 대상이었다. '쓰레기 더미 가설(dump-heap hypotheses)'[14]에서 알 수 있듯이, 인간의 거주지인 쓰레기깃더미에서 농업이 시작되었다면, 곡식을 먹는 쥐 역시 쓰레깃더미 주변에서 인간과 함께 살아왔을 것이다. 그럼에도 인간은 쥐를 곡식을 훔쳐 먹는 해로운 동물[15]이자 전염병을 옮기는 혐오 동물로 인식했다. 특히 한국의 근대화과정에서 쥐가 어떻게 취급되었는지는 잘 알려져 있다. 박정희 시대에 쥐는 위생문제, 양곡손

---

13. 도나 해러웨이, 최유미 역, 앞의 책, p. 215.
14. 쓰레기 더미 가설은 농경의 역사가 인간이 먼저 식물을 재배하기 시작한 것이 아니라, 일부 식물들이 인간의 거주지 근처 쓰레기 더미에서 퇴비를 활용하여 번식하기 시작했다고 본다 (E. Anderson, *Plants, Man and Life*, New York: Dover, 2005, pp. 136~150).
15. 고대부터 한국과 중국에서 쥐는 강한 번식력(생식력)과 곡식을 훔쳐먹는 행위로 상징화되었는데, 주로 요물이나 미물로 상상되었다(손지봉, 「한중 설화에 나타난 쥐의 형상 비교 연구」, 『포은학연구』 21, 포은학회, 2018).

실, 재산훼손, 생활불편을 주는 해로운 동물로 인식되어 국가의 적으로 취급된 바 있었다.[16] 편혜영은 그러한 역사성을 받아들여 쥐를 어두운 '되기'의 영역으로 초대한다. 쥐와의 부조화 관계를 인정하면서 함께 되기의 관계로 설정한 것이다. 편혜영의 쥐-함께-되기는 악마적 특이자(들뢰즈와 가타리)나 사랑의 연대(해러웨이)와 대비되는데, 두려움이나 경쟁 같은 '어두운 관계'를 긍정하고 있다.

'어두운 관계'에 대해 조금 더 주목해 보자. 자연은 숭고하고 조화롭고 순수하며 이상적이지만은 않다. 티모시 모튼은 인간이 자연의 이미지를 낭만적으로 덧씌웠다고 비판하면서 '어둠의 생태학'을 주장한다. 인간과 자연, 생물과 무생물, 자연의 아름다움과 공포 같은 요소들이 혼재하고 공조한다는 것이다. 모튼의 말대로 자연에는 추하고 해롭고 파괴적이며 무질서하고 아이러니하며 어둠의 요소들이 혼재해 있다.[17] 이 어두운 측면을 인정해야 자연과 인간의 관계가 왜곡되지 않을 것이다.

그렇게 보았을 때 편혜영의 『재와 빨강』에 나타난 인간과 동물의 관계를 '어두운 쥐-함께-되기'라고 명명해도 무방할 것이다. 그것은 악마적이고 매력적인 특이자나, 친밀하고 사랑스런 반려견의 관계라기보다, 혐오스럽고 두려운 시궁쥐와의 공생 관계를 뜻한다. 그와 쥐는 어둡고 위험하지만, 결코 존재론적 실패나 종말론적 멜랑콜리로

---

16. 김근배, 「생태적 약자에 드리운 인간권력의 자취-박정희시대 쥐잡기운동」, 『사회와 역사』 87, 한국사회사학회, 2010, pp. 124~137.
17. 티모시 모튼의 '어둠의 생태학'에 대해서는 김임미, 「인류세 시대의 어둠의 생태학-비이원론의 관점에서」, 『신영어영문학』 79, 신영어영문학회, 2021, pp. 24~28 참조할 것.

끝나는 서사로 나아가지 않는다. 그와 쥐는 쓰레깃더미와 하수도에서 함께 살면서 동시에 죽고 죽이는 관계에 있다. 그러한 '어두운 관계'는 그에게 삶을 위한 연대를 가능하게 하고, 삶의 터전을 지속시키는 힘으로 작용한다. 쥐를 죽이는 능력이 생존의 동력이 되게 함으로써 그는 파국의 상황을 견디며 삶을 유지한다.

그렇다고 해서 쥐가 그에게 손쉬운 먹잇감이나 약자로 존재하는 것은 아니다. 앞에서 살펴본 바와 같이 쥐는 먹이경쟁에서 인간을 이기고, 생존기술 면에서 탁월하며, 결코 인간에게 지배되거나 박멸되지 않았다. 자연은 인간에게 반드시 낙관적이고 희망적인 유토피아를 제공하지는 않는다. 이러한 관점은 재난을 쉽게 극복될 수 없는 현실적 사태임을 강조하고, 유토피아와 디스토피아, 연대와 고립, 구원과 파국, 대안과 비판이라는 이분법적 해석을 넘어서게 한다는 점에서 유익하다.

> 가방의 뒷면은 보지 않았지만 터져나온 쥐의 내장과 피가 잿빛 털, 분홍빛 살점과 뒤엉켜 달라붙어 있을 거였다.[18]

> 쥐였다. 그는 재빨리 코펠 손잡이를 잡아 어둠속으로 재게 발을 놀리는 쥐를 향해 내던졌다. 쥐가 달아나려고 우왕좌왕했다. 그는 손에 힘을 주어 코펠을 찍어 눌렀다. 순전히 먹을 것을 쥐에게 빼앗기기 싫어서였다. 뭔가가 툭 터져 나오는 느낌이 고스란히 전해졌다.[19]

---

18. 편혜영, 앞의 책, p. 31.
19. 위의 책, p. 173.

위 인용문은 우연히 그가 쥐를 죽였을 때를 묘사한 것이다. 쥐를 죽인다는 것은 인간에게 두렵고 끔찍한 것이다. 그 끔찍함 때문에 그는 쥐잡기를 두려워한다. 그는 쥐에 대해 특별히 나쁜 기억과 감정이 없었을 뿐 아니라, 혐오 동물로 인식하지도 않았다. 그렇다고 쥐를 잡는 탁월한 기술이 있었던 것도 아니다. 우연하게 누구보다 빠르게 쥐를 죽인 일이 그를 파국의 중심으로 밀어넣은 것이다. 그는 약품 개발자답게 쥐에 대해 누구보다 잘 안다. 그래서 쥐보다 자신이 얼마나 무능력한지도 분명하게 알고 있다. 소설은 쥐 관찰기록서인 설리번의 『쥐들』를 참조하면서, 쥐의 고유한 속성을 면밀하게 묘사하고 있다.[20] 그는 쥐가 "그러니까 모든 곳에, 어디에나 있다"[21]는 것을 아는 방역 전문가이다. 쥐 역시 인간에게 소탕되거나 무력한 동물로 묘사되지 않았다. 쥐는 자신의 생명력을 포기하지 않으며, 인간과의 경쟁에서 우위를 차지하는, 활력적인 동물이다.

그는 쥐를 닮아가기가 아니라, 쥐-함께-되기를 통해 탈인간화된 새로운 개인이 되었다고 볼 수 있다. 그는 재난을 경험하며 인간사회로부터 고립되었지만 무력하게 죽지 않았으며, 쥐와 어두운 관계를 맺으며 삶의 동력을 얻는다. 그는 쥐-함께-되기를 통해 고립과 분리가 아닌 자연문화적인 존재로 변형되어갔다고 볼 수 있다.

---

20. 편혜영은 소설의 마지막에 "프란체스코 산토얀니, 이현경 역, 『쥐와 인간』(시유시 1999)과 로버트 설리번, 문은실 역, 『쥐들』(생각의 나무 2005)을 참고했음을 밝혀둔다"고 명기하였다 (위의 책, p. 237).

21. 위의 책, p. 113.

생명정치적 장소와
조에 평등성

    2000년대 재난 서사를 인류세적 상황으로 확장할 때 장소성은 중요한 정치적 의미를 갖는다. 기후변화나 지진, 온실가스와 같은 지구 단위의 인류세적 위기는 대서사에 주목하기 쉽다. 재난을 지구 역사나 보편 인류의 범주로 환원할 때 재난의 경험 주체는 탈정치화될 위험이 있다. 대서사 중심의 접근은 재난 사태가 갖는 불평등 구조를 비가시화하기 쉽기 때문이다. 그런 점에서 재난을 둘러싼 총체적 해석은 가능하지 않을뿐더러, 유용하지도 않다는 지적은 유효하다.[22] 구체적 개인에게 재난은 상황과 장소에 따라 다르게 경험된다. 인류는 동일한 인간 집단이 아니기 때문에 재난과 위기는 국가마다 다르며, 같은 도시라도 특정 장소에 따라 다르게 전개된다. 편혜영의 『재와 빨강』에서 C국 Y시 제4구에서 외국인인 그가 지진과 전염병, 쓰레기 대란, 그리고 정치적 혼란을 경험하는 방식은 C국의 일반 시민

---

22. 장성규, 「재난 소재 한국 소설의 미학적 전략」, 『구보학보』 27, 구보학회, 2021, p. 308.

과 구별된다. 전염병과 지진이 발생한 C국 Y시는 혼란과 감염으로부터 보호받는 지역과 그렇지 않은 지역으로 극명하게 구분된다. Y시의 공간구획은 복합적이다. 지상은 쓰레깃더미와 같은 오염지역과 "거대한 무균실"처럼 철저하게 보호된 비오염 지역으로 구분되고, 동시에 도시는 지상과 하수도가 있는 지하로 재구획된다. 그가 머무는 장소는 "전염병이 걷잡을 수 없이 번지고 있는 도시, 약탈자에 의해 거덜난 약국이 있는 도시, 쓰레기 천지이며 전신방역복 차림의 검역관들이 활보하는 도시" 중에서도 쥐와 부랑자들이 거주하는 쓰레깃더미(지상)와 하수도(지하)였다. 그가 삶을 영위하는 장소는 오염되었거나 더 오염된 곳이라고 할 수 있다. 그가 경험하는 재난은 일반적이면서도 특수한 것이었다. 특히 외국인이 전염병을 옮겨왔다는 소문 때문에 더욱 위험한 인간으로 취급되었다. 이처럼 장소는 재난을 개인화하고 특수하게 경험하게 하는 곳이다.

소설에서 그와 쥐가 거주하는 장소의 정치적 의미를 생명정치적 차원에서 접근해보기로 하자. 이 소설에서 '어두운 쥐-함께-되기'가 실현되는 장소는 쓰레깃더미와 하수도다. 이 장소는 죽음 정치, 즉 생명권력이 작동하는 곳이다. 고봉준의 지적처럼 편혜영의 『재와 빨강』에서 죽음은 사람을 살게 하고 죽게 내버려두는 생명 권력으로 등장한다.[23] 소설에서 그와 부랑자들은 "방역체계에 소외된 계층이기

---

23. 고봉준은 푸코의 생명 권력 개념을 주권 권력(사람을 죽게 만들고 살게 내버려두는 힘)과 생명 권력(사람을 살게 하고 죽게 내버려두는 힘)으로 구분하고, 『재와 빨강』의 죽음을 생명 권력에 의한 것이라고 분석하였다(고봉준, 「재난의 생명 정치와 연대의 (불)가능성」, 『한국문예비평연구』 72, 한국현대문예비평학회, 2021, p. 14).

때문에 경찰이든 형사든 공원을 들여다볼 생각을 하지 않"[24]는 장소에서 거주한다.

> 이미 쓰레기처럼 살아가는 처지지만 스스로 죽음과 삶을 선택할 수 없다는 점에서 전염병은 치명적이었다. (중략) 지금은 역병의 시대였다. 뭐든 조심해서 나쁠 게 없었다. 감염경로가 불확실하다는 것은 대기 중에 퍼진 바이러스가 전염되거나 가벼운 신체접촉만으로도 전염될 수 있다는 얘기였다. 부랑자에게 전염병은 곧 죽음이었다. 그러니 병에 걸렸거나 걸렸다고 의심되는 사람은 공원을 떠나야 했고 자발적으로 떠나지 않는다면, 떠날 수 없다면 버려져야 했다.[25]

Y시 제4구는 재개발된 외만 섬이었는데, 재개발 당시 대량의 산업폐기물과 생활쓰레기를 매립한 사실이 있었다. 여기에 지진이 발생하고, 전염병이 나돌면서 제4구의 특정 장소는 국가에 의해 철저하게 격리되었다. 이곳은 Y시 제1시민들이 거주하기 힘든 곳이다. 이곳은 도시적 삶에서 배제된 부랑자들과 쥐의 서식처로 사용된다.

이들은 생명 권력이 고의로 방치함으로써 죽게 내버려 둔 생명체들이다. 쓰레깃더미에서 살아가는 부랑자들은 이미 죽게 내버려 둔 생명체였지만, 감염의 징후를 보이는 부랑자들은 같은 부랑자 집단에 의해 버려진다. 버려진다는 것은 살해된다는 뜻이다. 부랑자들은 기침을 심하게 하거나 피부병이 있는 부랑자를 시신운반용 보디백에 씌워 쓰레기 소각장이나 하수도에 버려 죽게 만든다. 주권 권력은

---

24. 편혜영, 앞의 책, p. 131.
25. 위의 책, p. 146.

이 죽음을 용인함으로써 생명체를 죽게 내버려 두거나 죽음을 조장한다. 그 역시 기침을 심하게 하자 하구도에 버려지게 된 것이다. 감염병이나 지진과 같은 인류세적 재난은 생명정치를 작동시켜 죽음을 일상화한다.

쥐 역시 생명정치에 의해 취약한 상태에 있었다. 쥐는 부랑자보다 더 하위에 존재함으로써 외국인인 그와 생명정치의 장에서 조우하게 된 것이다. 이전부터 쥐는 도시에서 배제되는 방식으로 삶을 영위했지만, 감염병의 매개체라는 소문 때문에 더욱 죽어 마땅한 대상이 되었기 때문이다.

아감벤에 따르면 고대 그리스인들은 생명을 조에(zoe)와 비오스(bios)로 구분했다. 조에는 동물과 인간을 모두 포함한 그저 '살아있음'이라는 단순한 자연 생명을 표현하는 용어이다. 반면 비오스는 가치 있는 삶으로서, 공동체에 속한 특유한 삶의 형식을 말한다. 조에가 단순한 삶이라면, 비오스는 정치적으로 가치 있는 삶이다. '포함되면서 배제되는' 존재인 조에는 통치권력의 정치적 대상이 되어야 했다.[26] 그렇게 본다면 『재와 빨강』에서 그는 비오스에서 조에로 전락한 존재다. 국적과 가정을 소유한 남성 시민이었지만, C국 제4구에서 그는 쥐와 마찬가지인 단순한 자연 생명이 된다. 소설에서 부랑자들은 전염병에 걸렸다고 생각되는 다른 부랑자를 보디백에 담아 시체소각장에 버린다. 주권으로부터 버려진 이들은 서로를 살해해도 무방한 예외적 존재가 된 것이다. 그는 인간에서 동물이 되었다. 그

---

26. 조르조 아감벤, 박진우 역, 『호모 사케르』, 새물결, 2008, pp. 33~35.

러한 조에-되기의 과정이 일어난 장소는 도시의 쓰레깃더미와 하수도다.

그러나 조에를 수동적 피해자로 바라보지 않을 수는 없을까? 쓰레기가 되어버린 쥐와 그는 이중의 배제에 의한 잉여적 존재라고만 보아야 할까? 조에는 단지 통치권력에 의한 정치 대상(수단)의 의미만을 갖는 것은 아니다. 역으로 조에는 인간과 동물 사이의 경계를 흔들고, 생명자체의 역동적이고 자기조직적인 힘을 드러낸다. 인간과 동물의 이분법적 경계를 넘어 공동의 영역에서 횡단하기 때문이다. 그런 점에서 조에는 탈인간중심주의를 선회하는 핵심이며, 평등성(egalitarianity)을 확보할 수 있다.[27]

> 밤이면 어둠속에 몸을 감춘 것들이 지상에서 스며드는 흐릿한 불빛 아래 윤곽을 드러냈는데, 그때 희미하게 빛나며 조용히 움직이는 것이 있었다. 얼핏 쥐라고 생각했지만 아니었다. 사람이었다. 시궁쥐보다 덩치는 컸지만 더럽고 어두운 곳에서 익숙하게 움직인다는 점에서 쥐와 다름없었다. 대부분 전염병이 돌기 전부터 거기에 살던 사람들이라고 했다.[28]

> 한편으로 그들이 아무데서나 트림을 하고 용변을 보는 걸 쉽게 목격할 수 있었다. 대부분 검은 물에 대고 오줌을 누거가 앉은 자리 옆에 똥을 눴다. 심지어 자리에 누운 채로 오줌을 누고 김이 나는 물길을 피해 누웠다.[29]

인용문에서 알 수 있듯이, 쓰레깃더미와 하수도는 그, 쥐, 부랑자

---

27. 로지 브라이도티, 이경란 역, 『포스트휴먼』, 아카넷, 2015, p. 82.
28. 편혜영, 앞의 책, p. 169.
29. 위의 책, p. 170.

들과 같은 조에적 존재들이 함께 살아가는 장소다. 이들은 그곳에서 먹을 것과 생필품을 얻고, 잠잘 곳을 제공 받는다. 물론 이들의 관계는 사랑과 평화에 기초해 있지 않다. 앞서 살펴본 바와 같이 이들은 어두운 일상적 관계를 맺고 있다. 이들은 생명 권력으로부터 '포함된 채 배제'되었지만, 동시에 조에 평등성을 확보한다.

편혜영은 부랑자들을 쥐와 다름없는 사람들로 묘사하고 있다. 그는 하수도에서 음식과 옷을 구하고, 검은 물에서 용변을 보고, 쥐와 인간의 시체를 쌓아 둔다. 인간과 쥐들은 같은 장소를 공유하면서 생명을 영위할 뿐 아니라, 동시에 전염병을 옮기는 매개체라는 오인 속에서 차별받는다. 따라서 이들은 역설적으로 조에 평등성을 갖는다. 이들이 조에 평등성을 갖는 또다른 이유는 몸을 통한 물질성을 공유하기 때문이다. 이들은 하수도의 썩은 물을 함께 이용하고 같은 공기를 마신다. 이들은 같은 장소에서 바이러스와 세균까지 서로의 몸을 통해 교환한다. 그와 쥐의 몸은 물질적으로 상호교환되고, 상호연결되어 있다고 볼 수 있다.[30] 그렇게 보았을 때 쥐와 인간들의 몸은 조에 평등적이라고 할 수 있을 것이다.

전염병이나 지진 같은 인류세적 재난은 누가 어떤 삶을 지속할 것인가라는 정치적 문제를 제기한다. 인류세적 재난은 전지구적이고 보편적인 생태위기와 동시에 구체적인 장소에서 발생하는 불평등의 문제를 교차시킨다. 가령 공기가 오염된 지구에서 살아가는 존재들끼리도 누가 더 신선한 공기를 마시는가, 누가 더 안전한 장소를 점

---

30. 스테이시 앨러이모, 윤준· 김종갑 역, 『말, 살, 흙』, 그린비, 2018, p. 19.

유하는가, 누가 더 신선한 먹거리를 차지하는가 등과 같은 문제들이 놓인다. 생명 권력은 부자들을 우주선에 태워 지구 밖으로 탈출시키거나 보호구역에서 안락하게 살아가도록 보호할 것이다. 그러나 편혜영은 이 소설에서 부랑자, 쥐, 감염자, 외국인들처럼 탈자본화되고 탈국가화된 조에들의 생존 방법에 대해 사유한다.[31] 편혜영의 '어두운 쥐-함께-되기'는 인류세적 재난의 대안이 될 수 있으며, 그 핵심은 쥐와 인간의 함께-되기와 어두운 관계성, 그리고 조에적 평등성을 발견할 수 있는 공동의 장소에 있다고 할 수 있을 것이다.

---

31. 이 소설에서 젠더 평등성의 문제는 또 다른 연구 주제가 될 것이다. 소설에서 그는 전부인과 또다른 여성을 살해한다. 필자는 인간과 쥐(자연)의 관계에 주목하면서 젠더 평등성에 주목하지는 않았다. 이 부분은 다른 연구에서 보완할 필요가 있을 것이다.

인간-동물의 관계에 대한
새로운 해석

    지금까지 편혜영의 소설 『재와 빨강』을 중심으로 인간과 자연의 함께-되기 서사와 생명정치적 장소성에 주목하여 2000년대 재난소설에 대한 해석의 지평을 자연문화적 관점에서 확장하고자 하였다. 편혜영의 소설은 인간중심적 재난소설이나 공포소설로 해석되면서 개인을 체념적이고 무기력한 존재로 접근했으며, 고립되었기 때문에 공동체 형성의 계기를 마련하지 못하고, 타자와 소통 불가능하다는 비판적 입장에서 평가되었다. 그러나 이러한 접근은 개인을 인간에게만 한정하고, 소통과 연대를 인간중심적으로 판단했기 때문에 도출된 평가들이라고 할 수 있다. 2000년대 재난소설은 기존의 근대비판과 함께 인간의 고립과 인간성 소멸에 대한 경고를 넘어서, 인간과 자연의 공동의 배치 속에서 새로운 방식의 삶의 윤리를 모색할 필요가 제기된다.

    첫째, 편혜영의 『재와 빨강』을 되기의 관점에서 바라본다는 것은 개인을 인간에 한정하지 않고, 동물과 인간의 공동적 관계로 확장할 수 있다는 점에서 의미가 있다. '되기'는 자연에서 분리된 폐쇄적 인간에서 벗어나 특권화된 인간중심주의를 성찰하고, 자연문화적 공동서사를 구축하는데 유용한 개념이다. 이 글에서 편혜영 소설의 쥐와 인간의 독특한 관계를 도출하기 위해 들뢰즈와 가타리의 동물-되기, 해러웨이의 '함께-되기'를 참조하였다. 먼저 들뢰즈와 가타리의 동물-되기는 동물과 인간의 경계가 어디인지를 말할 수 없게 하는 탈인간화를 지향하는데, 그것은 닮음을 원리로 삼지 않는다. 소설에서 쓰레깃더미와 하수도에서 쥐와 인간이 잘 구별되지 않고, 서로 친연성은 있으되 그가 쥐의 생리를 습득하려고 노력하지 않는다는 데서 잘 나타난다. 다음으로 해러웨이는 '함께-되기'를 통해 서로 다른 두 개 이상의 종이 수평적이고 일상적으로 연결되는 반려종 관계를 지향한다. 들뢰즈와 가타리의 동물-되기가 일상의 영역으로 들어오지 않는 매력적인 특이자를 중심에 두었다면, 해러웨이의 함께-되기는 일상의 영역에서 함께 살고 죽는 세속적인 평범성에 주목한다. 그러나 자연은 이상적이고 조화로운 관계로만 존재하지 않는다. 자연은 추하고 해롭고 부조화의 측면을 함께 가지고 있다. 그런 점에서 편혜영은 쥐와 인간의 해로운 관계 설정을 인정하면서 그와 쥐를 '어두운 함께-되기'로 설정한다. 쥐와 인간은 역사적으로 부조화의 관계를 형성해왔다. 그는 쥐를 죽이면서 생존하지만, 쥐는 인간에게 소탕되지 않으며 인간보다 뛰어난 생존기술을 지닌다. 그런 점에서 이들은 함께 살지만 죽이기도 하는 어두운 되기를 구축하면서 재난을 통과한다. 그와 쥐의 '어두운 함께-되기'는 재난이 쉽게 극복될 수 없다는 현실성을 강조할 뿐 아니라, 유토피아와 디스토피아, 연대와 고립, 구원과 파국의 이분법적 해석을 넘어서게 한다는 점에서 유의미하다.

둘째, 개인의 특수한 위치를 포착하기 위해 재난이 경험되는 장소성과 그것이 갖는 생명정치적 의미에 주목할 수 있다. 인류세적 재난을 대서사로 접근하면, 재난을 경험하는 개인의 불평등한 특수 위치는 시야에서 사라지기 쉽기 때문이다. 재난의 장소인 쓰레깃더미와 하수도는 생명을 살게 하고 죽게 내버려두는 생명 권력이 작동하는 장소이다. 이 곳에서 부랑자와 그, 쥐는 죽게 내버려둔 생명체로서 함께 서식한다. 그러나 그는 외국인이라는 점에서 C국 국민인 부랑자들보다 하위에 있으며, 쥐는 이들보다 더 쉽게 죽을 수 있는 생명체이다. 그와 쥐는 생명정치 시스템에서 특정 위치를 배분받는다. 이들은 모두 비오스가 아니라 조에적 존재라는 점에서 통치권력의 대상이 된다. 하지만 조에를 수동적 피해자로 바라보지 않을 수도 있다. 브라이도티에 따르면 조에는 역으로 인간과 동물 사이의 경계를 흔들고 생명 자체의 역동적 힘을 드러낼 뿐 아니라, 조에 평등성을 확보한다. 조에 평등성은 정치적으로 배제된 조에들의 정치적 연대를 사유하게 한다. 그런 점에서 편혜영 소설에서 동물로 추락한 개인은 고립되거나 체념한 무기력한 존재가 아니라, 배제되었지만 역설의 생명정치를 가능하게 새로운 재난 주체의 의미를 갖는다.

2000년대 재난소설은 인류세적 위기와 인수공통감염병 사태와 결합되면서 보다 복잡하고 확장된 해석을 요청한다. 특히 인간중심의 해석은 변화된 재난 사태를 협소하게 이해할 뿐 아니라, 해결의 양상을 구원과 추락, 유토피아와 디스토피아, 연대와 고립, 자연과 인간이라는 이분법적 사유틀에 갇히게 한다. 따라서 탈인간화의 관점에서 재난 서사를 재해석하고, 인간과 동물의 '어두운 함께-되기'라는 비낙관적 공동 서사를 구축할 수 있는 개념을 창안할 필요가 있을 것이다. 이 글은 2000년대 인류세적 재난의 특징을 자연문화적으로 접근하고, 위기를 해결할 수 있는 새로운 해석의 개념을 탐색했다는 점에서 의미가 있을 것이다.

자연문화와 몸

"스스로 부끄럽나요 혹은 자랑스럽나요?" 친환경 소셜 미디어 메시지와 감정

박수지

환경캠페인의
시작

호주를 대표하는 동물인 코알라의 개체수가 최근 20년간 급격히 감소한 끝에 결국 2022년에 멸종 위기종으로 공식 지정되었다. 기후 변화로 인해 2019년에 시작되어 2020년까지 지속된 호주의 대형 산불이 5천 마리 이상의 피해를 야기하면서 개체 수 감소에 가장 큰 영향을 미쳤다.[1] 이와 같은 인간이 야기한 생태계 파괴와 그로 인한 피해에 대한 메시지는 절대 낯설지 않다. TV를 시청하다가 한 번쯤 좁아진 빙하 위의 위태로운 북극곰의 모습을 보여주는 환경 보호 캠페인을 본 적이 있을 것이다. 인간의 욕심으로 인해 삶의 터전을 잃어버린 순수한 동물의 모습을 그리며 시청자로부터 슬픔과 안타까움, 나아가 죄책감을 불러일으켜 구호 활동을 위한 모금 운동에 참여를 촉구하거나 환경 친화적인 행동에 참여를 독려하기 위한 목적으로 제작된 공익광고이다. 이 외에도 다양한 방법으로 친환경 행동을 촉

---

1. https://www.bbc.com/news/world-australia-60342830 (검색일: 2022.02.12.)

구하는 미디어 메시지에 노출된 경험은 누구나 있을 것이다.

1970년대 시작된 산업화로 인해 우리나라는 눈에 띄는 경제 성장을 이루게 되었지만 환경 측면에서 기존에 경험하지 못한 많은 문제들이 부각되기 시작했다. 결국 1990년 낙동강 페놀 오염 사건으로 인해 국민들이 환경 문제에 대한 심각성을 깨닫고 많은 국가들이 동참하는 지속가능발전목표(Sustainable Development Goals; SDGs)에 함께 발맞추게 되었다.[2] 지속가능발전은 1987년 세계환경개발위원회(WCED)가 발표한 보고서에서 처음 정의된 이후 인류가 함께 지향해야 할 국제적 목표로서, 기후변화와 같은 환경 문제로 인해 최근 더욱 대두되고 있다. 산업화에만 몰두하던 우리나라 또한 2000년「새천년 국가환경비전」을 선언하고 지구적 지속가능성을 확보하기 위한 노력을 본격적으로 시작했다.

국가적으로는 지속가능발전법을 시행하면서 기후변화, 생태계 파괴 등의 문제를 극복하기 위해 노력하고 있다면 이 움직임에 동참하기 위해 개인이 할 수 있는 노력은 무엇일까? 자연을 바라보는 올바른 시각, 환경에 대한 깊은 이해, 환경보호 효과에 대한 믿음 등이 필요하지만 그 중에서도 환경 친화적인 실질적 행동이 가장 필요한 때이다. 이것이 환경 캠페인이 여러 매체를 통해 빈번하게 노출되는 이유이기도 하다. 그중에서도 소셜 미디어의 사용량이 높아지면서 이를 통한 다양한 환경 캠페인이 전파되고 있다. 소셜 미디어 상에서 #제로웨이스트, #플라스틱챌린지 등 생활 속에서 꾸준히 실천할 수

---

2. http://ncsd.go.kr/ (검색일: 2022.02.09)

있는 친환경 행동들에 공감하고 논의하는 것이 실제 친환경 행동을 이끌어 낼 수 있기 때문이다. 따라서 이 글은 환경 캠페인이 소셜 미디어를 통해 전파되었을 때 어떠한 효과를 야기하는지 그리고 다른 매체와 비교했을 때 그 영향이 어느 정도인지 설명하고자 한다. 이어서 아이섹 아젠(Icek Ajzen)과 마틴 피시바인(Martin Fishbein)의 계획적 행동이론을 통해 어떠한 요소들이 친환경 행동을 이끌어 내는지 알아볼 것이다. 또한 환경 캠페인에 노출되었을 때 인간의 감정이 어떻게 친환경 행동에 영향을 미치는지 논의할 것이다. 소셜 미디어를 통한 환경 캠페인이 우리의 태도 및 감정에 영향을 미쳤을 때 우리의 행동 또한 긍정적으로 변화할 수 있는지 알아봄으로써 환경 캠페인이 앞으로 어떤 방향으로 나아가야 하는지 살펴볼 수 있을 것이다.

Old media
vs. New media

다양한 미디어 매체들은 친환경 행동을 격려하는 메시지를 전달하는 도구로써 활용된다. 미디어의 종류는 크게 "올드 미디어(old media)"와 "뉴 미디어(new media)"로 구분되는데 "뉴 미디어"라는 용어는 1990년대 중반부터 두각을 나타내기 시작하여 "멀티미디어"라는 용어를 대체하였다.[3] 뉴 미디어는 기존의 올드 미디어(예: TV, 신문, 라디오, 영화 등)와 다르게 사용자들에게 통제와 자유를 분배함으로써 개개인이 메시지를 생산하고 소비하며 재분배할 수 있는 서비스를 제공하는 독립적이고 유동적인 매체이다. 페이스북, 트위터와 같은 소셜 미디어, 넷플릭스, 왓챠와 같은 OTT(Over The Top), 비디오 게임, 인터넷 등이 뉴 미디어로 여겨진다.

소셜 미디어가 활발히 사용되지 않았던 과거에는 올드 미디어가

---

3. Chun, W. H. K. Fisher, A. W. and Keenan, T. *New media, old media: A history and theory reader*, Routledge, 2004.

친환경 행동을 증진시키는 데 빈번하게 사용되었고, 그에 따라 올드 미디어를 통한 친환경 관련 메시지 노출의 영향을 살펴본 연구도 많이 진행되었다. 예를 들어, 미국에서 진행된 한 연구에 따르면 TV 뉴스와 자연 다큐멘터리를 많이 시청하는 사람들이 그렇지 않은 사람들보다 재활용을 더 많이 하고, 환경 친화적인 제품들을 더 많이 구매하며 일상생활에서 에너지를 더욱 효율적으로 사용하는 것으로 나타났다.[4] 이 결과는 TV 뉴스와 자연 다큐멘터리라는 장르적 특징을 고려하여 이해되어야 한다. 우선 다른 장르에 비해 두 장르 모두 환경 보호를 위한 인간의 책임감에 대해 심도 있게 논의한다. 또한 연구자들은 두 장르가 순전히 인지적인 정보만 전달하기보다 시청자들의 감정을 불러일으키는 콘텐츠를 전달한다는 특징으로 인해 친환경적인 행동을 더욱 촉진시켰을 가능성이 높다고 지적하였다. 또 다른 연구는 환경 보존 공익광고가 친환경 관련 내용이 포함된 TV 드라마와 함께 방영되었을 때의 효과에 관해 연구하였다.[5] 실험 결과, 환경 관련 내러티브가 포함된 드라마와 환경 공익광고 모두에 노출되는 것은 오히려 역효과를 일으키는 것으로 나타났다. 공익광고를 보지 않고 친환경 내용을 보여주는 드라마만 시청한 사람들은 공익광고와 드라마를 시청한 사람들보다 더 환경 친화적인 행동을 하려는 의

---

4. Holbert, R. L. Kwak, N. and Shah, D. V. "Environmental concern, patterns of television viewing, and pro-environmental behaviors: Integrating models of media consumption and effects", *Journal of Broadcasting & Electronic Media* 47(2), 2003, pp. 177~196.

5. Moyer-Gusé, E. Tchernev, J. M. and Walther-Martin, W. "The persuasiveness of a humorous environmental narrative combined with an explicit persuasive appeal", *Science Communication* 41(4), 2019, pp. 422~441.

도를 보였다. 특히 그중에서 환경보호에 대해 부정적인 태도를 가진 사람들은 환경 관련 내러티브의 드라마와 관련 공익광고를 시청했을 때 그 공익광고가 의도적인 설득 목적을 가졌다고 여겼고, 그 공익광고 자체에 부정적인 태도를 보이면서 친환경적인 행동 참여가 크게 떨어졌다. 종합해보면 감정에 호소하여 환경에 대한 올바른 태도와 책임감에 대해 생각할 수 있는 기회를 주는 미디어 콘텐츠는 행동을 긍정적으로 변화시킬 수 있지만 공익광고처럼 의도가 명확한 메시지와 관련 내용을 포함한 콘텐츠에 중복 노출되면 오히려 그 설득 메시지는 역효과를 일으키는 독이 될 수 있다.

사용자가 정보의 생산자이면서 소비자, 그리고 전달자가 될 수 있는 환경을 특징으로 내세운 소셜 미디어의 사용량이 급증하면서 소셜 미디어를 통한 친환경 메시지의 효과에 대한 관심도 높아졌다. 한 연구는 기후 변화에 대해 유명 인사들의 트위터 메시지가 기후 변화에 대한 대중들의 태도와 행동에 어떠한 영향을 미치는지 알아보았다.[6] 유명 인사들이 1인칭 대명사를 사용하여 기후 변화 대책을 위한 환경 보호 참여에 호소하는 메시지를 올렸을 때 이를 본 사람들은 높은 친환경 태도를 보였고, 특히 유명인과의 준사회적 관계(parasocial relationship)가 높은 사람들은 더욱 강한 친환경 태도와 행동을 보였다. 준사회적 관계는 미디어 매체 이용자들이 미디어에 등장하는 인물과 대리적 관계, 즉 의사 인간관계를 형성하는 것이다.[7] 다시 말해,

6. Park, S. "How celebrities' green messages on twitter influence public attitudes and behavioral intentions to mitigate climate change", *Sustainability* 12(19), 2020, p. 7948

7. Kim, J. K. and Rubin, A. M. "The variable influence of audience activity on media effects", *Communication Research* 24(2), 1997, pp. 107~135.

유명 인사와 준사회적 관계를 형성한 사람들은 미디어에 그려지는 가상(예를 들어, 드라마의 주인공) 혹은 실제 인물에 대해 인지적, 정서적, 행동적으로 반응함으로써 그 인물과 실제 상호작용을 경험하는 것처럼 지각한다.[8] 따라서 트위터 메시지를 올린 유명 인사들과 준사회적 관계를 형성하고 있는 이용자들은 그 유명 인사가 기후 변화를 막기 위한 친환경 행동을 독려할 때, 무엇보다 1인칭 대명사 사용 등을 통해 그 문제에 대한 개인적 관심도를 높이 표명했을 때, 더욱 긍정적이고 명확하게 반응하는 것이다. 현재 우리나라 문화 산업의 세계적 지위를 고려했을 때, 이 연구 결과가 시사하는 바는 매우 중요하다. 예를 들어, K-pop 스타들이 환경 친화적인 행동을 독려하는 글이나 친환경 챌린지를 소셜 미디어에 올린다면 그 스타들과 준사회적 관계를 이루고 있는 전 세계 팬들은 스타들의 목소리에 부응하기 위해 기존의 태도뿐만 아니라 행동까지 바꿀 수 있다는 것이다.

그렇다면 올드 미디어와 뉴 미디어 중 친환경 행동을 유도함에 있어 더욱 효과적인 채널은 무엇일까? 이에 대한 연구들은 대부분 공통적으로 뉴 미디어의 손을 들어준다.[9] 한 연구는 뉴 미디어가 대인 의사소통을 증가시키는 역할을 함으로써 결과적으로 친환경 행동을

---

8. Kwon, Y. J. and Lim, J. Y. "The influence of parasocial interaction on adolescents' ego-identity and ego-resilience: Focusing on sequential dual mediating effects of parasocial relationships and peer attachment", *Journal of Korean Home Management Association* 38(3), 2020. pp. 83~97.

9. Han, R. and Cheng, Y. "The influence of norm perception on pro-environmental behavior: A comparison between the moderating roles of traditional media and social media", *International Journal of Environmental Research and Public Health* 17(19), 2020. p. 7164.

증가시키는 반면 올드 미디어는 친환경 행동에 영향을 미치지 않는 다는 것을 보여준다.[10] 흥미로운 사실은 대인 의사소통이 친환경 행동을 촉진시키는 데 가장 큰 영향을 미치며, 소셜 미디어 사용이 이러한 대인 의사소통의 효과를 더욱 높여준다는 것이다. 친환경에 대한 소셜 미디어 포스팅에 '좋아요'를 누르고 다른 사람들과 그 포스팅을 공유하며, 개인의 친환경 행동 경험에 대해 코멘트를 남김으로써 자연스럽게 친환경 행동을 서로 도모하게 되는 환경이 조성된다. 소셜 미디어가 사회적 가치를 퍼뜨리고 사용자들이 사회적 규범을 준수하도록 이끄는 중요한 역할을 하는 것이다.[11] 결과적으로 연구자들은 소셜 미디어에 친환경 행동을 촉진하는 다양한 형태의 정보를 배포하고 사용자들이 활발히 토론할 수 있는 환경을 만듦으로써 사회 전반적으로 환경 친화적인 인식, 태도, 및 행동을 이끌어 내야 한다고 주장한다.

소셜 미디어의 가장 큰 특징은 사용자가 콘텐츠의 소비자인 동시에 생산자이기도 하며, 소비자들이 만들어낸 콘텐츠(User Generated Contents: UGC)가 시간과 거리의 장벽을 초월하여 퍼져나갈 수 있다는 것이다. 즉, 국가 기관이나 기업이 제작하는 환경 캠페인 뿐 아니라 개인이 환경 캠페인 콘텐츠를 직접 제작, 배포하거나 해시태그를 달아 친환경 행동 관련 챌린지를 시작할 수 있고, 이를 다른 사용자

---

10. Han, R. and Xu, J. "A comparative study of the role of interpersonal communication, traditional media and social media in pro-environmental behavior: A China-based study", *International Journal of Environmental Research and Public Health* 17(6), 2020. p. 1883.

11. Ibid

들과 공유할 때 그 콘텐츠가 내포하고 있는 설득 메시지의 효과가 증폭될 수 있다. 이러한 이유로 UGC가 환경 친화적인 태도와 행동을 유도하기 위해 어떻게 활용되는지, 그리고 그 효과는 어느 정도인지에 대한 논의가 활발히 진행되고 있다.[12][13] 한 예로, 친환경과 관련한 지식과 인식에 연계된 UGC는 여행자들 사이에서 친환경 규범을 활성화시키고, 친환경 온라인 커뮤니티를 조성하며 환경 친화적 메시지를 전달하는 소셜 미디어 활동의 참여도를 높이는 것으로 나타났다.[14] 이러한 연구 결과들은 지속가능한 소비를 포함한 다양한 친환경 행동에 영향을 미치는 UGC의 역할을 강조한다. 한국에서도 소셜 미디어 사용자가 꾸준히 증가하고 있는 상황에서[15] 지속가능 발전을 위해 UGC의 활용에 주목해야 할 시기이다. 하지만 아쉽게도 한국에서는 UGC를 포함한 친환경 행동을 도모하는 소셜 미디어 콘텐츠의 제작 및 활용, 그리고 효과에 대한 담론은 아직 부족한 상황이다.

12. Luck, E. and Ginanti, A. "Online environmental citizenship: Blogs, green marketing and consumer sentiment in the21st century", *Electronic Green Journal* 1(35), 2013, pp. 1~26.

13. Rokka, J. and Moisander, J. "Environmental dialogue in online communities: negotiating ecological citizenship among global travellers", *International Journal of Consumer Studies* 33(2), 2009, pp. 199~205.

14. Han, W. McCabe, S. Wang, Y. and Chong, A. Y. L. "Evaluating user-generated content in social media: an effective approach to encourage greater pro-environmental behavior in tourism?", *Journal of Sustainable Tourism* 26(4), 2018, pp. 600~614.

15.https://www.statista.com/statistics/247943/number-of-social-network-users-in-south-korea/(검색일: 2022. 01.17)

무엇이 행동을
이끄는가?

　행동의 변화를 이끄는 요소는 다양한 학문 분야에서 꾸준한 관심을 받아왔다. 행동을 변화시키는 것은 생각만큼 쉽지 않기 때문에 바람직한 행동을 이끌어 낼 수 있는 요소가 무엇인지 체계적으로 연구할 필요가 있기 때문이다. 그중 계획적 행동이론(Theory of Planned Behavior; TPB)은 심리학, 커뮤니케이션학을 포함한 사회과학학문에서 활발히 적용되는 이론이다. 계획적 행동이론은 행동을 수행하려는 개인의 행동의도(behavioral intention)를 실제 행동을 이끄는 가장 결정적 요소로 보며, 그 행동의도에 유의미한 영향을 미치는 요소들을 설명한다. 이 이론은 피시바인과 아젠이[16] 설명한 합리적 행동이론(Theory of Reasoned Action; TRA)에서 발전된 것이다. 합리적 행동 이론은 우리의 행동의도를 이끄는 동기로써 행동에 대한 개인의 태도

---

16. Fishbein, M. and Ajzen, I. *Belief, attitude, intention, and behavior: An introduction to theory and research*, Addison-Wesley, 1975.

(attitudes toward behavior)와 행동에 대한 주관적 규범(subjective norm)을 꼽는다. 행동에 대한 태도는 행동의도를 예측하는 가장 중요한 핵심 요소로, 특정 행동에 대한 개인의 평가가 호의적이거나 비호의적인 정도를 뜻한다.[17] 예를 들어, 지속가능한 의류에 대해 긍정적으로 평가할수록 그 의류를 구매할 의도가 높아진다는 것이다. 주관적 규범은 행동을 수행하는 개인이 인식하는 사회적 압박을 의미한다. 즉, 개인이 중요하다고 여기는 주변 사람들이 특정 행동을 어느 정도 승인하는가에 따라 행동의도의 여부가 영향을 받는 것이다. 나의 가족이나 애인, 혹은 친구가 특정 행동을 수행하는 것이 중요하다고 여기면 개인은 그 행동을 수행할 가능성이 높아진다.

아젠은 피시바인과 합리적 행동이론을 발표한 이후, 이 두 가지 요소 외에도 개인의 행동의도에 중요한 영향을 미치는 요소가 있다고 지적하였다. 그 세 번째 요소는 지각된 행동통제감(perceived behavioral control)으로, 개인이 특정 행동을 수행하는 데 있어 인식한 어려움이나 용이함 정도를 뜻한다. 이 용어는 반두라(Bandura)가 제시한 사회인지이론(Social Cognitive Theory)의 자기효능감(self-efficacy) 개념에서 따왔다.[18] 반두라는 자기효능감을 특정 행동을 성공적으로 수행할 수 있는 능력에 대한 자신감 혹은 믿음으로 설명하며 지각된 자기효능 정도가 행동을 실행하기 위한 개인의 노력 정도를 결정한다고 주장

---

17. Ajzen, I. and Fishbein, M. *Understanding attitudes and predicting social behavior.* EnglewoodCliffs, NJ: Prentice-Hall, 1980.

18. Bandura, a. "Toward a unifying theory of behavioral change", *Psychological Review* 84(2), 1977, pp. 191~215.

하였다.[19] 따라서 개인의 능력에 대한 믿음이 클수록 더 높은 목표를 설정하고 더 많은 노력을 기하게 된다. 한 개인의 자기효능감이 높다면 배달 음식을 먹을 때 파생되는 플라스틱 용기를 줄이기 위해 집에 있는 식기를 들고 직접 음식을 포장할 수 있다고 믿으며, 이 행동을 실행하기 위해 그에 맞는 노력을 하게 된다는 것이다. 지각된 행동통제감은 개인이 인식한 행동 실행 능력에 대한 자신감뿐만 아니라 외부적 요인을 포함한다. 우리가 지속가능한 의류에 대해 호의적인 태도를 가지고 있고 주변의 많은 사람들이 지속가능한 의류 구매를 해야 한다고 생각하더라도 그런 의류를 구매할 수 있는 자원, 즉 시간적 혹은 경제적 여유가 없다면 구매로 이어지지 않을 가능성이 높다.

이 이론에 따르면 다음 페이지 그림에서 볼 수 있듯이 행동 의도를 통해 행동을 예견하는 태도와 주관적 규범과는 다르게 지각된 행동통제감은 행동을 직접적으로 예측한다.[20] 아젠은 이 주장에 대해 두 가지 이유를 제시한다. 첫째, 모든 사람의 행동의도 정도가 일정하다고 가정했을 때, 지각된 행동통제감이 높은 사람은 특정 행동을 성공적으로 수행하기 위한 노력을 더욱 기울이게 되고 이것이 결국 그 행동에 직접적으로 영향을 미칠 수 있다. 예를 들어, 두 사람이 똑같이 식목일에 나무를 심겠다는 의도를 가지고 있다고 해도 한 사람이 다른 사람보다 나무 심기 계획을 행동으로 옮길 수 있는 자신의 능력

19. Bandura, A. and Adams, N. E. "Analysis ofself-efficacy theory of behavioral change", *Cognitive Therapy and Research* 1(4), 1977, pp. 287~310.

20. Ajzen, I. "The theory of planned behavior", *Organizational behavior and human decision processes* 50(2), 1991, pp. 179~211.

에 대한 확신이 더욱 강하다면, 즉 자기효능감이 더 높다면, 그 사람이 나무를 심기 위한 더 큰 노력을 하게 되고 결국 실제로 나무를 심을 가능성이 더 높다는 것이다. 둘째, 이론이 제시한 지각된 행동통제감은 개인 스스로 인식한 정도를 뜻하지만 실제 객관적으로 관찰되는 행동통제감 정도와 크게 다르지 않을 가능성이 높다. 이러한 이유로 지각된 행동통제감은 실제 통제감을 대체하는 측정도구로 사용되어 행동을 직접적으로 예측할 수 있다. 하지만 아젠은 새롭고 익숙하지 않은 상황에 처했을 때의 지각된 행동통제감과 실제 행동통제감 정도는 다를 가능성이 있다고 지적한다. 이러한 지각된 행동통제감이 더해짐으로써 합리적 행동이론은 계획적 행동이론으로 확장되었다.[21] 이 이론에서 태도와 주관적 규범, 지각된 행동통제감은 유기적으로 연결되어 서로 영향을 미친다. 주관적 규범이 개인의 태도를 형성하는 데 영향을 미치기도 하고 그 태도가 개인의 지각된 행동통제감에 영향을 미치기도 한다.

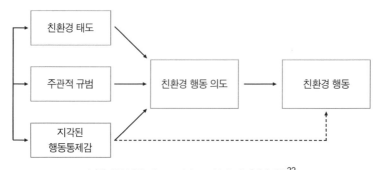

(아젠, 1991. "The theory of planned behavior"에서 인용[22])

---

21. Ibid
22. Ibid

개념적 틀로써 계획적 행동이론의 효과는 지난 수십 년간 환경보호를 포함한 다양한 아젠다와 관련하여 연구되었다. 최근 한 메타 분석 연구는 계획적 행동이론을 사용하여 친환경 행동을 조사한 축적된 선행 연구들을 종합하여 분석하였다.[23] 연구 결과에 따르면 1995년부터 이 이론은 친환경 행동에 관련한 연구에 활발히 적용되었으며 해가 지날수록 그 횟수는 증가하고 있다. 그만큼 친환경 행동에 대한 태도, 주관적 규범, 그리고 지각된 행동통제감이 친환경 행동의 도를 비롯하여 실제 행동을 설명하는 의미 있는 요소라고 볼 수 있다. 이 이론이 꾸준히 학자들의 관심을 받는 또 다른 이유는 세 요소들이 개인이 처한 환경이나 외부 개입으로부터 영향을 받기 때문이다. 후천적으로 변화할 수 없다면 우리의 행동을 바꾸려는 노력은 무의미할 수 있다. 하지만 설득적 메시지를 통해 대중이 바람직한 행동을 이끌어 내도록 지각된 행동통제감뿐만 아니라 그 행동에 대한 태도 변화를 유도할 수 있다. 혹은 사회적·정치적 분위기에 따라 주관적 규범 또한 바뀔 수 있다. 실제로 지속가능발전이라는 목표를 대중에게 널리 알리기 위해 정부와 많은 관련 기관에서 환경캠페인을 진행해왔고 이로 인해 환경에 대한 사회적 규범이 변화해왔다. 사람들은 타인의 시선과 평가에 자유롭지 않기 때문에 이는 결국 친환경 행동에 대한 주관적 규범을 높이는 데 영향을 미칠 가능성이 상당하다.

여기서 유의할 점은 태도, 주관적 규범, 그리고 지각된 행동통제

---

23. Yuriev, A. Dahmen, M. Paillé, P. Boiral, O. and Guillaumie,L. "Pro-environmental behaviors through the lens of the theory of planned behavior: A scoping review", *Resources, Conservation and Recycling* 155, 2020.

감이라는 세 요소의 공통적 변화가 의도된 행동변화의 필수 조건이 아니라는 것이다. 다시 말해, 세 가지 요소 중 한 가지 이상만 충족이 되어도 행동 변화가 일어날 수 있다. 예를 들어, 캐나다에서 행해진 한 연구에 따르면 재활용에 대한 호의적인 태도와 높은 지각된 행동통제감을 가진 사람들이 그렇지 않은 사람들보다 재활용에 참여할 의사를 강하게 보인 것으로 나타났다. 하지만 재활용 제품 사용에 관한 주관적 규범은 그들의 재활용 사용 의도 정도에 영향을 미치지 않았다. 즉, 재활용 사용이 중요하다는 가족들이나 친구들의 의견을 인지하더라도 이것이 행동 변화를 이끄는 중요한 변수로 작용하지 않았다. 따라서 다양한 친환경 행동에 따라 모든 세 요소가 유의미하게 영향을 미치는지, 그렇지 않은 경우에는 어떤 요소가 가장 두드러지는 효과를 보여주는지 꾸준히 연구하는 것이 필요하다.

감정의 역할

계획적 행동이론이 발표된 후 수많은 학자들은 태도, 주관적 규범, 지각된 행동통제감 외에도 행동의도에 영향을 미칠 수 있는 다양한 요소들을 연구해왔다. 그중에서도 지금까지 활발히 논의된 변수는 인간의 감정이다. 감정은 인간 행동의 주요 동기 시스템으로 작용한다.[24] 감정이 행동과 밀접한 관련이 있다는 것은 생리학적 반응에 대한 연구로도 알 수 있다.[25] 예를 들어, 신경펩티드 옥시토신(neuropeptide oxytocin)을 주입받은 사람들은 슬픔, 분노, 두려움을 자극하는 공익광고를 본 후 기부를 하겠다는 의사를 보였고 식염수를 주입받은 플라세보 그룹의 사람들은 행복한 분위기 혹은 부정적 분위기를 연출한 모든 공익광고 내용에 대해 기부할 가능성이 높았다. 특정 호르몬 투입이 감정에 호소하는 메시지에 대한 반응에 영향을

24. Izard, C. E. *Human emotions*. New York, NY: Plenum Press, 1977.
25. Lin, P. Y. Grewal, N. S. Morin, C. Johnson, W. D. and Zak, P. J. "Oxytocin increases the influence of public service advertisements", *PloS one* 8(2), 2013.

미치고 이어서 그 메시지에 대한 감정적 반응이 결국 친사회적 행동으로 이어질 수 있다는 것을 보여주는 예시이다.

많은 학자들이 감정의 각각 다른 요소를 강조하며 다르게 정의하지만 감정이 5가지 요인으로 구성된 심리적 구조임에는 동의한다. 첫째, 상황에 대한 인지적 평가 혹은 판단; 둘째, 각성의 생리학적 요소; 셋째, 주관적 감정 상태; 넷째, 행동 의도 혹은 준비상태를 포함한 동기적 요소; 마지막으로 운동적 표현이 그것이다.[26] 이를 바탕으로 감정을 분석하는 대부분의 연구들은 두 가지 접근 방법, 즉 차원적 모델 혹은 이산적 모델 중 하나를 선택한다. 차원적 모델은 각성(arousal)과 유인가(valence)라는 두 축으로 구성된 2차원에서 경험되는 감정의 정도를 측정하는 것이고, 이산적 모델은 감정을 인지적 평가나 생각 패턴들의 집합에 의해 구분되는 개별적 감정 상태로 측정하는 방법이다. 만약 한 개인이 높은 각성 정도와 부정적인 유인가의 감정을 경험하고 있다고 하면 이는 차원적 모델을 통해 표현된 감정이다. 하지만 누군가 슬픔, 기쁨, 분노 등을 느끼고 있다고 하면 이는 이산적 모델에 기초하여 표현된 감정 상태이다.

많은 연구들이 감정에 호소하는 텍스트가 어떻게 의사결정 과정에 영향을 미치고 행동을 변화시키는지 탐구해왔다. 한 예로, 미국의 학자들은 특정 감정이 논쟁적인 사건에 대해 설득적인 영향을 미칠 수 있는지 연구했다.[27] 우선 연구 참여자들은 두 그룹으로 나뉘어

---

26. Scherer, K. R. and Ekman, P. *Approaches to emotion.* Hillsdale, NJ: Lawrence Erlbaum Associates, 1984.

27. DeSteno, D. Petty, R. E. Rucker, D. D. Wegener, D. T. and Braverman, J. "Discrete

슬픔 또는 중립적인 감정을 느끼도록 각각 슬픈 내용의 기사 혹은 감정적 묘사를 배제한 기사를 읽었다. 그 후 그들은 다시 슬픔과 분노의 두 그룹으로 나뉘어 각기 다른 메시지를 읽고 그들의 태도와 행동에 대한 설문에 응답하였다. 그 메시지들의 주제는 세금 인상 정책으로 동일하지만 다른 감정을 이끌어내기 위해 주제를 묘사하는 방식에서는 차이가 있었다. 슬픔을 느끼도록 의도된 그룹이 읽은 세금 증가에 관한 메시지는 특별한 도움이 필요한 유아들의 처지를 강조하는 등의 슬픔을 야기하는 문제에 초점을 맞췄고 분노를 느끼도록 의도된 그룹이 읽은 세금 증가 메시지는 교통 지연 증가를 포함하여 분노를 야기하는 일련의 문제들에 집중하였다. 연구 결과, 감정이 행동 변화에 영향을 미친다는 것이 밝혀졌으며 더욱 중요한 것은 메시지가 묘사된 방식과 감정 경험이 일치할 때 태도 변화가 일어난다는 것이었다. 즉, 슬픈 기사를 읽고 슬픔을 느낀 사람들이 다른 감정을 느낀 사람들보다 슬픔에 초점을 맞춘 세금 인상 정책 메시지를 읽은 후 그 정책을 위해 투표를 하겠다고 답하였다. 이 결과를 환경 캠페인의 연장선에서 생각해보면 캠페인에 노출되는 순간의 감정과 그 캠페인이 호소하는 감정, 그리고 캠페인을 본 후 경험하는 감정이 일치된다면 친환경 행동을 보일 높은 가능성을 짐작할 수 있다.

흥미롭게도 선행 연구들은 사실 기반의 서술보다 감정적 서술이 인간의 태도와 행동에 더 큰 영향을 미친다는 것을 입증해왔다. 이

emotions and persuasion: the role of emotion-induced expectancies", *Journal of personality and social psychology* 86(1), 2004, pp. 43~56.

를 뒷받침하는 연구를 살펴보자. 모리스와 동료 연구자들은 기후변화를 멈추는 데 일조하는 행동을 이끌어 내기 위한 감정적 내러티브와 정보적 내러티브의 메시지 효과를 비교하였다.[28] 실험 참여자들은 세 그룹으로 나뉘어 같은 단어 수로 이루어진 다른 내용의 메시지를 읽고 환경 친화적인 행동에 관한 설문지에 답하였다. 첫 번째 그룹은 감정적 서술로 이루어진 이야기 형식의 친환경에 대한 메시지를 읽었고 두 번째 그룹은 같은 주제이지만 감정적 묘사가 배제된 정보적 서술의 메시지를 읽었다. 세 번째 그룹은 친환경과 관련되지 않은 중립적인 내용의 메시지를 읽었다. 실험 결과, 감정적 이야기를 읽은 사람들은 다른 그룹의 사람들보다 기후 변화를 막기 위해 친환경 행동에 더 많이 참여하였고 이 효과는 6주간 지속되었다. 흥미로운 사실은 정보적이고 분석적인 내러티브의 메시지를 읽은 사람들은 중립적인 메시지를 읽은 사람들보다 친환경 행동을 보일 가능성이 낮았다는 것이다. 또 다른 연구도 비슷한 결과를 보여준다. 최근 수많은 상품 브랜드들이 환경에 신경 쓰지 않는다는 부정적 이미지를 탈피하고 자연 환경을 생각하는 긍정적 이미지로 전환하기 위해 그린 마케팅에 힘쓰며 그린 브랜드라는 이미지를 심어주는 그린 브랜드 포지셔닝 전략에 힘쓰고 있다. 한 연구는 그린 브랜드 포지셔닝에 있어 브랜드의 기능적 속성을 강조하는 것이 효과적인지 혹은 정서적 편

28. Morris, B. S. Chrysochou, P. Christensen, J. D. Orquin, J. L. Barraza, J. Zak, P. J. and Mitkidis, P. "Stories vs. facts: triggering emotion and action-taking on climate change", *Climatic change* 154(1), 2019, pp. 19~36.

익의 강조가 효과적인지 탐구하였다.[29] 연구 결과, 기능적 속성을 강조하는 포지셔닝 전략과 정서적 편익 전략 모두 브랜드에 대한 태도에 긍정적인 영향을 미쳤지만 후자가 더욱 큰 효과를 보여주었다.

친환경 행동은 개인의 이타심에서 비롯되기 때문에 다양한 감정 중에서도 도덕적 감정(moral emotion)의 역할이 중요하다. 도덕적 감정이란 자기평가와 자기반성에 의해 유발되는 자기 인지적(self-conscious) 감정으로 수치심, 죄책감, 당혹감, 분노, 경멸, 혐오, 고마움, 자부심, 고양감, 안도감, 동정 등으로 구분된다.[30] [31] 물론 이 감정들이 반드시 도덕적 상황에서만 야기되는 것은 아니다. 도덕적 감정은 개인이 느끼기에 비도덕적 감정(nonmoral emotion)과 다르지 않다. 하지만 도덕적 감정을 이끌어내는 유인제(사람, 사물 혹은 상황)는 비도덕적 감정을 이끌어 내는 것과는 다를 수 있다.[32] 예를 들어, 음식물 쓰레기를 봤을 때와 끔찍한 범죄 행위를 목격했을 때 모두 혐오감을 느낄 수 있지만 후자의 경우만 도덕적 상황으로 인해 환기되는 도덕적 감정이다.

이러한 도덕적 감정은 개인의 도덕적 기준에 근거하여 도덕적 행

29. Hartmann, P. Ibáñez, V. A. and Sainz, F. J. F. "Green branding effects on attitude: functional versus emotional positioning strategies", *Marketing intelligence & planning*. 2005.

30. Gray, K. and Wegner, D. M. "Dimensions of moral emotions", *Emotion Review* 3(3), 2011, pp. 258~260.

31. Tangney, J. P. Stuewig, J. and Mashek, D. J. "Moral emotions and moral behavior", *Annual Review of Psychology* 58, 2007, pp. 345~372.

32. Gray, K. and Wegner, D. M. op. cit.

동을 수행하는 데 영향을 미친다.[33] 여기서 도덕적 기준은 보편적인 도덕적 규범과 특정한 문화적 타부에 의해 좌우된다. 따라서 도덕적 기준에 반하여 옳지 못하다는 사회적 합의가 이루어지는 행동을 행하려고 할 때 혹은 행한 후에 도덕적 감정을 느끼게 된다. 혹은 반대로 도덕적 기준에 근거했을 때 옳다고 평가되는 행동에 대해서도 긍정적인 도덕적 감정을 느낀다. 여기서 중요한 것은 행동 전·후에 경험하는 도덕적 감정 모두 그 후의 행동에 영향을 미친다. 즉, 특정 행동을 할 경우 부정적인 도덕적 감정을 경험할 것이 예상된다면 그 행동을 수행하지 않게 되고, 긍정적인 도덕적 감정의 경험이 예상된다면 그 행동 수행을 더 강하게 유도할 수 있다. 또한 행동 후에 도덕적 감정이 환기되었을 때는 미래의 행동 여부에 영향을 미치게 된다. 만약 커피숍에서 일회용 컵 대신 개인 텀블러를 사용하여 음료를 마시기로 생각했다면 실제 행동으로 옮기기 전에도 자부심과 같은 긍정적인 도덕적 감정을 느낄 수 있다. 이는 실제로 텀블러를 사용하는 행동의 가능성을 높이게 된다. 또한 텀블러를 사용한 후 자부심, 행복 등 긍정적인 감정을 느낀다면 미래에 텀블러 사용을 반복할 가능성이 높아진다. 결국 도덕적 감정은 좋은 행동은 유도하고 나쁜 행동은 막는 동기적 성격을 띤다.[34]

계획적 행동이론은 아젠이 제시한 기본적인 변수 외에도 도덕적 감정과 같은 새로운 변수를 행동의도에 영향을 미치는 한 요소로 받

33. Tangney, J. P. Stuewig, J. and Mashek, D. J. op. cit.
34. Kroll, J. and Egan, E. "Psychiatry, moral worry, and the moral emotions", *Journal of Psychiatric Practice®* 10(6), 2004, pp. 352~360.

아들여 확장될 수 있는 유연한 이론이다. 선행 연구들은 다양한 주제와 관련하여 계획적 행동이론의 유용성을 입증하였지만, 도덕적·감정적인 측면에 대한 고려가 부족하다는 비판을 이어왔다.[35] 따라서 감정적 변수 중에서도 도덕적 감정을 추가하면서 인간 행동에 대한 계획적 행동이론의 예측 가능성을 증대시키고자 하는 노력들이 지속되고 있다. 한 예로, 계획적 행동이론에 예상되는 자부심과 죄책감을 더하여 에코 크루즈 이용 의도에 대해 탐구한 연구가 국내에서 시행되었다. 연구에 참여한 사람들 중 환경에 관해 도덕적인 의무감이 높고 친환경 크루즈에 대한 준거 집단의 긍정적 인식을 인지하며 친환경 크루즈에 대해 호의적인 태도를 가진 사람들은 에코 크루즈를 이용한다면 스스로 자부심을 느끼게 될 것이고 반대로 이용하지 않는다면 죄책감을 느끼게 될 것이라고 응답했다.[36] 이어 예상된 자부심과 죄책감은 에코 크루즈의 이용 의도와 유의한 상관관계를 보였다. 다른 연구 또한 자부심과 죄책감에 관련된 감정적 단어를 포함하는 긍정적 혹은 부정적 메시지에 노출 되었을 때 사람들은 연구자의 의도대로 자부심과 죄책감을 느끼게 되었고, 그 감정이 그린 마케팅에 긍정적인 영향을 준다는 것을 밝혀냈다.[37]

35. Rivis, A. Sheeran, P. and Armitage, C. J. "Expanding the affective and normative components of the theory of planned behavior: A meta analysis of anticipated and moral norms", *Journal of Applied Psychology* 39(12), 2009, pp. 2985~3019.

36. 김우종, 한아름, 하정아, 류기상. 「도덕적 행동 측면으로의 계획행동이론 확장을 통한 에코 크루즈 이용 의도 예측에 관한 연구」. 『호텔경영학연구』 제23호, 2014, pp. 67~85.

37. Onwezen, M. C. Antonides, G. and Bartels, J. "The Norm activation model: An exploration of the functions of anticipated pride and guilt in pro-environmental behaviour", *Journal of Economic Psychology* 39, 2013, pp. 141~153.

그렇다면 우리는 이 시점에서 감정적인 메시지가 소셜 미디어에서 그렇지 않은 메시지보다 더 크게 호의적인 반응을 얻고 더 많이 공유되는지 고심해봐야 한다. 다양한 감정들을 크게 긍정적 감정과 부정적 감정으로 나눈다면 사람들에게 더 많이 호의적 응답을 얻고 전달되는 것은 무엇일까? 캠페인의 효과를 높이는 데 일조하는 소셜 미디어의 특징 중 하나는 메시지를 다른 사용자들과 공유하기 위해 전달할 수 있다는 것이다. 이는 메시지가 공간적·시간적 제약을 받지 않고 무한하게 퍼져나갈 수 있는 힘을 부여해준다. 소셜 미디어에서 특정 메시지가 급속하게 퍼지는 상황을 바이럴리티(virality)라고 하는데 널리 퍼진 바이럴 메시지(viral message)는 오프라인에서도 입소문을 타고 빠르게 전파된다.[38] 따라서 환경 캠페인이 소셜 미디어에서 성공적으로 바이럴되는 것이 매우 중요하다.

소셜 미디어 메시지는 종종 그 출처와 내용의 신뢰성 및 의도를 알 수 있는 완전한 정보를 제공하지 않는다. 하지만 소셜 미디어 메시지의 "좋아요"로 나타나는 명시적인 정서 평가와 공유 또는 전달을 통한 도달 범위가 그 메시지의 품질, 가치 및 중요성에 대해 알려주는 신호 역할을 한다.[39] 이런 신호는 결과적으로 개인의 태도와 행동의도 및 행동에 영향을 미친다. 많은 실증적 증거는 긍정적 감정이

38. Alhabash, S. McAlister, A. R. Hagerstrom, A. Quilliam, E. T. Rifon, N. J. and Richards, J. I. "Between likes and shares: Effects of emotional appeal and virality on the persuasiveness of anticyberbullying messages on Facebook", *Cyberpsychology, Behavior, and Social Networking* 16(3), 2013, pp. 175~182.

39. Cappella, J. N. Kim, H. S. and Albarracín, D. "Selection and transmission processes for information in the emerging media environment: Psychological motives and message characteristics", *Media psychology* 18(3), 2015, pp. 396~424.

든 부정적 감정이든 소셜 미디어 메시지가 야기하는 정서적 각성이 정보 공유와 전달에 결정적 요인으로 작용한다는 것을 뒷받침한다.[40] 감정적으로 자극하는 메시지를 볼 때 그 감정에 이입하게 되고, 경험한 감정을 개인의 사회적 네트워크 안에 있는 소셜 미디어 친구들과 공유하기 위해 그 메시지를 전달하게 된다. 예를 들어 트위터의 경우 감정을 환기시키는 정보는 그 감정이 무엇이든 감정적으로 강렬하지 않은 정보보다 더 많이 리트위트(retweet)되는 경향을 보인다.[41] 또한 긍정적 메시지와 부정적 메시지 모두 비감정적인 메시지보다 활발히 소비되지만 그중에서도 중립적이거나 긍정적인 감정을 불러일으키는 메시지보다 부정적인 감정을 야기하는 메시지가 사용자들에게 더욱 선별적으로 선택될 가능성이 높다.[42] 하지만 긍정적인 감정으로 프레임 된 정보는 그 정보를 올리거나 공유한 사람의 긍정적인 이미지를 높일 수 있기 때문에 더욱 빈번하게 전달된다.[43] 소셜 미디어에 메시지를 올리거나 전달할 때 유머를 띤 내용이나 자부심 등 긍정적 감정을 야기하는 내용을 선택하면 자신의 이미지가 긍정적으로 심어

---

40. Ibid

41. Dang-Xuan, L. Stieglitz, S. Wladarsch, J. and Neuberger, C. "An investigation of influentials and the role of sentiment in political communication on Twitter during election periods", *Information, Communication & Society* 16, 2013, pp. 795~825.

42. Meffert, M. F. Chung, S. Joiner, A. J. Waks, L. and Garst, J. "The effects of negativity and motivated information processing during a political campaign", *Journal of Communication* 56(1), 2006, pp. 27~51.

43. Alhabash, S. McAlister, A. R. Hagerstrom, A. Quilliam, E. T. Rifon, N. J. and Richards, J. I. op.cit.

질 수 있다는 기대 때문에 더 빈번하게 공유되는 것이다. [44] [45]

44. Campo, S. Askelson, N. M. Spies, E. L. Boxer, C. Scharp, K. M. and Losch, M. E. "Wow, that was funny" the value of exposure and humor in fostering campaign message sharing", *Social Marketing Quarterly* 19(2), 2013, pp. 84~96.

45. Van den Hooff, B. Schouten, A. P. and Simonovski, S. "What one feels and what one knows: The influence of emotions on attitudes and intentions towards knowledge sharing", *Journal of knowledge management* 16(1), 2012.

환경 캠페인이
나아갈 방향

    지금까지 살펴본 연구들은 공통적으로 친환경 캠페인에서의 감정
적 호소의 중요성을 피력하고 있다. 특히 앞서 언급한 긍정적 감정의
효과는 친환경 메시지에서도 뚜렷이 나타난다. 최근 행해진 메타 분
석에 의하면 개인이 사회적으로 가치 있는 행동을 수행할 때 자신의
기여를 인식하는 것으로부터 야기되는 긍정적인 감정이 친환경행동
을 촉진한다.[46] 또한 과거에 수행했던 친환경 행동으로부터 환기된
자부심과 미래의 친환경 행동 가능성으로 예상되는 자부심 모두 친
환경 행동을 촉진시키는 것으로 밝혀졌다.[47] [48] 미래에 전기차를 소

---

46. Zawadzki, S. J. Steg, L. and Bouman, T. "Meta-analytic evidence for a robust and positive association between individuals' pro-environmental behaviors and their subjective wellbeing", *Environmental Research Letters* 15(12), 2020.

47. Harth, N. S. Leach, C. W. and Kessler, T. "Guilt, anger, and pride about in-group environmental behaviour: Different emotions predict distinct intentions", *Journal of Environmental Psychology* 34, 2013, pp. 18~26.

48. Schneider, C. R. Zaval, L. Weber, E. U. and Markowitz, E. M. "The influence of anticipated pride and guilt on pro-environmental decision making", *PloS one* 12(11), 2017, e0188781.

유하는 것에 대해 높은 긍정적인 감정과 낮은 부정적인 감정을 느낄 것으로 기대한 사람들 또한 실제로 전기차를 구매하려는 강한 의도를 보였다.[49] 즉, 과거에는 환경 친화적인 행동에 참여하지 않았더라도 미래에 개인이 사회적 또는 환경적으로 가치 있는 일에 참여한다는 생각이 긍정적인 감정을 불러일으키게 되고, 이 감정이 친환경 행동을 이끄는 충분한 동기부여의 요인으로 작용할 수 있다. 이러한 이유로 긍정적 감정에 호소하는 메시지를 통해 친환경 행동에 참여했을 때의 예상되는 감정을 긍정적으로 심어준다면 행동 변화에 유의한 효과를 볼 수 있다.

그럼에도 불구하고 우리는 주로 삶의 터전을 잃은 북극곰 사진이나 플라스틱 쓰레기에 고통 받는 바다 생물의 사진을 포함한 캠페인을 보게 된다. 이러한 캠페인은 사람들에게 슬픔이나 죄책감과 같은 부정적인 감정을 환기시켜 과거의 행동을 반성하고 향후 친환경 행동에 동참하도록 설득하려는 목적을 가진다. 물론 앞서 살펴봤듯이 부정적인 감정에 호소하는 메시지도 행동의도를 높이는데 유효하다. 하지만 소셜 미디어의 특징을 고려했을 때 긍정적인 감정 활용이 더 효과적일 수 있다. 보겔과 로즈에 따르면 소셜 미디어 사용자들은 자기 지향적이며 자기 표현(self-presentation)을 향상시키는 데 집중하는 경향이 높다.[50] 따라서 소셜 미디어 상에서 친환경 행동을 촉구하는

49. Rezvani, Z. Jansson, J. and Bengtsson, M. "Cause I'll feel good! An investigation into the effects of anticipated emotions and personal moral norms on consumer pro-environmental behavior", *Journal of Promotion Management* 23(1), 2017, pp. 163~183.

50. Vogel, E. A. and Rose, J. P. "Self-reflection and interpersonal connection: Making

메시지에 "좋아요"를 누르고 다른 사람들과 공유함으로써 긍정적 자아를 유지하고 자존감을 높일 수 있다. 더욱이 앞서 우리는 메시지가 호소하는 감정과 메시지를 읽은 사람이 실제 경험하는 감정이 일치할 때 메시지의 설득적 효과가 높아진다는 것을 살펴보았다.[51] 따라서 "좋아요" 누르기, 전달 등의 소셜 미디어 활동을 통한 긍정적 자아 표출의 상승이 야기하는 감정과 그 메시지 자체가 환기하는 감정이 모두 긍정적일 때, 그리고 실제로 메시지를 읽고 긍정적인 감정을 경험할 때 메시지가 촉구하는 친환경 행동을 수행할 가능성이 매우 높아진다.

환경 캠페인에 대한 단순 노출만으로 친환경 행동을 이끌어 내는 것은 부족할 수 있다. 금연 캠페인을 본다고 해서 담배를 쉽게 끊을 수 없듯이 말이다. 하지만 친환경 메시지의 반복적 노출은 환경을 바라보는 개인의 태도를 바꿀 수 있다. 다양한 친환경 캠페인의 창작 및 전파는 환경을 중시하는 사회 분위기를 만들고 이것은 개인의 주관적 규범에도 영향을 미칠 수 있다. 결과적으로 친환경 메시지의 노출로 인해 환경 친화적인 태도와 친환경 행동에 대한 준거 집단의 호의적인 의견의 지각이 충족될 수 있고 나아가 높은 자기효능감을 포함한 지각된 행동통제감까지 더해진다면 지속적인 친환경 행동을 유도해낼 수 있다. 이와 함께 감정적 호소를 심은 설득적 메시지를 통해 의도된 감정을 성공적으로 불러일으킨다면 환경캠페인의 영향은

the most of self-presentation on social media", *Translational Issues in Psychological Science* 2(3), 2016, pp. 294~302

51. DeSteno, D. Petty, R. E. Rucker, D. D. Wegener, D. T. and Braverman, J. op. cit.

더욱 커질 수 있다. 따라서 소셜 미디어의 특징을 고려하여 어떻게 감정적 환경 캠페인 메시지를 만들고 전파시킬 수 있는지 깊이 숙고해야 함이 틀림없다.

자연문화와 몸

초판 1쇄 발행 2022년 6월 30일

지은이 몸문화연구소
발행인 김신희
편 집 김정웅
디자인 김소영

발행처 헤겔의휴일
출판등록 제2017-000052호
주소 (07370) 서울특별시 영등포구 도림로110길 12-3
문의 및 투고 post-rock@naver.com

ISBN 979-11-978344-0-0 (93120)

* 이 저서는 2020년 대한민국 교육부와 한국연구재단의 지원을 받아 수행된 연구임(NRF-2020S1A5B8097404)